国家重点档案保护与开发项目

徽州历史档案与文化丛书

近代徽州茶业兴衰录

郑建新◎著
黄山市档案局（馆）编

北京时代华文书局

图书在版编目（CIP）数据

近代徽州茶业兴衰录 / 郑建新著 ； 黄山市档案局（馆）编. -- 北京 ： 北京时代华文书局，2018.12
（徽州历史档案与文化丛书）
ISBN 978-7-5699-2802-0

Ⅰ. ①近… Ⅱ. ①郑… ②黄… Ⅲ. ①茶业－概况－徽州地区 Ⅳ. ①F326.12

中国版本图书馆 CIP 数据核字（2018）第 262244 号

近代徽州茶业兴衰录
Jindai HuiZhou Chaye Xingshuailu

著　　者 | 郑建新
编　　者 | 黄山市档案局（馆）

出 版 人 | 王训海
责任编辑 | 方　烝　王　雷
装帧设计 | 孙丽莉　段文辉
责任印制 | 刘　银　范玉洁

出版发行 | 北京时代华文书局 http：//www.bjsdsj.com.cn
北京市东城区安定门外大街 136 号皇城国际大厦 A 座 8 楼
邮编：100011　电话：010－64267955　64267677
印　　刷 | 三河市嘉科万达彩色印刷有限公司　0316-3156777
（如发现印装质量问题，请与印刷厂联系调换）
开　　本 | 787mm×1092mm　1/16　印　　张 | 17.75　字　　数 | 220 千字
版　　次 | 2018 年 12 月第 1 版　印　　次 | 2018 年 12 月第 1 次印刷
书　　号 | ISBN 978-7-5699-2802-0
定　　价 | 132.00 元

总　序

党的十九大指出，“文化自信是一个国家、一个民族发展中更基本、更深沉、更持久的力量”。习近平总书记多次就文化发展发表重要讲话，将中华优秀传统文化升华为“中华民族的基因”“民族文化血脉”和“中华民族的精神命脉”，提到前所未有的战略高度。徽州文化作为中华优秀传统文化的活态传承，如何加强保护传承、使其在新时代舞台上再放异彩，是我们面临的重要课题。

徽学与藏学、敦煌学并称为我国三大国际性显学。在黄山大地，处处可见徽州文化的烙印和风采，这里被誉为“东南邹鲁”“文物之海”“文献之乡”。物质文化遗产方面，有文物保护单位600多处，不可移动文物8000多处，博物馆50多家，馆藏文物15万余件，珍贵文物近7000件。非物质文化遗产方面，有新安医学、新安画派、徽派建筑技艺等14大类1300多个项目，种类和数量均居全省第一。与这些地面文物和非遗项目同样无法估价的，还有1000多种徽州宗谱族谱、3000多种徽州典籍文献和50多万件徽州民间契约文书。这些文献文书上至南宋、下至民国，种类繁多、数量巨大、内容丰富、保存齐全、历时久远，反映了徽州近千年历史长河中不同时期的政治、经济、文化等社会实践活动，堪称徽州文化的一笔宝贵财富。

近年来，市委、市政府高度重视徽州历史档案保护，在国家和省有关方面关心支持下，抢救和保护包括文献文书在内的古徽州历史档案3.5万余卷（件），其中“明代徽州土地产权变动和管理文书”入选首批《中国档案文献遗产名录》，“明代徽州江氏分家阄书”入选第二批《中国档案文献遗产名录》。这次将国家重点档案保护与开发项目——徽州家族文化研究、钦泉记《商贾便览》研究、徽州茶商研究、徽州文书研究等4个档案文化课题成果，以“徽州历史档案与文化丛书”形式编辑出版，这是我市档案部门利用馆藏历史档案推动学术研究、服务文化建设的有益尝试，也是徽州文化创造性转化、创新性发展的重要实践，对于深化徽学研究、弘扬徽州文化、更好地发挥以文化人作用具有重要意义。

走进新时代、踏上新征程，坚持社会主义核心价值体系成为新时代坚持和发展中国特色社会主义的基本方略之一。坚定文化自信、弘扬中华优秀传统文化，是坚持社会主义核心价值体系的重要内容。站在新的历史方位上，我们应在发掘徽州文化时代价值上大胆探索、推陈出新，不断创造出符合新时代特征的文化产品，更好地服务于经济社会发展大局。期待更多有识之士参与进来，全方位、立体化开展徽州历史档案保护与开发工作，不驰于空想、不骛于虚声，续写无愧于先贤、无愧于时代、无愧于后世的文化新篇，为决胜全面建成小康社会、建设更美丽更富裕更文明的现代化新黄山作出应有贡献！

是为序。

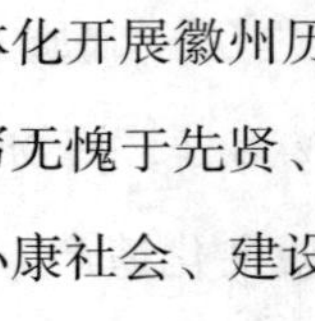

目　录

第一章　徽州茶业

一　徽州山水地理

中国是茶的故乡。

安徽是产茶大省。

徽州是名茶胜地。

说到徽州茶业，当从徽州地理环境说起。

地理环境是人类和一切生物赖以生存的基础，茶叶生长与一个地区的山水地理环境密不可分。高山出好茶，“徽之为郡，在山岭川谷崎岖之中”，山地及丘陵占十分之九，黄山、天目山、白际山、五龙山四大山脉盘桓其间。好山标配好水，徽州水系纵横，溪流如网，新安江、阊江、青弋江、乐安江四水蜿蜒，穿梭于崇山峻岭，构成徽州山高水长的地理环境。一方水土一番茶，孕育徽州茶冠绝天下。

（一）山脉

茶界云：中国产茶三大山脉，天目山脉、武夷山脉、黄山山脉。

黄山迎客松

黄山西海

黄山山脉是皖南山地的中枢。主干沿北东向南西展布，绵延150公里。东接皖浙交界的天目山，西南蜿蜒至江西境内，北与九华山相连，南至屯溪盆地。主要分布于歙县、黟县和黄山区之间，是长江下游与钱塘江的分水岭。黄山风景区耸立在黄山区、歙县、黟县和休宁县之间，面积为154平方公里，中心地理坐标：北纬30度1分，东经118度1分。景区内著名72峰的相对高程一般都在千米以上，其中莲花峰海拔1864米，为安徽最高峰。

黄山有三大支脉：一是牯牛降支脉，位于祁门、石台两县交界地带，从祁门赤岭口向西南延伸，延伸方向为75～255度，最高峰牯牛降，海拔1727.6米，界于祁门彭龙乡与池州市石台县占大镇、大演乡之间；二是大会山支脉，以高岭脚至谭家桥断裂为界，由70～45度展布，西南抵休宁县南塘乡，东北达歙县桂林镇，地跨休宁县、歙县和黄山区，最高峰上阳尖，海拔1402米；三是仙严岩支脉，以漳前至宣城市旌德县方向断裂与大会山为界，东部从歙县至绩溪县、宁国市方向断裂与天目山脉隔断，成45～255度延伸，最高峰仙严岩海拔1116米。

牯牛降山脉

天目山脉位于东北部的歙县与浙江省杭州市临安区的交界，由北东向西南带状展布，长约25公里，主脊方向为50～230度。最高峰清凉峰海拔1787米，位于歙县竹铺乡与绩溪县、浙江省杭州市临安区交界处。

白际山脉由北东向南西延伸，长约100公里。主脊略呈弧形，北东段为25～205度方向，南西段为50～250度方向。东北端在歙县竹铺乡与天目山交会，西南抵休宁县岭南乡与五龙山相接。最高峰搁船尖海拔1482米，位于歙县金川乡与浙江省杭州市临安区交界处。

五龙山脉西迄祁门芦溪乡与黄山山脉相接，东至休宁县、婺源县、浙江省开化县交界处与白际山交汇，主脊中枢呈东西走向，东西两端转折为南东向北西展布，全长55公里，是祁门县、休宁县与婺源县主要分界山。最高峰乌龙坮，海拔1629米，位于休宁县冯村乡与婺源县交界地。

黄山山脉海拔在千米以上，山高谷深，磅礴峥嵘。东南部的天目山、白际山和五龙山山脉劈地摩天，峭壁林立，海拔也在千米以上。东部的昱岭、歙岭，西部的大赤岭，犹如两扇门户，守卫着徽州东、西两条通道。中间地段低山逶迤，峰圆坡缓，新安江支流率水、横江、扬之水、布射水、富资水及阊江、青弋江和丰乐水奔泻冲击，形成黄山与五龙山之间的祁门盆地，黄山与天目山至白际山之间的徽州盆地（兼有黟、歙、休宁、绩溪各一部分）以及黄山东段与北坡支脉之间的旌德谷地。

（二）水系

山为父，水为母，徽州河流水系也十分发达。

徽州水系既是滋润茶树生长的源泉，又是茶叶外运的最早通道，资源丰富，河网发达。境内以黄山山脉为界，南坡有流向东南钱塘江流域的新安江水系，流向西南鄱阳湖流域的阊江水系、乐安江水系；北坡有直接流入长江的青弋江、秋浦河水系。

新安江屯溪水面

新安江为钱塘江上游，其源头分为两大支流，南支称率水，为新安江正源，发源于休宁县五龙山脉的六股尖；北支叫横江，源于黟县五溪山主峰白顶山。两支在屯溪黎阳汇合后，至歙县浦口一段，昔称渐江（今统称新安江）。从源地六股尖到浙江省新安江水库，全长242.31公里，相应流域面积为5757.47平方公里。左岸上游有丰乐水、富资水、布射水、扬之水等较大支流，呈扇状分布，在歙县太平桥上游汇合后称练江，注入新安江。右岸上游主要支流有珮琅溪、桂溪、濂溪、小洲源、街源等；歙县至街口之间还有棉溪、昌溪、大洲源、太平源诸水直入新安江。左岸面积大于右岸，不对称性十分明显。

率水是新安江最大支流，位于右岸，由休宁县五龙山、大源河，祁门县凫溪河至凫溪口称率水，经屯溪入新安江，长148.2公里，流域面积1512平方公里，占新安江（黄山市境内）流域面积的23.4%，其支流自上而下主要有大源、小源、上溪河、岭水、溪水、珮溪河、廉溪、小洲溪、于源河等，呈羽状分布，均为源短流急的山溪性小河，其流域面积基本在100平方公里之内。

横江是新安江另一大支流，位于左岸，发源于黄山南麓，从漳水河的枧溪，经黟县碧阳镇到渔亭，折向东南始称横江，再经休宁县至屯溪老桥入新安江，全长65.2公里，流域面积997平方公里，占新安江（黄山市境内）流域面积的15.4%。其支流有漳水、东亭河、休宁河等。

练江也是新安江上游一条较大支流，位于左岸，发源于黄山东麓，由歙县丰乐水、富资水、布射水、扬之水，先后汇绩溪县双源河、临溪河来水，长65公里，流域面积1576平方公里，占新安江（黄山市境内）流域面积的24.4%。

十里画廊新安江

阊江水系位于祁门县，发源于历山山麓，属鄱阳湖流域的饶河水系，境内流域面积1893平方公里。其支流在10公里以上者28条，10公里以下者577条，主要支流有大洪水、闪里河、新安河等。乐安江水系发源于休宁县南部杨坑尖，向西流入婺源县，在鄱阳县与阊江汇合后入鄱阳湖。其重要支流饶河正源段莘水，发源于婺源县北部大庾山、五龙山南麓，南流经段莘水库至武口与古坦水汇合始名乐安江。

青弋江水系分布于黟县、祁门县境内，发源于黄山北坡，由西南向东北汇入长江，流域面积1586平方公里。境内支流10公里以上的14条，10公里以下的100条。主要支流有秧溪河、麻川河、婆溪河等。

牯牛湖

阊江芦溪水面

秋浦河水系分布于祁门县境内，发源于祁门大洪岭，向北流经池州市入长江，境内流域面积1093平方公里。其支流10公里以上的8条，10公里以下的60条。主要支流有鸿陵河、梅溪河、公信河等。

其他发源于徽州境内，流入浙江的河流还有歙县皂址源、营川河，休宁县龙田河、璜尖河、白际河；流入江西的河流，有休宁县溪西河等。

新安江、阊江、青弋江、乐安江为徽州四大水系，分别源于黄山和五龙山脉。顺新安江东下可达杭州，沿青弋江水系的徽溪、乳溪可出江南，从阊江、乐安河可入鄱阳。在荒蛮的先秦时期，这四条水路是徽州与外界联系的天然通道。

（三）茶地

山高水长，构成徽州森林繁茂，山川秀丽的良好环境，生态条件更是一流。作为自徽州沿袭而来的黄山市，其2010年版《黄山市志》载：全市森林覆盖率77.4%。尤其境内黄山、齐云山等名胜风景区，以及牯牛降、清凉峰、白际山、六股尖、五溪山等山脉和周边，保存大量原始森林和天然次生林，构成生物基因库和生态屏障，为茶树生长提供极其优渥的条件。

徽州茶地，无论地处中低山，还是布局丘陵岗地，抑或生长河谷洲地，基本属山茶，其中七成以上属于高山茶。山地最宜茶，高山出好茶，为千百年来种茶之真理。细究其因，其实有着深邃内涵。这就是低纬度、高海拔、好土壤、多云雾、寡日照、小面积，堪称六大要素，构成绝佳茶乡。

茶村藏在深山

高山茶地

低纬度

有道是，北纬30°是地球神奇纬线，不但自然和人文奇观一流，至今仍有无数未被人类所认知的自然及人文现象，以及数不胜数的奇事、怪事、趣事，均出现在这条线上。这条线穿越中国浙江、安徽、西藏等9个省区，构成宜茶地质带，我国十大传统名茶均产自北纬30° ±1° 区域：西湖龙井北纬30° 、洞庭碧螺春北纬31° 、君山银针北纬29° 21′ 、蒙顶甘露北纬29° 58′ 、庐山云雾北纬29° 35′ 、太平猴魁北纬30° ~ 30° 26′ 、祁门红茶北纬29° 35′ ~ 30° 08′ 、六安瓜片北纬31° 38′ 。至于黄山市，整个全市均介于北纬29° 24′ ~30° 24′ 之间，所产之茶香气高长，滋味醇爽，品质优异。

高海拔

海拔是决定高山茶关键要素。因温度影响茶树中酶的活性，气温随海拔高而降低，适当温度尤其重要。这里污染少，植被繁茂，生物链完整，可减少寒冻旱热风雹等自然灾害侵袭，涵养水源，调解温度，助力露水沉降，隔绝病虫害传播，对于茶树生长极端有利。加之昼夜温差大，更有利于茶树内含物积累，形成芽肥叶壮，水浸出物多，氨基酸丰富等特点。所以，高山茶喝起来更鲜爽、清香、甘醇。据实验，茶树种植一般以海拔600~1200米为最好。黄山市茶叶分布，海拔高度从200米抬升到800 ~ 900米，个别地方上升到1000米以上。其中优质名茶多分布在海拔600 ~ 800米的中低山山地，重点茶区多分布于400 ~ 600米的山地。据1985年调查统计，徽州地区共有茶园81万亩，分布于601 ~ 800米山地有259353亩，占总面积31.87%；分布于401 ~ 600米山地有317917亩，占总面积39.07%；分布于200 ~ 400米丘陵地带有129983亩，占总面积15.7%；200米以下河谷岗地有106376亩，占总面积13.07%。至2016年，全市茶园共计75万亩，相比于1985年，其中所减茶园基本为丘陵岗地，多因建设而占用。

云雾裹茶村

好土壤

土壤是万物生长之母。徽州有中低山茶园、丘陵岗地茶园和河谷洲地茶园3类茶园，其中中低山地大部分为黄壤和山地黄棕壤，土层较厚，石砾含量高，质地疏松，透水透气性能好，肥力充足，极宜块状茶叶生长。丘陵地带即为红壤土和紫色土，质地黏重酸性，光热条件好，同时含有丰富有机质和磷钾肥。岗地土壤为千枚岩、古河流冲积物、花岗闪长岩风化物发育的黄红壤，土壤酸性，有机质含量较山地黄红壤低，极宜茶树生长。这些茶园主要分布在休屯盆地、徽歙盆地、黟县盆地、祁门盆地，可谓全市茶地主流。河谷洲地茶园主要分布于率水上游的流口、凫峰、冰潭、江潭、溪口、陈霞、回溪沿河洲地。土壤为近代河流冲积物发育形成的潮土，养分含量较高，呈酸性。因临水空气湿度较大，茶叶较厚实，内质优良。

多云雾

云雾是形成茶叶内质条件之一。徽州地处北亚热带，受地理位置和相应大气流共同作用，属湿润性季风气候。尤其夏季多偏南风，带海洋暖湿空气到来，形成潮湿、多雨和炎热，雾气多。加之气温和多雨，年降雨近2000毫米，相对湿度在80%以上。受地形影响，境内降水量分布差异也较大，黄山山脉以南多于以北，迎风坡高于背风坡，山地高于盆地。春夏季多雷雨，晚间时夜雨，这种时晴时雨、日晴夜雨的气候，十分有利茶叶发育成长。尤其茶叶生长季节的三至七月雨水奇多，四月始知春，一岁竟无夏，雨丝缠绵，云蒸霞蔚，构成“晴时早晚遍地雾，阴雨成天满山云”的奇特自然现象，年有雾天240多天，极有利孕育茶树生长，不但养成百年茶树终不老，且有助于茶叶发芽成长，形成极佳内质。

寡日照

万物生长靠太阳。光照是茶树生长的首要条件，时间长短对茶树生长发育影响很大。据实验，在紫外线照射下茶树叶片的含氮化合物较多，有利于芳香物质的形成，因此生长于高山密林或云雾之中的茶树，往往可获得较优良品质。徽州年均日照时数在1750～1960小时之间，为安徽日照最少地方。日照在一年中的变化，以夏季最多，其他春次于夏、秋次于春、冬季最少。日照最大值出现在7月和8月，最低值为2月和3月。这对于喜欢漫射阳光的茶树而言，无论是发芽成熟的生长时间，还是四周林象茂密的生长环境，加之海拔高，飘浮云雾犹如过滤筛网，隔断直射阳光，更有利于调节空气湿度。光照短而漫射多，茶树芽叶能长时间保持嫩度，不易老化，叶绿素、含氮物和香气都好。加上昼夜温差大，白天光合作用积累的有机物质多，而夜间温度低呼吸作用消耗少，茶叶有机物积累多，致使成品茶水浸出物含量高，茶汤浓醇。茶树常年在荫蔽湿润环境中，符合喜温、爱湿、赖荫习性，有百利无一害，至关重要。

休宁右龙茶象

小面积

茶树生长于高山密林，土壤肥沃，云蒸霞蔚，温度适宜，日照恰当，是取天地日月之精华，还需要充分吸收周围花香草气，以及地层中植被残留物，表层的腐殖质，汲自然之精髓，以丰富内质。故面积以50亩左右，最为适宜。徽州茶地多处高山，受地理条件限制，成片面积超百亩以上的茶园极少，通常面积均在几十亩左右，更多茶园仅十多亩，甚至几亩，犹如天女散花，小块小块布局，或直挂云霄；或因山就势，形为岛屿；或随地铺连，块状绵延，坐落山坞，客观上形成布局广、面积小的茶象。

二 明清时期散茶崛起

徽州种茶历史悠久。追溯源流，最早在魏晋和南朝。唐人陆羽所著《茶经》中，就有魏晋时宣城秦精、南朝宋新安王子鸾的茶叶有关佚事。宣城与徽州毗邻，且徽州古名新安，由此可见徽州有茶，由来犹远。只是其时人口较少，至刘宋大明八年（464年），全境（含遂安、始新县，今浙江淳安地）共2058户，3665口，粮食够自给，茶产不多。

（一）唐宋起步

到唐代，徽（歙）州人口剧增，天宝元年（742年），人口达38832户，240109口（不包括始新、遂安县），出现田少人多，收不敷食的矛盾。为解决这一矛盾，徽州人充分利用山多而田少、水清而地沃的自然地理优势，开展多种经营，种植茶叶，以致“高下无遗土，千里之内，业于茶者七八矣”。

唐代徽州人看准茶叶，广为种植，是颇有眼光的。唐以前中国虽有饮茶记载，但并不盛行。晋以后，江南人采茶叶煮食，称为茗粥。至唐开元至天宝之间（742年前后），开始饮茶。至大历年间（766～779年）流行起来，建中（780～783年）后，大为盛行。据唐德宗时御史大夫封演《封氏闻见记》卷六载，开元中（713～741年），“自邹、齐、沧、棣渐至京邑，城市多开店铺，煎茶卖之，不问道俗，投钱取饮。其茶自江淮而来，舟车相继，所在山积，色额甚多”。又载：“始自中地，流于塞外。往年回鹘入朝，大驱名马市茶而归，亦足怪焉！”由此可见，当时饮茶之盛，所需之巨。徽州人在这个时候发展茶叶生产，正好适应了全国茶叶消费的需求。所以，唐乾元元年（758年）左右，陆羽在《茶经》里，明确提出“歙州茶”。唐贞元年间（785～804年），敦煌变文《茶酒论》载“浮梁歙州，万国来求”，体现出茶在唐代社会经济文化中的地位，也反映出徽州茶叶的影响。

《祁门县新修阊门溪记》史籍

唐时，徽州生产的饼茶主要有祁门方茶、新安含膏、婺源先春含膏等。正如《膳夫经手录》所载：歙州、婺州、祁门、婺源饼茶，制置精好，不杂木叶，人皆尚之。饼茶制作方法是将鲜叶经蒸气杀青后烘干捣碎，碾成细末，再蒸软，做成长条，形成圆饼状，中间留一孔，穿串起来烘干即成。

唐代饼茶模型

徽州茶叶发展迅速，遂以致富，“由是给衣食、供赋役悉恃此。”同时，徽州富名也响遍宇内。韩愈在《送陆歙州诗序》中称歙州是“富州”；杜宣猷为求一个宣歙观察使的肥缺，竟然去走内宦的后门；薛邕自左丞贬歙州刺史，“家中恨降谪之晚”，均是范例。

宋元时期，徽州茶事发生变化。其中宋代徽州在生产传统饼茶的同时，开始生产蒸青散茶。《新安志》载：“茶则有胜金、嫩桑、仙芝、来泉、先春、运合、华英之品；又有片茶八种。”其时饼茶通称片茶，胜金、嫩桑、仙芝、来泉、先春、运合、华英即为散茶名品。建炎初年（1127年），婺源还产一种谢源茶，被称之为“绝品”；休宁还产一种香风茶，民间称为“香风草”，生长于齐云山一带的旷野山坡溪边，属蜡梅科落叶灌木，树高一般二至四米，树叶粗糙，叶面深绿，背面粉绿，形似茶而非茶。冲泡后味醇带甜，别有风味，且有解表祛风、理气化痰之效。因产量不大，史籍虽无记载，但“齐云山香风茶”名声在外，乃至流传久远，至今不衰。

宋代徽州产茶规模不及唐代。北宋乾德二年（964年），朝廷推行榷茶制，商人购茶，需向官府交引。全国设6个榷货务和13个山场，专司茶叶生产贸易。据《建炎以来朝野杂记》载，到隆兴间（1163～1164年），徽州每年产茶210万斤，约占全国产量的二十四分之一。另《徽州茶经·生产编》载：徽州府婺源、休宁、祁门、黟县、绩溪、歙县六县，计2286100斤。元至正二十五年（1365年），朝廷实行按茶株数课税，徽州府清点茶株数为19656120株，折合产茶39312240两。其中歙县10040691株，折合产茶20081382两；休宁县6893450株，折合产茶13786900两；婺源县1762539株，折合产茶3525078两；祁门县157557株，折合产茶315314两；黟县435792株，折合产茶871584两；绩溪县6073株，折合产茶12146两。

（二）明中叶炒青崛起

入明后，朝廷罢造龙团（饼茶），大倡散茶。由此引发制茶和饮茶两大革命，导致中国进入散茶时代。其中，明中叶，休宁松萝制法恰合时宜，先扩散于徽州，后扩展到江南，再传播至福建、江西、浙江等地，致各大茶区纷纷效仿，逐渐演绎为风尚，同时带动其他茶品竞相面世，徽州发展成为中国茶业重地，产量猛增，在茶界享有盛誉。同时，商家也迅猛崛起，流寓天下，成为劲旅。

附表：洪武九年（1376年）徽州府各县茶株课统计表[1]

县名	茶株总额（株）	课茶株额（株）	芽叶茶课额（斤）	茶课折钱钞	备注
歙县	10400691			钱钞 17551166	丙午踏勘，此为洪武九年（1376年）定额
休宁	6893450	6893450	86188斤2两	铜钱 11632697	
婺源	1762539	176254	21771斤10两8钱	铜钱 2939177	
祁门	157557	15756	1969斤7两4钱	钱钞 265贯878文	丙午年踏勘定额
黟县	435792	43579		钱钞 735399文	丙午年定额
绩溪	6073	607		芽茶每斤铜钱240文，共折铜钱2277文；叶茶66斤6两7钱5分5厘，每斤该铜钱120文，该科芽叶茶共75斤14两6钱，折铜钱10248文	

[1] 明弘治十五年（1502年）《徽州府志·物产》。

松萝是徽州特产，亦称炒青鼻祖，名震天下。关于其由来，说是明中叶，苏州虎丘寺高僧大方来到休宁松萝山，结庵制茶。他一改传统茶叶制作方法，创出新型炒青松萝茶。湖南武陵人龙膺为万历八年（1580年）进士，后任徽州府推官，曾亲入松萝山考察。其所著《蒙史》载：“松萝茶出休宁松萝山，僧大方所创造。予理新安时，入松萝亲见之，为书茶僧卷。其制法：用铛摩擦光净，以干松枝为薪炊热；候微灸手，将嫩茶一握置铛中，札札有声，急手炒匀，出之箕上。箕用细竹为之，薄摊箕中，用扇扇冷，略加揉挼，再略炒，另入文火铛焙干。色如翡翠。”松萝制法问世，无异于中国茶叶一场革命。明代文震亨《秣陵竹枝词》曰：“酒馆张灯尽墨纱，夹纱窗内建瓶花。纯灰细雨深杯酒，撮泡松萝浅碗茶。”这是明末一首记叙南京秦淮河边高档酒楼用松萝待客的竹枝词，可见松萝茶受欢迎程度。

苏州松萝茶幡

松萝茶带来的兴旺茶景，一直延续到清代，依然火爆。清周亮工（1655～1662年）《闽小纪》载：“崇安殷令，招黄山僧，以松萝法制建茶，堪并驾，今年余分得数两，甚珍重之，时有武夷松萝之目。”康熙《（福建）松溪县志》亦载：“茶叶以谷雨前采者制为松萝。”乾隆《福建通志·艺文》载《闽茶曲》十首，其中有：“学得新安方锡罐，松萝小款恰相宜”；“却羡钱家兄弟贵，新衔近日带松萝”。久而久之，松萝甚至成为中国绿茶的代称。公元1875年，英国皇家学会对中国茶区进行了一次全面调查。在“Green Tea”部分的开篇这样写道：“Green Tea在汉语中被称为绿茶和松萝茶，松萝是一座山的名字，据说那里是绿茶首次被发现的地方。”查当代出版的《中国茶叶大辞典》：松萝山，位于安徽休宁县北，与琅源山、天宝山、金佛山相望。明代罗禀《茶解》：“松萝茶出休宁松萝山，僧大方所创造。”清乾隆《歙县志》：“茶概曰松萝。松萝，休山也，明隆庆间休僧大方住此，制作精妙。”为名茶休宁松萝主产地。足见其影响之深远。

明代除松萝外，还有歙县老竹大方、祁门安茶等，同样名重一时。关于大方茶来历，《歙县志》说是师承松萝茶制法：“明隆庆间（约1570年），僧大方住休之松萝山，制法精妙，郡邑师其法。”祁门安茶是一种篓装篮茶，旧名六安茶、老六安。关于茶名由来，坊间有多种说法：一为“仿六安茶说”。如民国时祁门茶业改良场场长胡浩川，在《祁红制造》载，祁门所产茶叶，除红茶为主要制品外，间有少数绿茶，以仿照六安茶之制法，遂袭称安茶；二为“安溪茶说”。此说来自安徽农学院陈椽教授，其在1960年应《安徽日报》之约写《安徽茶经》，在写祁门茶史时，说据有关资料载（该资料后未找到），祁门原产绿茶，多属安溪绿茶，故叫安茶；三为借名说。安农大茶学教授詹罗九先生认为：明代六安茶名满天下，祁门茶丰质胜，商贾借六安茶之名营销；四为民间流传此茶有安六气、平六腑之功效而得名。至于安茶创制时间，逝世于清康熙三年（1664年）的新安画派创始人渐江大师，生前曾留信笺："极思六安小篓，便间得寄惠一二篓。"由此推断，此茶创制当为明末。安茶属黑茶，是一种后发酵紧压茶，色泽乌黑，汤浓微红，味香而涩，别有风味，产于祁门南乡一带，一般存放两至三年方可出售。先在京城畅销，《红楼梦》《金瓶梅》《儒林外史》有载。清康熙年（约1690年）后走到广东，因茶性温良，有祛湿解暑消腻功能，不仅可作饮料，且为治病良药，在两广及东南亚热带地区颇受欢迎，被尊为"圣茶"。

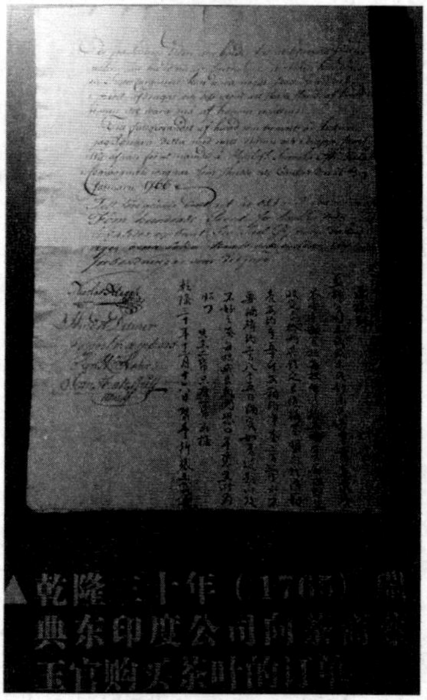

东印度公司买茶账单

纵观明清两代，徽州茶产呈逐年增长态势。其中尤其明代，由于饮食结构不同，北方少数民族对茶叶的依赖，远高于中原民族。中原王朝统治者对茶叶具有完全的定价权，于是茶叶变成了类似今天石油一样的政治性商品和战略性物资，成为中原王朝用来化解和控制北方游牧民族的武器。朝廷制定以榷茶易马为主，收税为辅的“榷茶引税”两制并行政策，大大刺激徽州茶生产。明弘治《徽州府志》载：洪武时，徽州府有茶1965.6万株，每株棵芽2钱5分，叶茶1两7钱5分。以每300～400株，产茶25公斤计，产茶1228.5~1638吨。《清朝通典》载：清雍正十年（1732年），安徽歙县、休宁、黟县、太平等17个州县，行69980引。按每引正茶100斤，附茶（片末茶）先14斤后增至28斤计，徽州茶产约4478.7吨。

三 鸦片战争的产业拐点

清道光二十年（1840年），中英爆发鸦片战争，其导火线源于茶叶贸易的逆差。鸦片战争以中国失败而告终，随之《南京条约》签订，中国茶业格局发生重大变化。作为产茶重地的徽州，茶业受此影响，出现重大拐点。

（一）中国茶象

中国茶叶大量输往欧洲，始于明代。万历三十五年（1607年），荷兰东印度公司商船首次从爪哇来澳门运载绿茶，这是西方人来中国运载茶叶最早的记录。他们把茶叶运到欧洲，很快风靡欧洲。尤其是英国，不论贵贱男女，都嗜茶如命，无茶不饮。到清代，国际茶市对中国茶的需求更旺。康熙二十三年（1684年）后，清政府宣布开放广州、漳州、宁波、云台山四地为通商口岸，直到乾隆二十二年（1757年），这73年被后人称之为“四口通商”时期。然而，在反复海禁的天朝大国，清廷统治者打心里不愿和洋人照面，总是千方百计将他们拒之门外。因此，除广州外，其他漳州、宁波、云台山三口岸均形同虚设，中国茶叶主要是从广州口岸出口。乾隆二十二年（1757年），清廷索性宣布："嗣后口岸定于广东，不得再赴浙省，此于粤民生计，并赣、韶等关均有裨益，而浙省海防亦得肃清。"从此广州成为接待来自欧美（除西班牙外）商船的唯一港口，实为"一口通商"。全国重点产茶区尤其皖南和福建一带的茶叶，都必须运往广州外销。

据统计，18世纪40年代，英国一年消费茶叶200万磅。到清道光十四年（1834年），达到5300万磅，不到百年的时间，增长了20多倍。茶叶成为中英贸易中最重要的商品，最高峰时期，占英国进口货物总值的92%。英人掏大量银子买茶，造成长期的贸易逆差。为抹平这个逆差，英人开始向中国大肆推销鸦片，他们试图借助鸦片贸易，消化贸易赤字，同时又获得中国茶叶。这种被中国人称之为大烟的东西，果然很快便使英人大获其利。

鸦片贸易越来越大，导致中国大量白银外流，严重干扰清朝经济。于是道光皇帝派林则徐到广州禁烟。这一禁，等于是断了英国财源，由此引发中英间产生矛盾。茶叶是英人日用之必需，供应不上，势必引起社会恐慌。更重要的是，因中英茶叶贸易数额巨大，尤其进口华茶税收在英国财政中占份额较大，如此可观收入，岂可由中国说停就停？为此，英国发动侵华战争。

英国侵略者依仗船坚炮利，先后攻陷舟山、虎门、厦门、宁波、吴淞、镇江等地，并霸占了香港。道光二十二年（1842年）六月，英军舰驶抵长江下关江面，进逼南京。无奈之下，道光帝派钦差大臣耆英、伊里布，与英国代表璞鼎查在英军旗舰皋华丽号签下中英《南京条约》。其中第二款约定：清政府开放广州、厦门、福州、宁波、上海五处为通商口岸，准许英国派驻领事、商人及家属自由居住。史称的"五口通商"由此而来。

英人发动鸦片战争目的，就是为了取得中英茶叶贸易的主动权。五口通商后，自然对中英，乃至中国同整个世界的茶叶贸易格局，都带来了极大影响。

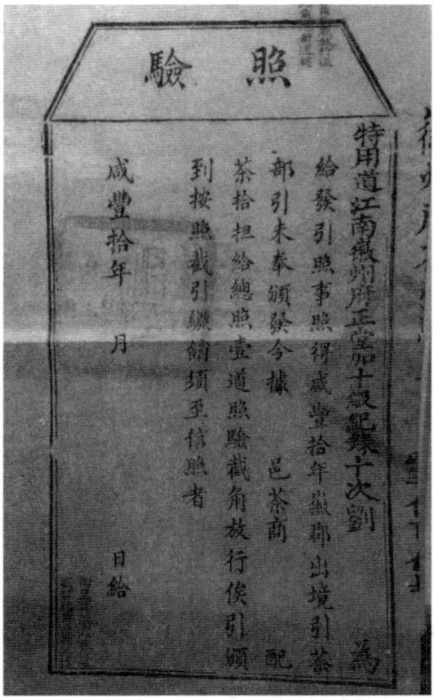

外运凭证

其时早期，中国茶叶出口仍是广州为多，但后来渐被上海所取代。上海地处华东要地，占中国主要产茶区之地利优势，吸引了浙江平水和天台、江西宁州、福建武夷、安徽徽州等地茶商，为方便运输，降低成本，纷纷来此贸易。据史料载：道光二十四年（1844年），上海出口茶叶544吨，三年后达到7197吨。此后，受太平天国战争影响，广州商路不畅，湖南、湖北等地茶叶也改道来沪，致使上海茶叶贸易量大增。咸丰六年（1856年）至咸丰八年（1858年），上海每年均输出茶叶达到5000万磅，约2.2万吨，致使上海超过广州，成为全国最大的茶叶贸易口岸。据美国人马士所著《中华帝国对外关系史》载：道光二十六年（1846年）由上海出口（茶叶）只占全国出口的1/7，道光三十一年（1851年）增长到1/3，紧接次年超过全国出口的一半，道光三十三年（1853年）又进一步几乎达到70%。

外强欲望实现，胃口更大。为满足欲望，咸丰八年（1858年），英法联军侵占大沽炮台，并以进攻北京作为威胁，迫使清政府与英、法、俄、美四国，签订《天津条约》，再次开放牛庄、登州、台南、淡水、潮州、琼州、汉口、九江、南京、镇江为通商口岸，同时允许外国商船可以驶入长江一带，到通商口岸自由收购茶叶。从此，上海转运港口的霸主地位，渐被后来者取代。

在《天津条约》开放的口岸中，汉口尤其异军突起，后来居上，其中以俄国茶商为最。追溯中俄茶叶贸易，早在清雍正年间（1723~1735年）就签订了《中俄恰克图条约》，在中俄边境的恰克图进行以货换货的贸易。清同治元年（1862年），中俄又签订《北京条约》及《陆路通商章程》，俄国不但取得库伦、张家口、嘎斯噶尔等地免税的特权，还可深入内地开展贸易。缘此俄商抓住机遇，大显身手。他们在汉口开设了4座用机器生产的砖茶厂，选择从长江黄金水道运茶北上，输俄砖茶大大增加，运费大大降低，且节省时间。光绪十七年（1891年）后，西伯利亚铁路通车，俄商改为用船运茶至海参崴，再转火车出境，获利更丰。据史料载：同治九年（1870年），中国茶输俄年均40万担，十年后增到60万担，到光绪十四年（1888年）增至80万~90万担，光绪二十四年（1898年）又增到百万担，份额占中国茶叶出口60%左右。如此高昂态势，一直维持到民国元年（1912年）中国发生辛亥革命、1917年俄国发生十月革命。由于历史变迁，世界茶市格局变化，以及交通路线改变，繁盛近两个世纪的中俄茶叶贸易才淡出历史舞台。当然这是后话。

《天津条约》签订，汉口开放，带来的是中茶外销的全面兴起。至同治五年（1866年），汉口输出茶叶229499担，九江输出茶叶163722担，宁波输出茶叶102173担，上海输出茶叶3665担，中国茶叶基本被老外通吃，茶叶整体对外贸易呈良性发展态势。从全国看，茶叶成为最主要的出口商品，出口量年均递增4.3%左右。到光绪十二年（1886年）达顶峰，为13.6万吨，生产量约23万吨，成为历史的黄金时代。以致马士在《中华帝国对外关系史》叹道："1867年，中国供应西方世界的茶的消费量达90%。"

汉口茶事遗址

随着茶叶贸易高额利润大量流入中国，西方资本家先是眼红，继而恼怒，他们开始调整策略，决定打破中国种植和生产茶叶的垄断。首先，英国开始在其殖民地印度、锡兰（今斯里兰卡）试种茶叶，其中英国一名叫福钧的植物学家曾乔装打扮，潜入到安徽徽州和福建武夷，盗窃茶种和制茶技术，回去居然写出一本《从松萝山到武夷山》茶书，全面记录了此过程。其次，17~19世纪，印度尼西亚、荷兰等国也从中国引进茶种茶苗试种成功。所以，1935年出版号称世界茶史三大名著之一的《茶叶全书》载："从中国北区之武夷山、徽州、婺源等外地，采办优良之茶种，种植公布全区。"当然，这也是后话。

（二）徽州茶象

五口通商后，中国茶叶出口量直线上升，同时带来茶叶生产跳跃式发展，种植面积和产量迅速扩大。2008年安徽教育出版社出版的《中华茶史》载：1886年中国茶园面积比鸦片战争前增加了413.9万亩，增幅达79.44%，茶农户数增加103.47万户。这种规模超过历史上任何时期。近代六十多年植茶面积增幅，抵得上从前数百年甚至上千年的成就。其中皖南茶叶产量，1862～1872年，每年约有100万担以上，这在全国也是首屈一指的。徽州茶区“自五口既开，则六县之民无不家家蓄艾，户户当垆，赢者既操三倍之利，绌者亦集众腋之裘”，全盛时销额计值千万元，由此带来徽州茶业重大转折。

也就是说，从这个时候起，受国际茶市的强力拉动，有着千余年历史的徽州茶业，发生重大分野。其中最为重要的标志是应国际茶市之需，徽州茶叶品种发生变化，崛起祁门红茶、屯溪绿茶等外销茶新品。

祁门红茶始创于清光绪元年（1875年）。关于创制起源，存在三说：一为胡氏说。大清第119号奏折载：“安徽改制红茶，权兴于祁、建，而祁、建有红茶，实肇始于胡元龙。胡元龙为祁门南乡贵溪人，咸丰间即在贵溪开辟荒山五千余亩，兴植茶树。光绪元、二年，因绿茶销路不畅，特考察制造祁红之法，首先筹资六万元，建设日顺茶厂，改制红茶，亲往各乡教导园户，至今四十余年，孜孜不倦。”同时民国五年（1916年）《农商公报》也有类似报道。二为余氏说。民国二十六年（1937年）出版《祁红复兴计划》载：“光绪二年（1876年），有自至德茶商余某来祁设分庄于历口，以高价诱园户制造红茶，翌年复设红茶庄于闪里。时复有同春荣茶栈来祁放汇，红茶风气因此渐开。”文中余某，名叫余干臣，黟县人。新编《黟县志》载：余干臣，名冒恺，立川村人。胡、余二说，看似矛盾，实则相通。胡元龙后裔胡益谦先生曾说：“清同治十年（1871年），余干臣自福建被罢官归来，赁居在祁门县城三里街。余氏见祁门产茶，乃据闽人经验，建议祁人改制红茶。但祁人由于久居山区，消息闭塞，思想保守，无人敢应议改制，独胡氏元龙敢付诸实施，乃接受余氏建议，在自办的培桂山茶场着手改制红茶。清光绪元年（1875年），专从江西修水请来茶师舒基立，学宁红经验制成红茶。”从中可见，胡、余二人从认识到实践，均经历曲折艰难的过程，最后殊途同归，二者堪称当之无愧的祁红奠基人。三为陈氏说。据《杂记》载：“有邑人胡元龙、陈烈清相继在祁门西南乡创设茶厂，招工授以制茶方法，祁红才开始萌芽。这两家茶厂算是制茶最早，厂名胡日顺、陈怡丰。”因《杂记》一书至今无考，故当今持陈氏说者少。

老外品祁红

创制归属于谁？似乎并不重要。重要的是19世纪的祁红问世，完全是因外销而起。祁红外销对象主要是英国，因香气浓郁持久高锐，备受英国上层人士、社会名流青睐，赞为“群芳最”。加上牛奶、砂糖，常作下午茶饮品。据说英国女王每天起床第一件事，便是饮此红茶。祁红礼遇之高，由此可见。缘此，它与印度大吉岭、斯里兰卡乌伐并称为世界三大高香名茶，在国际茶坛享有茶中英豪、祁门香誉称，以致后来分别于1915年获巴拿马万国博览会金奖、1987年获第26届世界优质产品评选会金奖。

屯溪绿茶简称“屯绿”，属炒青绿茶。其前身为明代问世的松萝茶，清嘉庆间（约1820年）从中分离出珍眉、贡熙等花色，从而诞生此茶。咸丰间（约1852年）开始外销，因集中于屯溪外运销售而名屯绿。五口通商后，因备受国际市场青睐，由此产生等级名目不可胜数。如民国《歙县志》载：“吾邑惟产绿茶，其品目缘制法而分，有虾目、麻珠、宝珠、圆珠、镏珠、珍眉、凤眉、峨眉、芽雨、针眉、蕊眉、乌龙、熙春、副熙十四品，其实皆一叶所制也。拣之、筛之、火之、扇之，竭极人工，而制法始备。熙春、副熙乃其粗者，亦茶之大宗……珠则状其圆，眉则言其细，虾目圆中之最者，珍眉之上者，别名抽心珍眉，皆类中重品……”

屯绿是个庞大家族，为徽州各地炒青总称。产地涵盖休宁、婺源、歙县、黟县、祁门等地。其中以祁门凫峰乡杨树林、骑马州、上土坑、下土坑4村所产最为出色，“入口浓醇，过喉鲜爽，口留余香，回味甘甜”，人称“四大名家”，被誉为“屯绿之冠”。此外，休宁县流口乡茗洲茶也别具特色，其中大源、沂源、平源、南源4村品质最佳，人称“四小名家”，又称“四源茶”。

与此同时，徽州问世的新茶还有黄山毛峰，多为内销，少数外销。其中，黄山毛峰前身为黄山云雾茶，清人江澄云《素壶便录》云：“黄山有云雾茶，产高山绝顶，烟云荡漾，雾露滋培，其柯有历百年者，气息恬雅，芳香扑鼻，绝无俗味，当为茶品中第一。”毛峰茶名最早见载于民国《歙县志》：“毛峰，芽茶也。南则陔源，东则跳岭，北则黄山，皆产地。以黄山为著，色香味非他山所及。”关于创制情况，新编《歙县志》载：“光绪年间（1875年），漕溪（今徽州区富溪）人谢静和所设谢裕大茶庄创制，主产汤口、洽舍一带”，并说因“白毫披身，芽尖似峰”而得名。后经多年发展，成为蜚声中外的名茶。

随着祁红、屯绿等新产品的崛起，徽州茶叶传统销售模式也发生变化。其因市场而调整，根据外销、内销的需要一分为二：一为洋庄茶，一为本庄茶，且前者尤其火爆，乃至延续近百年，产生许多营销大腕，青史留名。同时，徽州茶业地位得以提升，一改徽商数百年所经营的盐茶木典四大支柱产业的格局，使茶业排序从原来的第二位跃升到第一位。

第二章 洋庄茶、本庄茶的业态

一 种茶制茶沿袭旧辙

祁红也好，屯绿也罢，抑或其他传统名茶，其每年紧张忙碌的加工和销售，都是从春天茶树的枝头开始。其中，既有茶农，也有茶工，更有茶商。

按理说，茶树与商家并无直接关系。以现在严谨的社会分工而言，采茶乃茶农之事，制茶为茶工之责，卖茶为商家之职。然自古以来，徽州基本为农耕经济，自给自足，社会分工并不明晰，茶业业态既繁杂也笼统，即采种初制通常归茶农，精制贸易基本属茶商。缘此，茶农亦农亦工，茶商亦工亦商，职业混淆，身份乱搭。加之徽州茶商多数出身于农家，家中本有田地和茶园，即使以商为本，终究难舍农家根基，农工商，一锅煮，山上茶发芽，山下茶家忙。

（一）采摘和耕锄

茶季是徽州人一年中最忙碌的季节。为迎接茶忙到来，徽州茶家一般在春节过后，便开始着手准备。采茶做茶几乎是家家都有的事，茶篮箩筐晒垫少不了，请竹匠对旧的修修补补，再添些新的，同时备柴备炭，约请外地采茶妹。商家即租场地，修器具，筹资金，雇茶工，以及四处张罗，打探行情，联系买家。正如《新安竹枝词》所言："高墙广厦甚堂皇，斟酌锅场与拣场。每到新年才过了，竹工砖匠一起忙。"

一年之计在于春。春到茶园醒，山户家家忙。"山桃花发竹鸡啼，几日茶枪绿欲齐。去摘香芽招女伴，松萝山在练江西。"这是《新安竹枝词》描述采茶场景，写得摇曳多姿，画面优美。毕竟是文人诗意渲染，然现实中的采茶，不但辛苦劳累，且披星戴月，劳动强度非常之大。

"时节刚逢挑菜好，女儿多见采茶忙"，徽州农村妇女基本个个会采茶。早上空篮出门，晚上荷担而归，天晴一顶草帽，下雨一身雨衣。有的还带着茶凳，茶凳构造很独特，一块板下安一只腿，一个丁字形，往地下一插，便能坐定。上得山来，选定茶棵，先摇一下茶丛，为的是抖落蛛网尘埃，甚至有时还能抖落"长虫"（蛇），然后开采。采时讲究眼明手快，一个采茶能手一天采茶少则几十斤，多则上百斤。

茶客采茶去

采茶是茶叶加工的第一道环节，节奏快，时间长，充满艰辛。所以，每至茶季，徽州山户均是倾家而动，老人小孩齐上阵。茶园多者，家中劳力不够，便从外地雇请短工。如此繁忙紧张，反映在民谣中，如“乡村四月闲人少”“吃饭不知味，走路不沾地”“假忙三十夜，真忙摘茶叶”之类，俯拾皆是。

徽州人采茶，清明至立夏称春茶，也叫头茶；立夏后叫二茶，也称紫茶、夏茶；再后叫秋茶，也叫三水、三暑。俗话说，卖儿卖女，不摘三暑，意思是为培育茶棵，秋茶坚决不采。

其实，在徽州茶区，真正决定采与不采的重要因素，并非所谓的生产经验、管理要求，关键要害取决于茶价，即价高采多，价低采少。据《徽州茶经·茶艺编》载：清黟县舒斯笏曾有竹枝词云：“去岁茶商得利丰，今年山价定然昂。阿侬欲制钗头凤，都在春风一叶中。”也就是说，茶价不但决定当年茶叶产量，甚至影响下半年茶叶栽培管理，乃至面积扩大与否。

徽州茶园管理方式，分为除草、深挖、施肥、剪枝等项。其中，除草、深挖和施肥通常在春茶前、春夏茶间同步进行，剪枝在秋季进行。此中尤以秋挖最为重要，时间为农历七月最佳，故民谚有“七挖金，八挖银”之说。肥料通常为人畜粪便、草木灰、菜籽茶籽枯饼、豆饼等。剪枝通常只对枯死茶树，从根部砍去枝条，以使来年再发新枝。用现在说法，叫台刈。

（二）制茶

说完采茶种茶，再说制茶。

徽州茶叶从鲜叶到成品，基本需经初制和精制两大工段。初制是将鲜叶加工成毛茶的过程，精制即对毛茶的长短、粗细、大小、轻重、好孬进行分离解体，再依标准拼配，是使毛茶形成商品茶的过程。

祁红茶

屯绿茶

黄山毛峰茶

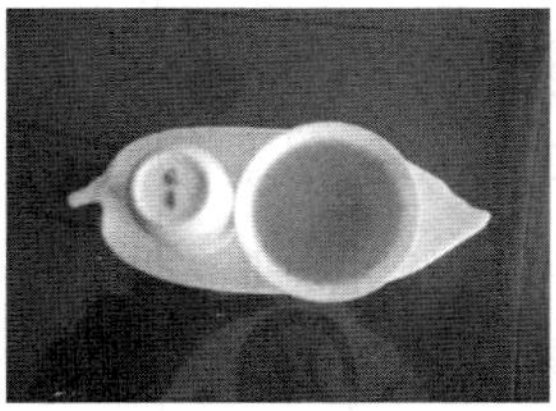

祁红茶汤

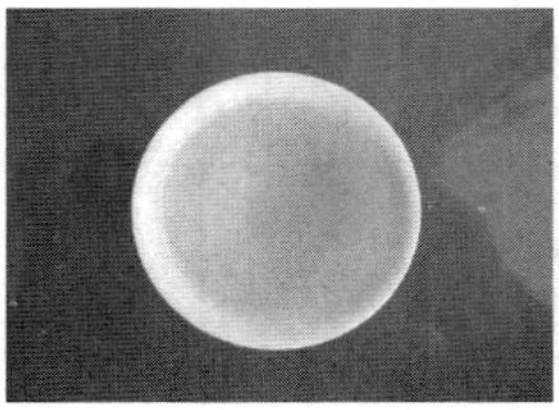

屯绿茶汤

黄山毛峰汤

毛茶初制一般由男人完成，茶类有红、绿两种。绿茶制法：杀青、揉捻、烘焙，通常4斤生叶炒1斤干茶。旧时一般山户，揉捻后便将湿坯卖给茶号，其后工序由茶号完成；红茶初制大为不同。祁红茶商程世瑞在1937年《农村合作·祁门的红茶》中曾记有这样的场景：

太阳渐渐把树影儿晒成正圆形时，辰光已是中午了！一些中年男子们——茶工，一个个挑着新鲜嫩绿的茶叶，从山上回来，走到一处平坦上，把担子放下，从屋子里拿出竹垫来，铺在地上，然后再把袋子里的茶叶，倾入垫中，用木耙子耙平了。阳光直射在上面。他们再走入一个临时架就遮阳光的棚子中，或是人家屋檐底，里面放着一只大木缸，他弯下腰去，用白布给缸拭净了，再走出棚来，静寂寂地等候太阳光把茶叶晒软了！伸手一探，知道到了时候，便很快地把那叶子收集起来，一齐倾入缸中，然后他把鞋袜脱光了，拭净了脚，跳入缸中，两手扶着缸沿，把两只脚，用力加劲儿地把那茶叶踏起来。这一点，你不能不佩服他们具有特殊的本领了！因为在你看去，好像是很容易做的一件事，可是在这踏揉的当儿，既要用力，又不能把叶子弄碎，而要使那松散的嫩叶，跟着脚儿卷成一团，这真是件难事。然而他们踏得很不费力。十数分钟后，叶儿已渐渐出汁了！一张张的叶子都卷起来，透出阵阵的香味，令人们有一种说不出来的愉快。这时候，他跳出缸来，把那踏成的叶子，再拿起平铺在日中，让太阳晒了一会儿，再收起倾入布袋中，紧紧地把袋口扣起来，放在阴处，让它发酵。经过半点来钟，始从袋里取出，青青的嫩叶，已变成猪肝色的红茶了，这就叫作“毛茶”。但是这不过是初步的成功，并且非常的潮湿。毛茶制成后，再放日中晒十数分钟，便掮起拿上茶庄（号）去卖，茶农与茶叶的关系，这是最后的一幕了。

茶号是集收购、加工、运销于一体的综合性组织，虽季节性很强，但多数均有从初制到精制全过程的加工功能。走进古徽州，无论哪个村落，只需向年老长者问一声：以前村里有茶号吗？答案都是肯定的。

徽州茶号一般分固定和不固定二种。固定者多为殷实商家，建筑讲究，体量庞大，功能齐全。进门有柜台，为收茶之地，里面是制茶场所，一般为二层，底为堆场、烘房，上为拣场、茶库等，称为本庄，抑或门庄。少数大户，除在本村设号，收购毛茶（湿坯）外，为扩大产量和方便山户，还另在他地设门点，称子庄、分庄。不固定者多为经济实力稍差商户，他们通常租借祠堂或其他场地进行加工。在徽州，这类居无定所的茶号较多。如祁门历溪村合一堂祠堂就是一例：说是20世纪30年代，村有王文涛茶商，在此开设和合昌茶号，门右做拣场，拣工来自相邻休宁县，享堂楼上做揉捻，楼下边门直通外面文会老房做烘房。还说那拣场特讲究，天井上装有可活动进出的玻璃瓦，地板铺设极高，人站可摸大梁，至今梁上还有当年茶工嬉戏打下的茶印。

烘茶工场

旧日拣场

各种茶筛

民国祁红同和昌茶号遗址

除固定和不固定茶号外，徽州各地通常还有一种临时性茶号，因规模小，时续时停，且茶叶质量也不稳定，民间称为烂官堆。

茶号业主即茶商，或为当地经济实力较好的乡绅，或为小资本者。经营分两种类型，一是独自经营，一是合股经营。前者约占两三成，后者约占七八成。其中，多数资金不能自筹，不足部分靠借贷，有的则以毛茶入股。如光绪二十三年（1897年），屯溪茶号59家，其世业殷实者，不过五分之一，其余无本小贩，或重息称贷，用沪上茶栈作本，或十人八人醵借数金，合帮经营。

茶号制茶基本为男工，有本地人，也有外来的，人数视箱数而定。一般规律：制茶200～250箱，约20人左右。茶工多为包工制，工钱由工头与茶号老板结算，由于受雇于人，茶工报酬较低，一人做一季茶通常只得20元上下。且无定所，有的一年要走两三个地方；拣茶女工也多为外来，通常扶老携幼，三五成群。工资按筹计算。

茶号内部分工很细，有掌号、账房、掌烘、看样、掌堂秤、管厂、箱司、铅司、拣司（发拣、收拣、收发竹筹）、水客、厨司等。如另设子庄，则设司账和看茶各一人。这些分工和姓名，通常写于显目壁板。在祁门闪里磻村祠堂，曾为公义祥茶号，墙壁至今仍有监督、把秤、上钩、添减、内票、扛箱、顺箱、叫盖、外票、配盖等字样。

茶号对茶农和茶工是剥削，对贷款者和介绍贷款者是被剥削，多少带有投机性，其存在与否，通常视上年经营效益决定，故每年茶号很难稳定，其中成为职业的茶号，通常即是大茶商。

五口通商后，徽州茶号发生裂变，分洋庄和本庄二种。所谓洋庄则茶号所制成品茶，运通商口岸，经茶栈转手，售给洋（茶）行；所谓本庄，也叫土庄，是相对洋庄而言，则茶号所制成品茶，销国内市场。无论洋庄，抑或本庄，二者并无明显界限，兴许专一，兴许混搭，通常由茶商根据市场情况自定。

进入茶号，映入眼帘，首先是高大柜台，里面陈列着有序的桌案茶几，氛围幽雅。这既是本号高级职员休憩场所，也是会客洽谈生意之地。柜台直通账房，门贴纸令：闲人莫入。如不走柜台，径直往里即毛茶堆放之地，再里则加工场。

撇去初制而言，茶号最火爆场面是精制加工。无论制绿制红，其热浪翻滚、茶味弥漫、香气氤氲氛围，无不令人惊艳和震撼。绿茶红茶精制工序各不相同，绿茶量大是炒青，有分筛、抖筛、撩筛、风选、拣剔、复烘、拼配7道工序；红茶有毛筛、切断、抖筛、分筛、撩筛、风选、紧门、套筛、拣剔、拼和、补火、装箱等十多道工序。无论工序多少，要旨不外乎是切断、筛分、风选、拣剔，以分出号头茶，尔后按号拼配均堆，最终形成级别统一同成品茶外销。

精制通常在白天毛茶收购结束，华灯初上开始，其时大担小担茶叶堆满堂前屋后，首先是毛茶补火。梁柱高悬油灯，地坑燃起炭火，坑罩竹圆笼，笼架拱形罩，罩铺茶叶，热温百度以上，加四面不透风，连门口也垂厚棉帘，空气异常干燥。茶工赤膊上阵，不停翻动茶叶，一人跑几笼，丝毫不敢分心。掌烘茶师凭敏锐嗅觉，在分秒间决定茶叶出笼与否。过早叶有草气，过迟叶生焦味，炉火纯青的技艺，非一般人所能掌控。最可怜是烘茶工，置身高温中，大汗淋漓，五六分钟便要到门外换气，须臾又跑回，如此不舍昼夜叫玩命。

补火毕，即开始过筛、风选、拣剔等程序。茶筛有多种，茶叶倒入筛，经一套二套三套筛，反复操作，致茶越筛越细，越筛越小，号头逐渐明晰。尔后风选，扇去灰末，基本匀净。再送拣剔。拣剔均女工，六人围坐一板，叽叽喳喳。手抓一把茶叶抛空散落，后以纤纤玉指，双手翻飞，挑出梗茎。其频率之快，动作之准，力度之轻，声音之妙，如雄鸡啄食，充满诗意和美感，令人目不暇接。

拣剔后，再补火，最后是打干堆，又称均堆。此是茶号大事，颇有仪式感。事先掌号与老板选定良辰吉日。是日早，茶号上下，端庄虔诚出场，老板和掌号甚至长衫马褂，带众人叩拜行礼毕，均堆正式开始。同级各号茶堆放一起，不停搅拌，均匀后装木箱。茶箱为枫板材，外形方正。里层先铅后纸，茶入即加封，外糊封纸，俗称大面，上有号名、级别、产地、重量等，涂完桐油，包装算完成。有的还给茶箱套篾篓，抑或麻布，以防外运损伤。至此经多人数月忙碌完成的成品茶，即可起运外销。

二 收茶贩茶分道扬镳

分散的茶园环境，单一的家庭经营，加之落后的交通条件，限制了商品经济的交换，从而决定徽州茶业必须依赖专业商家来打开市场，搞活流通，发展贸易。

五口通商后，徽州茶贸易出现明显分野，产生洋庄茶、本庄茶两大阵营。无论洋庄茶，抑或本庄茶，经营业态均从鲜叶上市就算开始，且机构对外名称，统一都叫茶号，履行收购、加工、贩运、外售等职责。其中，既有相同点，也有不同处。所谓共同点，即收购都有两种类型：一为门庄收购，即本土茶号与茶农就地直接买卖；一为分庄收购，即茶号到本土以外的村庄收购。所谓不同处，即贩运路线和销售对象，大有区别。

（一）收购

洋庄茶也好，本庄茶也罢，其原料收购，均由门庄或分庄来完成。具体交易模式，通常可分三种：

一是买卖鲜叶。小户茶农因劳力短缺，无力加工，通常将生叶卖给茶号。茶号经茶师评级、司秤过磅后，管账恭敬写“收某某茶草若干”，数量精确到斤两，交易即算完成。至于付款结账，有的当场兑现钞票，有的要等号家卖茶结束后才付账，时间一般为秋冬，有的甚至迟至年关。

二是买卖湿坯。经济殷实之家，通常自行加工制毛坯外售。如民国《上海茶及茶业》载：“山户制造之茶，即为毛茶（湿坯），制后紧盖封藏待价而售。至于付款结账，时间和方法与买鲜叶基本一致。”

生叶收购

三是收购毛茶。一是小贩向各山户收毛货，筛拣后就近售于茶号；二是茶号派人至山户家中收购。

尤需强调的是，在徽州茶商中，这种貌似职业经纪人的小贩，俗称二道贩子，主要为当地农民。每于茶季，其怀揣小本钱，携一布袋，活跃于山户和茶号之间，收各家鲜叶、湿坯，趸售给茶号。自负盈亏，起着积少成多、中转集散的作用。因生意不大，昼出夜伏，活动范围小，人称螺丝贩。史籍云：其茶卖于螺司，聚有成数，然后卖于行号。螺司者，山中贩户之俗称也。虽然他们所贩之茶，九成均由茶行代售，直接卖于茶号者不多。然从市场经济角度说，这些人理当归为茶商组成部分，属最接地气的下层茶商。

茶号收茶不啻风景。清末民国时，徽州茶号的门庄通常有这样习俗：门外上悬招牌，下有门联，招牌由茶行赠送。如屯溪进昌茶号大门就有：进昌茶号，大来茶行。意思是：进昌茶号资金由大来茶行放贷，茶叶也归大来茶行销售。目的是使卖茶人明白此号茶品售家，以为山户卖茶参考，有着商务公开的味道。

茶号门口即门庄收茶要地。买鲜叶一般不多，收湿坯才是常态。每到下午三点许，这里异常忙碌。大担小担，排得满满当当，直到几无空隙，号门才开。里摆横竖两桌，桌边坐管账先生，面对账本；桌后壁或柱上，悬千斤秤钩，扶秤而立是看茶师傅。门开即挤，山户争先恐后，拉扯茶师，急想己茶尽快过秤，以期卖个首盘。因为先卖价高，数分钟后茶价便落，前后差别，有时几近一倍。然茶师不为所动，从容淡定，不紧不慢，一手拿小巧篾盘，一手掏出湿坯，灵巧撒开，再将篾盘一摇，尔后俯下身去轻嗅，再眯眼盯叶子，看形看色。须臾，朝山户伸几根手指，表示价位。接着双方来几句争论，最终确定卖价。山户中不乏卖茶老手，假如茶师经验不足，误差稍大，挨骂受打也有可能。

炊烟袅袅起，夜幕初降临。茶号宣布吊秤，收茶告结束。然门前仍有山户因质价不如愿，抑或来迟，致茶叶未出手，于是开始哀求，经讨价还价，最终达成一致，山户回家，管账和茶师走人。此时茶号对外看似忙碌告歇，对内即紧张开始。

至于门庄外的分庄，一般均租祠堂或庙宇使用，门外也贴红纸：某某茶号某某村庄分庄收买干枝细嫩茶。因不属门庄，山户信任度低，故业务相对少，场面相对冷，所设仅司账和看茶二人，基本就能完成业务。

（二）贩运

收茶毕，精制始。茶号首批成茶加工，一般在5月，接来便是贩运销售。

销售分外销和内销二种，此时茶号老板摇身一变，成为销家。为使新茶早上市，贩运立马摆上议程。因销售对象不同，故贩运路线、销售渠道也不同，即所谓外销的洋庄茶、内销的本庄茶，从此正式分道扬镳，各归其主。

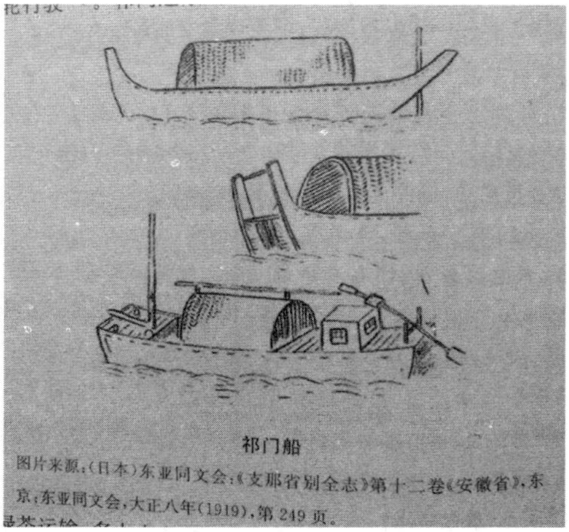

祁门茶船

先说传统内销。自明至清，大致可分三阶段：一是明末清初，茶商借助新安江、青弋江等水路出行，将茶运扬州、淮安、天津、北京等枢纽城市，然后向四周辐射；二是清中叶后，海运开通，茶商多由新安江南下抵杭州，经内河到上海，再辐射天津、北京等地；三是清末光绪间，清政府在杭沪途中设卡征收浙江塘工捐银，致茶商纷纷改道。为此歙县知县专向朝廷禀报《茶务条陈》：“惟走绍兴内河，抵义桥，搬运过塘，到曹娥过坝，不数里又百官坝，数易其船。再百官至余姚，复有河清、横山、马车、陡门等堰，始抵宁波。上栈下栈，装载海轮抵沪，下轮存栈。种种繁难，茶箱每多破损，不独修整需工，且易启西商挑剔。”旨在恳求朝廷减免捐银，提供方便。

内销贩茶，水路兼程，且以水路为主。一路山高水险，外人很难想象，一位叫鲍伦法的老人，忆其家人在民国中叶时的贩茶经历，寒意逼人：

我们家茶外卖，基本从杭州走。从老家苏村到杭州，有水路和山路。水路是先到深渡镇，路程50华里，再由深度换船顺新安江到杭州，下水四五天，上水则需八天左右。深渡是一重要水路码头，商业兴盛。我们村一带的人，一年至少去一次。但是杭徽公路通车后，公路经过齐武镇，我们都转到齐武走。山路则走到老余杭，再换水路到杭州，这叫跑余杭路。当时，从歙县至杭嘉湖一带经商，卖茶回程，或携带少数货物的，大多取道余杭陆路。这条路据称有350华里，得走整整五天。当地民谣曰：忙不忙，三天到余杭。若是货物，则走深渡水路居多。因为水运载货量大，方便运输。歙县隔山便是浙江，新安江流急滩险，上水需用竹篙奋力撑船，或是背纤，没有一个星期不行。而下水速度又很快，一般沿水而下，到淳安吃饭，再顺水直行就到杭州。抗战时，湖州沦陷区阻隔了原有路途，我们来往只能小心翼翼在沦陷区外围绕道而行。到苏州的话，陆路至梅溪、安吉、孝丰、千秋关的太阳、镜湖一带，取道湖州往苏州，不走杭州。抗战时，因为公路被破坏，只好走陆路，用独轮车。车两边各放两件，顶上再放两件，总共四五百斤。货物沉重，上坡下坡很不方便，必须结伴而行，称为打帮。如三人一车，打帮时则另叫一力气大的朋友，一天给40元左右工钱。比如说，叫朋友到梅溪换船，装货物到湖州或苏州，一般到湖州就回头了，因为湖州后面是水路，无须帮忙推车。也有一道运货出去的，路上互相帮助，叫自愿打帮。

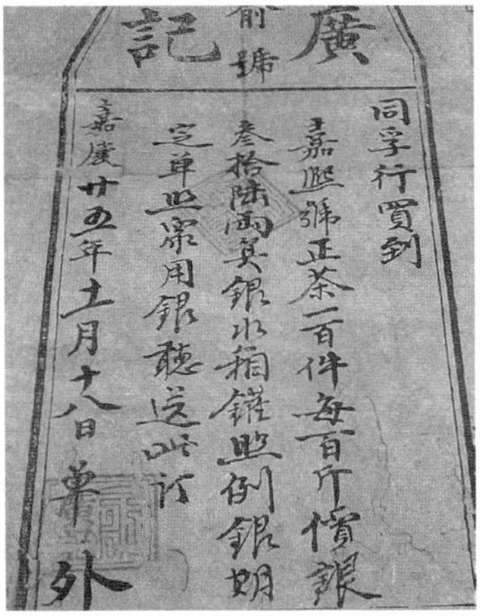

卖茶凭证

再说后起的外销。明末，朝廷初开海禁，因销量不大，贩茶路线基本与内销相同。入清后，广州口岸开放，外销雄起，贩茶路线变化较大，新增外销路线，大致可分前期、后期两阶段。

前期始于清康熙间二十四年（1685年），广州一口通商，商贾云集，徽州茶商乐此不疲，远走广东。以致民间传说去广东赚钱，犹如河滩捡石，俗称“发洋财”；抑或一元投入，三元产出的“一飘三”。具体路线：歙休等县走水或陆路运茶至祁城码头，由此入阊江到江西境，再经鄱阳湖走495里到南昌，由南昌溯江而上780里到赣州；由赣州易小船溯章水而上，到大庾岭（梅岭），登陆由挑夫越岭约110里到始兴县，再装船走720里到广州，最后通过十三行外销。整个行程三千余华里，耗时近半年。

大庾岭关口

后期即清道光二十二年（1842年）后，五口通商，新增上海、汉口等口岸，贩茶线路变为西行、东进两条。其中，西行：祁门红茶沿阊江下鄱阳湖，经九江到汉口。民国九年（1920年）后，俄国十月革命，私商停办，改为经九江去上海。婺源绿茶，北支自清华以下，东支自江湾以下，皆通舟楫。西由太白入江西乐平，经鄱阳湖至九江；东进：主要是歙休黟绩县绿茶，沿新安江至浙江下，其中练水自西域以下，横江自渔亭以下，率水自溪口以下，皆通舟楫。东则由歙之街口出境，下达淳安、建德、杭州，至上海。

需指出的是，徽州茶大量外销，貌似繁荣，然背后掩埋无限辛酸。如1890年5月28日《申报》载：茶商某甲，家计饶裕，喜作茶叶生意。上年与人合股采办，今年自立一庄，采买山茶，装箱后亲身押运，道出姑塘，寄样付九江，售于某洋行，得价颇优，心花怒放。后洋行忽吹毛求疵，将样退回，交易泡汤。甲只好将茶改搭某船，准备再去汉口试卖。其时该船装茶已达二三万箱，致甲茶箱不能悉数入仓，多余只能置放甲板。适逢天雨，淋湿数十箱，甲忧愁难解。俄而天气晴朗，甲央求在甲板晒茶，但遭船主拒绝。甲痛苦不堪，想一路打击，郁闷难排，一时未想开，竟跃身一跳，投入江中。船主急令捞救，然江水滔滔，哪有踪影。可怜茶商，从此葬身鱼腹，再也无法回乡……如此惨剧，虽属贩茶途中登峰造极悲催，然一叶知秋，类似辛酸事例，不胜枚举。

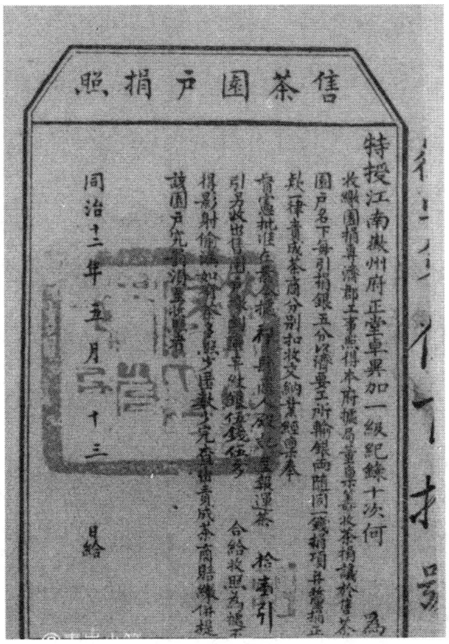

缴纳捐税单

无论内销外销，古时水路永远是主要通道。其中，新安江到杭州湾，至少4天，行者更众，既是财富之路、希望之路，也是辛苦之路、拼搏之路，为此他们专编《水程捷要歌》，指导行程：一自渔梁坝，百里至街口。八十淳安县，茶园六十有。九十严州府，钓台桐庐守。橦梓关富阳，三浙垅江口。徽郡至杭州，水程六百走。

20世纪30年代初，芜屯和杭徽公路开通，茶叶运销线路调整，从此茶商弃船改车，弃水登陆。他们自徽州出发，经芜湖或杭州，再转上海、北京等地。

抗战爆发，上海沦陷，外销口岸移至香港，贩茶线路再次调整。

三 外销商家打造茶务都会

于徽州茶商而言，茶号是永远的故乡。尤其五口通商后，屯溪则是外销茶商最为眷恋的地方。

追溯屯溪崛起历史，当从清初国门打开说起。其时徽州茶大量外销，带动徽州茶号格局发生重大变化。最为明显的标志，是四乡八村稍有实力的绿茶茶号，纷纷向屯溪麇集，由此带来屯溪集镇规模迅速扩张。

屯溪地标建筑（写意茶箱）

（一）屯溪崛起

屯溪，本属徽州府休宁县集镇，地处徽州版图中心，南濒新安江，背倚华山，率水横江在此相汇，形成新安江，直通杭州。早先仅为一临水乡村，明代始设镇，万历五年（1577年）后，因松萝茶起，设太厦巡检司，行使对外运茶引验证放行之责，商家渐多。清康熙间（约1690

年），境域长4华里，人口3000余。客观说，此时屯溪，充其量为袖珍型小镇，属新安江边一码头，交通区位不错。

新安江水面

广州口岸开放，然朝廷规定卖茶只能走内河。徽州茶南下，唯有经祁门阊江至鄱阳湖，再经赣江过大庾岭至粤一线。于是歙绩茶叶纷纷溯水而上来屯溪，经此码头转去祁门，从而带动早期屯溪发展，初步形成屯浦归帆景象。休宁籍海宁藏书家吴骞乾隆三十九年（1774年）回家省墓，来到屯溪，见“两岸人家益增台榭之胜。是日风色清明，上冢者船中悉载管弦，翠幕纱窗，笙歌嘹亮，数十里往来不绝。临水之家则有凭栏下瞰飘然欲仙者”，惊呼“宋人所作《清明上河图》，未审视此何如耳”。

五口通商，上海口岸开放，给徽州茶带来距离顿减的机遇，屯溪得地利之便，很快一跃而为新安江最大码头。

商贾云集，茶客咸来，思维敏锐的茶商很快做出决断：既然毛茶来自千家万户，何不将精制茶号移师于此，既扩大收购范围，降低成本，又方便外运，且可及时根据信息，调整结构，如此一箭数雕之举，何乐而不为？于是从咸丰时（约1855年）起，先后有婺源人来屯开俞德昌、俞德和、金隆泰、胡源馨等号，歙县有朱、许、罗、谢四大家族来屯设号，屯溪本土即有胡采瑞、邵老正、李亦馨分别开设钟聚、李祥记等号。尔后，青阳等县资力雄厚者也竞相来屯，共开设茶号三四十家。他们就地收购毛茶，精加工后外运。这些洋庄茶号，先沿八家栈街延伸，逐渐布满正街，后四射至黎阳、阳湖、长干塝、栗树街、柏树街等地。精制茶号的激增，不但吸引徽州六县山户，络绎不绝来卖茶，更有毗邻浙江开化、遂昌，江西德兴、浮梁等地茶农，也纷纷携茶前往，乃至皖、浙、赣三省十多县茶叶麇集于此，集镇猛然膨胀，码头盛极一时。屯溪船上客，前渡去装茶，江面船行如梭，停泊船只常达千余艘。久而久之，到屯溪买绿茶，渐成风尚。尤其是黟县茶商余伯陶在长干塝开福利昌茶号，制成特贡屯绿，畅销市场后，各地茶商纷起仿效。为方便称谓，干脆称屯溪绿茶，简称屯绿。屯溪地位缘此大提升，一跃而为皖南最大绿茶集散中心。其时《陶甓公牍》记道："自发逆乱平，徽属商务聚于屯溪，休宁之富在于屯溪，局卡林立，商贾辐辏。从本镜之职业言之，屯溪、率口、黎阳、阳湖一市茶之区也。朱明节庙，男妇壮幼业此者以万人计，茶号借钱庄以资助之，分茶品为二十余样，统名之曰'洋庄'。"未见屯溪面，十里闻茶香，踏进茶号门，神怡忘故乡。到光绪二十二年（1896年），据屯溪公济局征信录载，共有茶号136家。其时一首《抵屯溪》形象描绘其繁盛景象：

皖南巨镇首屯溪，万户居民本富庶。

商贾辐辏阛阓盛，茶客年年竞来去。

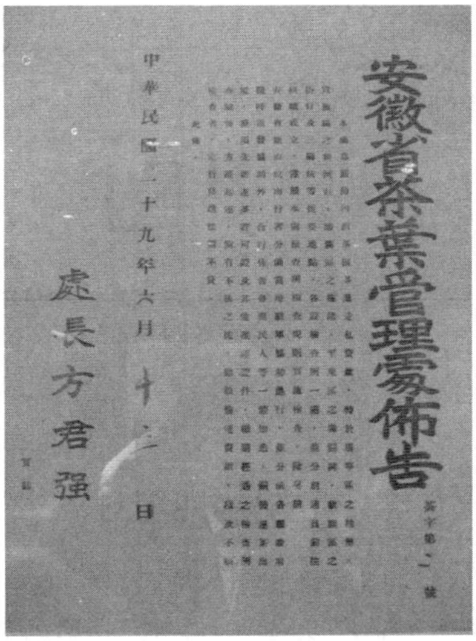

茶事布告

一业盛，百业兴。茶号是徽州茶业发源地，这里制出了风姿多彩的茶叶，也打造出茶行、茶栈、茶庄，以及船行等各种上下游服务组织，它们与茶号有着唇齿相依的关系，成为因茶而生的配套产业。据资料载：光绪十五年（1889年）屯溪有孙怡泰、汪集兴、程茂盛、程贻新、程广昌、汪晋丰6家茶行。到民国二十五年（1936年）发展到洪永泰、程广昌、汪益泰、洪聚成、胡广茂、程永昌、同复昌、汪协丰、程永聚、姚大来、怡春11家茶行。此外，与茶号相配套的锡罐业、箱栈业、篾篓业也来屯立足扎根，经数年发展，最多时近50家，由此形成完备的一条龙产业集群。此外，旅馆业、运输业、餐饮业、娱乐业，乃至贫家女卖笑的青楼也应运而生。因茶业而来多元产业链条基本形成，屯溪缘此扩展，一座功能齐备的商业重镇粗具规模。以致后来史学家撰《清史稿·地理志》，屯溪被开宗明义定位为：茶务都会。

（二）茶号

经济繁兴，产业集聚，集镇长大。清宣统元年（1909年），徽州府衙为迎接南洋劝业会，在屯溪举办徽州物产会，带政治性的茶政开始萌芽。次年，徽州乙种农业学堂，又名崇正学堂创办，其中不乏茶业专业。入民国，屯溪发展更快速前进。民国七年（1918年），高枧创办省立茶务讲习所，同时茶号有增无减，民国九年（1920年）为109家，民国二十二年（1933年）为67家，民国二十七年（1938年）达高潮，为287家。其中著名的有万福祥、永华公、吴怡和、怡新祥、永达祥、慎兴永、致中和、怡怡、忠兴昌、谦吉东等，同时涌现出徽州茶叶大王歙人吴俊德等一批叱咤风云的业茶枭雄。次年，安徽省茶叶管理处奉命在屯溪成立，工作要旨：争取物资，加强抗战；增强金融，安定农村；改进茶叶，扩张外销。同时建立茶业改良场（今屯溪实验茶场前身）。至此屯溪成为安徽茶叶行政中心，徽州茶叶地位大提升，大量屯绿沿着新安江水路，漂洋出海，远走世界。

茶务讲习所碑柱

附表：清末民初屯溪绿茶产量一览[1]

年别	茶号数	各号箱数	平均箱数
光绪三十年	不明	150479	
光绪三十二年	不明	122725	
光绪三十三年	不明	143934	
光绪三十四年	不明	172780	
宣统元年	不明	174576	
宣统二年	不明	191734	
宣统三年	不明	212486	
民国元年	89	139380	1566
民国二年	103	104177	1011
民国三年	122	114919	942
民国四年	77	105428	1369
民国五年	95	110363	1162
民国六年	92	79605	865

附表：1933年屯溪（休宁）洋庄茶号一览[2]

牌号	经理	箱数	地址	牌号	经理	箱数	地址
吴怡和	吴俊德	2259	阳湖	余馨祥	李箬渔	407	柏树
永达祥	洪朗霄	1790	石桥头	咸有礼	王礼周	761	下黎阳
慎兴永	夏再富	1563	石桥头	永大祥	姚文英	670	罗汉松
人和永	苏慕陶	4979	长干塝	大华	吴俊卿	1333	柏树
谦吉东	汪秋圃	1103	后街	永昌祥	莫凤山	1978	后街
华胜	吴佩珩	7776	洪楼下	吴茂记	吴子安	2828	里盐厂
怡新祥	孙友樵	4837	地棚巷	复昌	吴庭槐	1197	阳湖
六泰怡	孙绍尧	2822	观音山	一大	孙启乐	903	后街
永泰新	孙绍尧	2458	观音山	源记	姚渭璜	1533	阳湖
震昌隆	姚锦波	1350	栗树园	永生昌	江仰山	1891	下黎阳
广大	程启孙	552	太来巷口	进祥	余进春	408	牌楼前
万福祥	吴泽民	4879	柏树	宏大	胡鲁芹	108	不明

[1] 《豫、鄂、皖、赣四省农村经济调查报告》第十二号《屯溪绿茶之生产制造及运销》，南京金陵大学农业经济系民国二十五年六月刊印。

[2] 《豫、鄂、皖、赣四省农村经济调查报告》第十二号《屯溪绿茶之生产制造及运销》，南京金陵大学农业经济系民国二十五年六月刊印。

牌号	经理	箱数	地址	牌号	经理	箱数	地址
慎诚祥	胡俊和	1325	后街	发芬源	贩客	97	栗树园
吴永源	吴蝶卿	1061	阳湖	永源公	张财贵	699	栗树园
公兴	余守周	636	阳湖	怡祥隆	许紫华	1444	柏树下
裕大	孙毓山	1342	阳湖	振华	俞劲纯	543	柏树下
振源	孙列五	1163	阳湖	同和馨	江浚臣	989	柏树下
永华公	曹纯卿	4054	下黎阳	升芳永	程宝长	1388	长干塝
忠兴昌	曹政卿	1347	阳湖	震泰峰	贩客	658	不明
义芳祥	孙竹庵	2243	黎阳	森泰永	洪会卿	573	栗树园
致昌祥	吴玉川	253	长亭下	公和兴	贩客	269	不明
怡怡	姚毅全	2053	后街	三益祥	詹礼鸿	175	不明
致中和	谢在山	1630	长干塝	胡永芳	贩客	117	不明
日日馨	贩客	149	不明	振华新	贩客	38	不明
永华芳	贩客	307	不明	楚记	贩客	44	不明
永大	贩客	360	不明	永兴	贩客	139	不明
如松	王翼云	442	栗树园	恒德	胡悦斋	272	不明
同泰祥	曹寿珍	1447	上黎阳	大源祥	张彦昭	1556	下黎阳
耀记	贩客	82	下黎阳	双龙	贩客	142	不明
永祥	贩客	128	不明	康恒馨	贩客	127	不明
余记	贩客	674	不明	正祥元	贩客	103	不明
姚毅记	姚毅全	103	后街	恒和永	贩客	9	不明
余永祥	贩客	35	不明	公同永	贩客	492	不明
公成祥	洪步丹	1202	阳湖				

据民国间《农报》第一卷21期载：安徽屯溪为洋装箱茶制造集中地，每年出口箱茶不下10余万箱，约值千余万元，大部运销西欧，以英、法、意销路最大。具体出口数量：民国十八年（1929年）136074箱，民国十九年127053箱，民国二十年93363箱，民国二十一年119618箱，民国二十二年13113箱，其中祁门红茶3600箱。

为箱茶服务的机构也多，如中介机构茶行，清末民国时，最为活跃。民国二十二年（1933年），屯溪共有茶行7家：洪永泰茶行，经理洪朗霄，设中街，经售毛茶4500担；洪忆泰茶行，经理也是洪朗霄，设河街，经售毛茶3800担；程广昌茶行，经理程启荪，设中街，经售毛茶1160担；程永聚茶行，经理余子骏，设下街，经售毛茶1100担，胡广茂茶行，经理胡新泰，设后街，经售毛茶1010担；洪协丰茶行，经理张贡三，设下街，经售毛茶800担；洪聚成茶行，经理李申之，设下街，经售毛茶500担。后随时间推移，毛茶收购和箱茶精制逐步整合为一，茶行因中介机能退化而逐渐消亡。

还有3种金融机构也需说。一叫钱庄。民国二十年（1931年）许，屯溪金融业基本为允达、致祥、大康3家钱庄所控制，其业务覆盖全徽州，通汇地址集中于沪、杭二地，汇水和利息也以沪、杭二地为标准。另一叫银行，据史料载，民国二十年（1931年）代，先后来屯开设者有中国银行屯溪支行、中国农民银行、安徽地方银行屯溪分行。其三叫茶栈办事处，隶属于口岸城市的茶栈，为便于衔接业务，以及有效监督贷出资金的使用和受贷茶号的信用情况，专设于屯溪。民国二十二年（1933年），上海茶栈在徽州的分支机构，全设屯溪，具体有8家：洪源永茶栈，驻屯经理江连浦，放贷数额35万元；慎源茶栈，驻屯经理叶凤山，放贷数额33万元；忠信昌茶栈，驻屯经理曹正卿，放贷数额32万元；永兴隆茶栈，驻屯经理孙绍尧，放贷数额30万元；源丰顺茶栈，驻屯经理汪秋圃，放贷数额26万元；公升永茶栈，驻屯经理程宝长，放贷数额20万元；永胜昌茶栈，驻屯经理汪旭初，放贷数额18万元；仁德永茶栈，驻屯经理詹献之，放贷数额15万元。

（三）集镇功能演变

抗日战争爆发后，1938年国民政府设皖南行署于屯溪。随上海、南京相继沦陷，因屯溪偏安一隅，安徽省主席行署、省党部皖南办事处、省直属屯溪党部、省保安司令部、国民党第三战区司令部也设于此，屯溪成为政治和经济中心。为筹集外汇，支援抗战，不久安徽省茶叶管理处也在此成立，行使领导和协调徽州乃至整个安徽茶叶管控职责，致使屯溪茶叶销售增长更快。同时期，安徽省厘税局、盐公堂、商会等机构相继设立，外资也闻甜而入，前期为钱庄，后为银行，诸如中国银行屯溪支行、中国农民银行屯溪办事处、安徽地方银行屯溪分行等，构成金融市场，人气也旺，乃至以茶业为主打的多元业态，配套齐备，日趋完善。据史料载，20世纪30年代，屯溪有茶行11家、锡栈业4家、箱栈业23家、箴篓业12家、船行8家、钱庄业3家，各种商店417家。同时，因大批商贾和难民涌入，屯溪人口骤增，一度畸形繁荣，人称小上海，成为苏、浙、沪战时财富集中地。一座原本普通的集镇，缘茶业而壮大，短短百余年，完成加工中心、产业集聚、茶政管理三级跳之后，都市雏形脱颖而出。

屯溪阳湖茶事遗址

此后，抗战进入激战期，战火纷飞，销路中断，徽州茶业一蹶不振，屯溪茶号也激减，最少时仅12家。1945年抗战胜利，此后稍有回升。后再因战火连绵，至民国三十七年（1948年），屯溪茶号仅37家，产量最高者3000箱，少者百余箱。

1949年新中国成立，屯溪从休宁县划出，立为县级市。后徽州行署在此设立，正式确定为政治中心。1987年黄山市建立，屯溪立为市政府所在地。一座缘茶长大的地级城市，从此横空出世。当然这是后话。光阴荏苒，日月如梭。今之屯溪，随时代进步，业态发展，旅游已成主旋律。然茶烟仍袅袅，茶风依旧浓。君不见，老街飘忽的茶幡，江畔游弋的茶香，外边溪茶事遗址，以及正在日益兴起的茶旅游，延续仍是徽州茶的故事。新安土物尽堪夸，摘了春茶又子茶。最是屯溪商贾集，年年算得小繁华。这是对当年茶景的最为深情回望和纪念。

四 洋庄茶艰辛售海外

五口通商，洋庄茶异军突起，外销日趋扩大，茶商阵营迅猛扩展，业绩喜人。

鲜花和掌声的背后，往往充满泪水和艰辛，洋庄茶也不例外。无论清末还是民国，由于国势衰弱，洋庄茶外销，一直以来均受制于人，关隘重重，壁垒多多。即茶叶到消费者之手，至少需经茶号——茶栈——洋行——国外批发商——零售商等环节。茶商过五关斩六将，以汗水和血泪，才换来所谓可观的外销数量。

（一）外销溯源

徽州茶外销起步于明代，嘉靖三十四年（1555年），明王朝为适应外贸之需，规定广东官府在广州指定一些颇有实力的商家，主持中外贸易，后人称为十三行。其中刘东生行为徽州商家。后至隆庆年间（约

1570年），番夷市易，皆趋广州，松萝茶开始走出国门。

英国街头流动的屯绿摊贩

入清后，徽州茶外销逐渐增长。据史料载：清康熙四十一年（1702年），中国运英国茶一船，其中徽州松萝占三分之二；到康熙末年（1722年）运英国茶4500担，内有松萝茶1500担。此为安徽较早的茶叶出口记录。此后一些徽商，将茶叶运至浙江沿海，装船南下去广州，即海道漂广东路线。据《粤海关志》卷一八记载：嘉庆十八年（1813年），广东海运进口之茶764790余斤，至二十一年（1816年），已增至6723090余斤，三年增长近九倍，但很快被清廷禁止。嘉庆二十二年（1817年）后，徽州茶仍经江西内陆，艰难搬运入粤。无论陆运还是海运，皆需经水路漂运抵广州，徽州人称之“漂广东”。

松萝外销世界，甚至创下传奇。乾隆十年（1745年），曾三次来华的瑞典著名商船哥德堡号从广州启程回国，船载大量茶叶、瓷器、丝绸，然八个月后触礁沉没，多数货物从此长眠海底。1984年，瑞典一次民间考古活动发现哥德堡残骸，10年后打捞上来一大批瓷器和部分茶叶。让人们吃惊的是，这些茶叶由于锡罐封装严密，未遭海水侵袭，竟然色味尚存，仍可饮用。经专家鉴定，茶为清代的松萝和武夷茶。2008年春，松萝茶的故乡，黄山市休宁县举行声势浩大的喜迎“百年松萝回娘家”活动，中国茶叶博物馆将沉没于海底二百余年松萝带到休宁展示，观者如云，万人空巷。当然这是后话。

纵观自明至清中叶，徽州茶业既有外销，且有内销，然整体实力不及盐业，在徽商经营的盐茶木典四大支柱产业中，居第二位。

（二）繁缛环节

五口通商后，徽州茶外销迅猛雄起。据《徽宁思恭堂征信录》载：民国五年（1916年），徽州人在上海开设的茶栈有洪源永、恒记等10家。向这些茶栈代交茶捐的茶号达686家，达到鼎盛，以致有沪谚云：“申江好，贸易重丝茶。湖客章身争炫耀，徽商侈口逞豪华。”然这种由徽州人主导的状况仅其中一瞥。因洋庄茶外运，无论绿茶、红茶，一路走来，均须缴纳各种买路钱。刨去敲诈勒索不算，仅捐税一项就很可观。现以祁门红茶为例：清末时，祁红抵江西姑塘关，每百斤交常关税银二钱六厘，规费银七分。抵九江新关，再交出口全税银二两五钱。进入民国后，皖南茶税归属安徽省财政厅管理，规定税额：每百斤征税二元二角五分，其中本省征税二元，洋庄茶每百斤征洋一元一角余。后改为千分之五营业税，另再加教育、防务、慈善等附加捐，以及临时特捐等。同样，屯绿待遇也不例外。如民国二十二年（1933年），屯溪当地箱捐为每箱二角，其他附税，计有教育、保安队、公会、公安局，及各种慈善事业等，每箱二角三分。此外，各种临时捐款，还不在此内。以上二例，仅为管窥一斑，时间越后，捐税越多。

其次，茶叶启运，运费必付。付费标准，各地各时不一。据安徽人民出版社《徽商研究》载：光绪三十一年（1905年），歙县茶商江跃华运茶至上海，各项开支银洋为“水脚洋732.83两，茶箱上下洋39.71两，合共772.54两，运输费用占总支出3.13%”。另据史料载：民国二十二年（1933年），船行运输屯绿运价：水大时每箱五角，水小时则需一元二三角，常态时约七角。此外，茶叶在沪畅销，各号争相竞运，每箱又涨至一元六七角。到杭州后，改为火车运输，每箱运费五角一分四厘，外加报关手续费六分八厘。总之，屯至杭再到沪，每箱运费在二元一角以上。杭徽通车后，屯至杭一日可达，每车以50箱计，每箱运费为一元二三角。另过昱岭关茶税局，每车需缴税捐八角。而同期祁红，因运路不同，费用却高得惊人。如1933年吴觉农先生《祁红复兴计划》载：

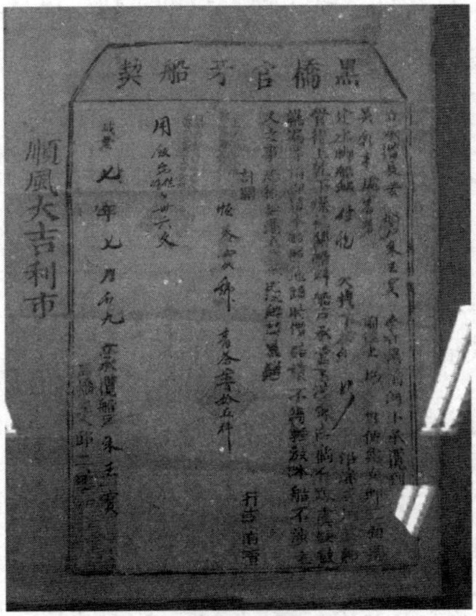

关口契单

祁门至鄱阳，三十六元为常例，历程近者，低少有限。鄱阳改载大型帆船，由小轮拖带，转至九江，每箱至少五角。祁门至九江水程五百四十里，至少共须一元一角，多则一元五角。屯溪绿茶运至杭州有七百余里，不过五角至七角而已。鄱阳至九江，船户行摊班制，破船多揽载，而又漫不经心，以致挟制任意，危险时有。其他受制于人者，已不知凡几，如由星子县姑塘码头，登岸纳印花税，每箱二分，而渡船之一往返，例定十元，长江大轮之买关，仅需七元，犹无其巨，即其一端。九江运至上海，每箱一元一角。每担两箱，运前合计须四元四角至五元二角。

再次，茶到口岸售与老外，程序烦琐，克扣也多。如其时规定，茶商不能直接跟洋行交易，须经茶栈转手。原因在于茶号运营资金，先由茶栈放汇，所制之茶则一律交栈外售，不得另卖。缘此，茶栈接茶，必须先审茶号资质。

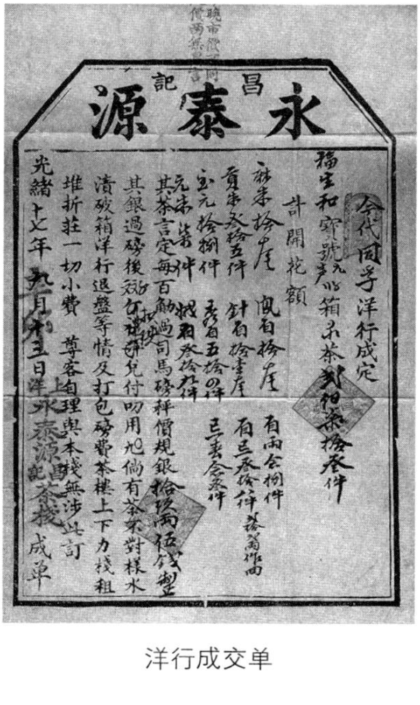
永泰源 昌記

洋行成定

計開花額

其茶言定每百觔過司馬磅秤價規銀

其銀過磅後

倘有茶不對樣水漬破箱洋行退盤等情及打包磅費茶棧上下力棧租堆折莊一切小費　尊客自理與本棧無涉此訂

光緒十七年九月

永泰源昌記茶棧成單

洋行成交单

第一项叫审核汇水。即茶栈放贷汇票系一张信票，名曰申票，须至上海方可兑现。前期茶号为省钱省时省事，每以贴水变通兑现。即将该票售给当地与上海有往来商店或钱庄，由他们辗转至上海兑现，茶号打折换取现金即可。民国二十年（1931年），中国银行在屯设分行，茶号出入款项，大都由该行汇兑。据史料载：民国二十二年（1933年），该行经汇茶款达200余万元，及汇出非茶款300万元。其中，10家规模较大茶号，共需汇水9390.8元，几乎全为汇入茶款。该年汇率，先后颇有涨落，每千元最低需五六元，最高时几达二十三元，平均为十二三元。茶号依此付银，贴水相对减少。徽州茶商，向讲诚信，对于茶栈扶持，只有感恩，从不失信，当然更不会因汇水之类事务而生纠缠。

第二项送样审评。即茶栈将茶样分送给茶行，具体过程绿茶、红茶一样。现以祁红为例：

售茶之第一步骤，即派遣出店（又名老司务，专任开茶箱，送茶栈等职）向交行堆栈，将每一牌名茶箱，提取二件，只开取一箱。分装于小洋铁筒，筒上须注明号码、牌名、批数、件数，然后分送各洋行、茶店……以上分送茶样之手续，名曰布样，又称送小样。各洋行至少须接到百余种牌名茶样后，由茶师依照祁茶之色香味，评定等级，并按市价及国外茶市情况，厘定价格，并议定某日开始交易，谓之开盘。换言之，即该季祁茶开始与洋行交易之第一日，此为红茶交易最兴奋又最忙碌之一日。因各洋行均争先购买较优之祁茶，茶师忙于看茶，品评价值。通事（系茶业推销处与洋行之间交易接洽人）忙于奔走各洋行，接洽交易。茶业推销处忙于接听各通事电话，谈论买卖，发送茶样。而各社员茶客，均引颈静听，满冀是日，能将已制茶叶，得一善价而沽焉。如洋行认定某牌名之茶样为满意须购买者，即由通事电话通知推销处，将该牌名未开启之原口样箱一只，派遣出店送去，名曰发大样。俟洋行茶师验得该箱内之茶叶与小洋铁筒所装之茶样完全相符合，始签字于成交簿上，称为落簿，盖示交易已定妥之意。至此，双方买卖乃告一阶段。由卖方发送已成交之茶箱往洋行堆栈，名曰发大帮。但须先由洋行通知，方能送往。送茶时期亦不一定，最快者落簿之日即行发送，此为开盘时成交之祁茶为多，因洋行须赶先装船，运往国外以售善价，但亦有延至数月，洋行始行通知发送茶箱者，然究属少数也。至于过磅手续，须俟茶箱运至洋行堆栈后，由该栈即日，或定期通知卖方，将每项牌名，提出四五箱，并非每箱均须称量，会同卖方人员过磅，互相抄录磅码，计将茶箱分为毛重及净重二种。由毛重减去净重，尚须除二磅半（此因洋行在昔吃磅，毫无标准，后由洋庄茶业公会议定，只许减二磅半，亦系不得已之办法）方为净重。又，推销处布样时，因分装小洋铁筒，开启之茶箱，亦须于过磅时送往洋行堆栈，名曰归庄。及茶箱过磅后，洋行与卖方即可开始计算茶账，并由卖方派出人前往洋行核对，以昭慎重。如核查无误，方由洋行即日，或定期通知收款。

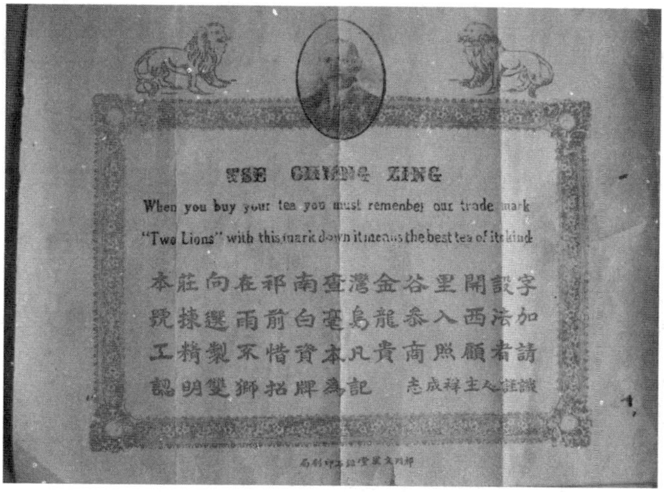

民国祁红商标

第三项扣费折量。外销关系一旦确定，接踵而来是办理各种手续，一是茶栈扣取多种费用。如民国二十二年（1933年）屯绿某号卖茶543箱，计23496斤，得洋21112.18元，其中，付过岸费291.7元，杭州报关费36.93元，车报费16.6元，栈佣422.24元，利息517.18元，保安费146.95元，栈租68.21元，九九五息105.56元，打包60.37元，修箱费45.28元，楼磅22.64元，转力108.6元，保税15.2元，检验25.2元，航空捐10.56元，商律7.6元，思恭堂7.6元，贫病0.76元，出店5.43元，洋水1.57元，电报4元，小费24元，共计1944.48元，平均每箱扣费1.75元。

二是计算茶量折耗。如民国二十二年（1933年）屯溪某号卖屯绿4836箱，以十六两六钱秤装箱，净重为218599斤，折合上海十六两秤为240459斤。但实售净茶仅223464斤，折耗16995斤，其余为运输、扣样、吃磅等无形损失。折耗数，占装箱总额7.07%。茶栈即以此量跟茶号结算。

茶商在售茶过程中受层层盘剥，加之缴纳各种税费，致不少商家不堪重负，无奈之下，以携资潜逃来抗拒。如1886年6月1日《申报》载：迩阅其茶栈某客，办得祁门茶一二字。得成箱后，核其成本，每担只值银六十元。以外再加水脚等资，到汉口每担只值银二十余两，计算成本未及半，客至此进退无奈，连夜脱逃，计亏负栈银约有三万余两。

（三）外销茶量

洋庄茶尽管遭受各种艰难，然因外销市场日趋扩大，产量仍与日俱增。据史料载：光绪十七年（1891年），徽属红绿茶共销85400余引（每引100~120斤）；光绪十九年（1893年），89400余引；光绪二十一年（1895年）11万引。其中，光绪三十年（1904年）祁门红茶3万箱（每箱50斤），每箱作价32～69两间，为汉口第一等茶代表。

民国三年（1914年），第一次世界大战爆发。此后数年，外销茶价一落千丈，茶商亏损极大。国民政府为推动茶叶出口，实施出口茶税减少

20%政策，商家则力谋销路，改由哈尔滨、内蒙古扩展到外蒙古、西伯利亚一带，销数比前增加数倍。

1937年后，为支援抗战，皖南茶叶实行统制。民国二十七年（1938年），红绿茶出口量和价格均破历史纪录，其中，祁红价较上年提高80%～145%，屯绿贸易量达248184箱，约合7000吨。此后两年也在6000吨以上，其中民国二十八年，祁红贸易量达69829箱，约合2000吨。

民国三十年（1941年），太平洋战争爆发后，我国茶叶出口全部停顿，茶叶统购统销被迫中辍，茶价下跌，囤积日增。到1949年，茶叶生产量和贸易量降到历史最低水平。毛茶仅64000多担，其中，祁红4631箱，屯绿75350箱。

附表：洋行输出祁红外销量一瞥[1]　　　　单位：担

地区	民国二十一年	民国二十二年	民国二十三年
英国	25625.31	24299.22	21529.96
美国	4757.37	5253.62	1283.25
法国	2005.49	1308.56	930.68
香港	572.35	1521.78	870.07
俄国	857.53	5313.42	764.63
德国	559.64	609.62	604.05
荷兰	444.91	280.49	106.51
加拿大	72.51	343.49	85.25
非洲	5835.64	3471.71	84.52
印度	103.34	46.19	63.21
土波埃等	20.62	129.46	7.84
澳洲	53.06	269.50	6.44
其他	252.93	452.29	242.09
总计	41130.70	43299.35	26578.56

[1]　《豫、鄂、皖、赣四省农村经济调查报告》第十号《祁门红茶之生产制造及运销》，南京金陵大学农业经济系民国二十五年六月刊行。

附表：洋庄输出屯绿外销量一瞥[1]　　　　　　单位：担

地区	民国二十一年	民国二十二年	民国二十三年
非洲	38395.52	32235.11	38489.77
印度	4667.77	6939.51	1796.15
法国	3816.63	1294.74	84.07
美国	366.62	24.79	0
加拿大	112.19	23.10	113.76
英国	38.86	48.66	2.85
其他	1570.86	1065.73	674.11
总计	48968.45	41631.64	41160.71

（四）外销商家

洋庄茶商中产生不少枭雄，其中，胡元龙、李训典、姚毅全、吴俊德堪称杰出代表。

胡元龙塑像

[1] 《豫、鄂、皖、赣四省农村经济调查报告》第十二号《屯溪绿茶生产制造和运销》，南京金陵大学农业经济系民国二十五年六月刊行。

胡元龙，字仰儒，道光十六年（1836年）出生于祁南贵溪村。自幼聪明，稍长以文武全才被授予把总一职，18岁时因父辞去，转而从商。

元龙以产业养商业，他在家乡季家坞山上开荒整地，植茶200余亩10万余株，兼种油茶毛竹松杉，规模居全县第一，同时专建培桂山房，自己亲住于此耕种。茶树开采，又建日顺茶厂，年产干茶50多担。

其时祁门茶叶销路不畅，胡元龙看准国际市场红茶畅销，大胆革新，以重金聘江西修水舒基立以宁红做法试制红茶，几经反复，终于成功，从此祁门红茶横空出世，带动全县茶农获利。

李训典，祁南景石人，生于清同治四年（1865年），47岁时出任祁门商会会长。其时祁红问世多年，为推介家乡名茶，训典四处奔走，颇有名望。民国二年（1912年），以祁红参展南京南洋劝业会成功，获头等奖凭和奖图。次年，被推选为出任巴拿马万国博览会筹备会，劝导徽属红绿茶出品专员，他努力工作，力促徽州茶叶参赛，大获成功。并于民国四年（1915年）亲到美国巴拿马赛会领奖，其中祁红荣获金奖，为徽茶赢得荣誉。同年，又力促祁红参展意大利都朗博览会，同样获奖。两次任事，为徽茶走出山门，走向世界贡献不小。

姚毅全，歙县深渡人，清同治十一年（1872年），生于商业世家，父辈业茶，到姚毅全时，他先在上海闯荡，民国初（约1915年）转向屯溪，开有怡怡茶号、姚大来茶行。

第一次世界大战期间，屯绿外销滞顿，姚毅全联合茶商呈请政府减税，得到批准，为屯绿赢得生机。抗战期间，徽州茶业陷入困境，他凭私人关系敦促银行放贷，使茶农茶商各安其业。他毕生从事茶叶外销，对改进屯绿精制技术颇有贡献。且先后任休宁县商会执委、县茶叶同业公会主席、屯溪茶商小学校长等职。

吴荣寿，字永柏，号俊德，绰号荣寿老俊，歙南岔口人，清同治十二年（1873年）生，十三四岁先在屯溪阳湖一广东人开设茶号学徒，20岁开始独立经营，在致祥钱茶号支持下站稳脚跟，凭过硬制茶功夫和诚信灵活经营手段，业务拓展较快，先后在屯溪街、阳湖等处建起吴怡和、吴怡春、吴永源、华胜、公兴等茶号10多家，最盛时制屯绿2万多担，几占当时屯绿半壁江山，为最大外销商，人称徽州茶叶大王。

吴俊德遗像

关于茶叶大王真有故事：第一次世界大战期间，国际茶市起伏不定，屯绿滞销，多数茶商徘徊不前。然吴俊德胆识过人，大量赊购毛茶，精制屯绿，等待时机。天道酬勤，1918年国际茶市坚挺，绿茶畅销，价格回升，特别是抽芯珍眉供不应求，每担价格高达300多两白银。吴俊德瞅准时机，适时抛茶，大获其利，赚利润近30万银圆，从此名声大振，不但赢得茶叶大王美誉，且使屯绿大扬其名，市场更稳。

吴荣寿曾任休宁商会会长、徽州茶务总会会长等职，后因受洋商挤压，以及政局影响等因，于民国二十三年（1934年）抑郁辞世。

五 本庄茶阔步走九州

相对于洋庄茶而言，本庄茶是五口通商后出现的概念。因原属传统内销茶，得地利之便，外运和销售障碍相对较少，徽州内销方式通常为两种：一是茶商将茶叶贩运至各茶市集散地，转手销售；二是茶商将茶叶集运到某一城市，开设茶庄，零散销售。也有以某地为据点，然后向四周扩销。其中，后者阵营尤其宏阔，浩荡成势，成为茶商劲旅，在中国茶史留有浓墨重彩一笔。

（一）内销溯源

最早记载徽州茶商的史籍，是唐咸通三年（826年）歙州司马张途的《祁门县新修阊门溪记》，其中详述祁门茶叶大受欢迎的盛况：

> 祁之茗，色黄而香，贾客咸议，逾于诸方，每岁二三月，赍银缗缯素求市，将货他郡者，摩肩接迹而至。虽然其欲广市多载，不果遂也。或乘负，或肩荷，或小辙而陆也。

这里所说的茶叶，其实是指整个徽州的茶叶。其时歙休黟祁婺等县，凭借阊江、乐安江水路优势，都到江西浮梁茶市贸易。乃至《元和郡县志》载：浮梁每岁出茶七百驮，税十五余万贯，成为全国主要茶叶集散地。到唐宣宗大中年间（848～859年），浮梁茶销关西、山东，其于济人，百倍于蜀茶。其中，祁门、婺源方茶销梁、宋、幽并诸州，商贾所赍，每给朝廷带来赋税极为可观。作为歙州司马的张途，为使茶叶顺畅运抵浮梁茶市，对于祁门人改建阊门溪河道，当然要给予高度肯定和鼓励。另，唐人杨晔《膳夫经手录》中，也记载了歙州、浮梁、祁门、婺源等地茶叶制作精良，“赋税所收，商贾所赍，数千里不绝于道路”的畅销情景。著名诗人白居易《琵琶行》中“商人重利轻别离，前月浮梁买茶去”，其中就有徽州茶。

宋元时期，徽州茶商也颇有影响。宋淳熙《新安志》载，宣和改茶法，实行茶叶自由贸易，徽州年卖茶200万斤。由此推断，商人贩茶获利也高。元末歙人毕仁，出身经商世家，16岁便在庐州开设茶叶店，充当坐贾。因获利丰厚，被推举为万户长；其父毕天祥则每年运茶数百引，充当行商。坐贾与行商结合，因商业资本雄厚而闻名当时。

明代松萝茶崛起，随徽商脚步销往四方。此时徽州茶多销往山东、北京、天津，以及华北各大中城市，盛名远播，成为时尚，“远迩争市，价倏翔涌”。茶商足迹遍布全国各地，如“歙之巨业商盐而外，惟茶北达燕京，南极广粤，获利颇丰”。歙县潜川汪伯龄辗转于齐鲁间，“赢得以数千计。寻为宗人子同事者所干没，翁父弗问也者而舍之。翁始胜冠，辄从父兄入蜀，称贷以益资斧，榷茶雅州”。又如明末张子茂，字松如，号元晨，在建平从事茶业，被推为祭酒。“吾许族家谱载，吾祖于正统时，已出居庸关运茶行贾。似出贾风习已久，志言殆举其概略耳”。此类商事，在旧志、谱牒中有较多记载，不胜枚举。

进入清代，徽州茶商更加雄起。《清稗类钞·农商类》曰：“康熙时（约1690年），有歙县李遴者，及其后裔历二百余年，均向西藏贩茶，声誉卓著。”乾隆年间（1736~1795年），北京有歙县茶行7家，茶庄166家，小茶店数千家，其中歙人吴景华、吴永祥等为赫赫巨富；在上海，徽州茶商开设的鸿怡泰、鸿顺泰，名闻遐迩。在苏州，据《虎丘古花神庙碑文》载：清嘉庆十四年（1809年），重修花神庙有40家茶店捐款，其中歙人16户。乾隆至同治年间（1736～1874年），歙人所开吴世美、汪瑞裕、鲍德润、方裕泰、程德泰、严德茂6大茶店最为著名。

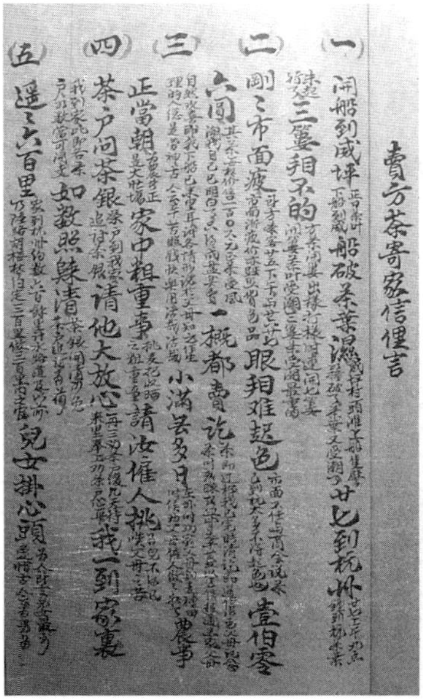

茶商家信

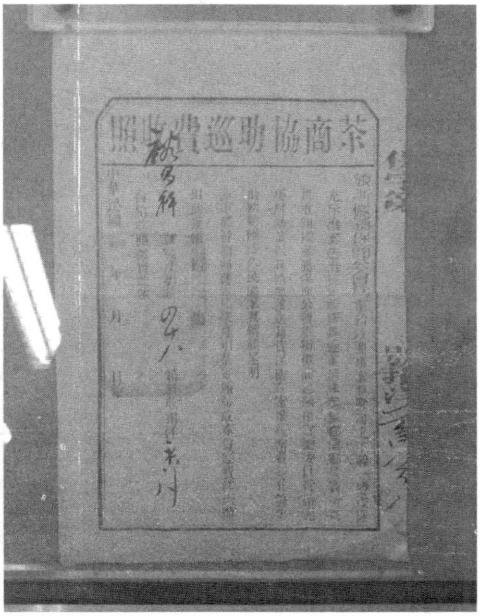

费单

五口通商后，徽州茶内销继续保持雄销态势。据史料载：光绪三十四年（1908年），苏州茶叶同业公会入会共46户，其中歙人40户。在杭州，据《新安惟善堂征信录》载，徽州茶商开设茶庄有裕隆昌、源润和乾泰昌等。在营口，徽州富溪谢裕大、箬村鲍怡和，及南乡吴馨记相继称雄，且左右营口茶价。在南方城镇，徽州茶商开设茶庄更普遍，如广东佛山，仅祁门景石村李氏家族就有李文煌、李友三、李同光、李大镕、李教育等在此售茶；广州有婺源人詹世鸾、詹兴藩自道光咸丰年间（约1850年）始，便经营茶庄。至于各地小城镇，徽州茶商开设的茶庄更是不计其数，如马克思《资本论》唯一提及的中国人王茂荫，其祖父王槐康在北京通县开森盛茶庄，婺源人在汉口开同元、隆泰等茶庄，休宁人开永长春、朱谦益等茶庄。此外，休宁人还在湖南长沙开万福祥茶庄。入民国，徽州茶商足迹更广，如上海数以千计，其中婺源100多人，绩溪茶庄33家。在杭州，徽州茶商经营茶店近50家，在苏州吴县，茶叶同业公会主席、委员计16人，全为歙人所担。在景德镇，徽人所开馥馨甡、汪天泰、德馨和、汪庆丰、新兴5家茶店尤其出名；在九江，黟人开设茶店有10余家。

（二）近代名商和字号

徽州茶商阔步九州，流寓天下，阵营无比强大，大贾不计其数，在徽州乃至中国甚至世界茶史，都有一席之地。五口通商后，徽州经营内销茶的著名家族和商家，更如过江之鲫，络绎不绝，其中甚至不乏内销兼外销的双雄大腕，乃至留存至今的老字号，依旧闻名遐迩：

龙川胡氏茶商

绩溪龙川胡氏家族茶庄，开创于清道光年间（约1830年），经祖辈四代努力，到20世纪50年代中期，仍留下胡源泰、胡裕泰、胡震泰、胡永泰4处茶庄。

胡源泰为最早茶庄，创始人胡沇源，少时家境贫寒，十六七岁外出谋生，先在江苏东台县一茶店学徒，后辗转到泰州黄桥镇，与徽州同乡洪某、曹某合股开一茶店，起名胡源泰。积蓄渐丰后，胡沇源开始独资办茶庄，他先在泰州季家市镇开办胡裕泰茶庄，不久胡源泰的洪曹两位股东退股，他便独自撑起胡源泰、胡裕泰两片茶庄，胡氏家族的第一代茶商就这样诞生。

胡氏家族第二代茶商名叫胡树铭，树铭是沇源独生子，从小随父学茶，牢记商规，打下很好基础。宣统末年胡沇源去世，趁树铭奔丧之际，茶庄伙计勾结盗贼趁火打劫，致茶庄损失惨重。树铭顶住压力，抖擞精神，奋起拼搏，重整祖业，茶庄逐渐恢复生机，再度成为泰州名店。民国初年，树铭病故，茶庄交其子胡炳华执掌。

胡炳衡介绍

胡炳华为胡氏家族第三代茶商，他经营祖业，日益发达，后将胡源泰、胡裕泰传给两个儿子。

胡增鑫、胡增麟是胡氏家族第四代茶商，经他们经营，茶商事业大拓展。他们除继续经营胡源泰、胡裕泰二庄外，又在姜堰镇创办胡震泰、胡永泰两家茶庄。抗战前夕，为进一步拓宽市场，胡震泰又到上海法租界开设联合办事处，使胡氏茶业达到顶峰。此后政局动荡，然四处茶庄仍艰辛维持，一致坚持到新中国建立，到50年代工商企业改造，茶庄转为公私合营企业，龙川胡家业茶历史至此画上圆满句号。

上庄胡适家族

最早为胡万和茶庄，创办人为胡适高祖父。茶庄坐落在上海东边的川沙县，始建于清嘉庆年间（约1810年），初开时因规模较小叫茶店，在当地属较早店铺。

川沙前身是滨海一乡镇，东面有热闹大街，石板地面，两边均店铺。胡万和茶庄处于大街正中，四间门面，里进深广，有制工场、仓库，及工人宿舍等设施，颇有规模。川沙于宣统二年（1910年）建县，而胡万和早在建县前就有，故当地有“先有胡万和，后有川沙县”民谚。

胡万和茶庄规模扩大后，又相继在上海开设了瑞馨泰茶店和汉口酒店等。胡适的出生地就是上海大东门的瑞馨泰茶店，其出生的第二年，因父亲胡铁花奉命去了台湾，胡适便随母亲到了川沙的万和茶庄居住，以及后来胡适在上海求学的费用，也均由万和茶庄开销。成家以后，仍时常携夫人江冬秀来此居住。缘此，万和茶庄成为胡适魂牵梦绕之地，印象极其深刻，终生挥之不去：“你回上海有没有去过川沙？有没有看过老万和？我告诉你，这个走法最方便：你可以乘小火车到川沙北门下车，穿过乔家弄，出去就是中市街。啊，我们的老万和……”这段话是老年胡适对外孙的叮嘱，亲情的孕育和茶香的熏陶，使胡适的一生与此结下不解之缘。

时至今日，老万和房子犹存，楼屋依旧伫立，店面被改造一新，一任游客日日游览，情思迷离诉说着昨天的故事。

京都吴裕泰

这是歙县茶商留下的老字号，创办者为歙县昌溪乡沧山源吴氏。

沧山源坐落半山腰中，村前古木参天，绿荫覆盖，山脚昌源水蜿蜒，注入新安江。村人多姓吴，属昌溪吴氏宗祠思成堂分支，自古有业茶习俗。清初到北京卖茶，打出吴裕泰牌号，生意日旺，至清末家有兄弟6人，除老三过继给吴家叔辈外，兄弟5人在吴裕泰创始人吴老太爷带领下，业务拓展很快，计有商号10多家，分布各地。吴老太爷将家业平分为5份，以“仁”“义”“礼”“智”“信”5字让5个儿子抓阄分配，5个儿子分到家产后，其中老四、老五兄弟，考虑老六年小难立，便将家产合并，兄弟3人共同组建为“礼智信兄弟公司”，其中老四礼记业产为吴德利茶庄西号、北号二店，老五智记业产为茶栈和吴鼎裕茶庄二店，老六信记业产为协力茶庄和协顺香烛百货铺二店，另三兄弟数十万银两作共同资本，仍以吴裕泰为总号，公推老四吴锡卿为总管，进行合伙经营，自此迎来吴裕泰更大发展时期。

吴锡卿，生于清道光二十七年（1847年），约卒于20世纪30年代初，因排行老四，人称吴四先生。其自幼进京，于光绪年间接手兄弟公司，与兄弟一道和衷共济，谨守章程，开拓进取，效益奇好，其将年收益一部分作资本扩充，一部分按三股分红。公司经多年经营，渐又扩设北京东单信大茶庄、通县乾太聚茶庄，以及天津裕升茶庄、南方茶厂等，计店厂十多处。为事业发展，吴锡卿经常到各分店，以看、闻、喝、品等法，对各类茶叶进行质量和价格检查，有时还到市场抽样采购其他茶庄茶叶，进行比对评比，以更准确为本庄茶叶定位等级和价格，此法称为“喝样子”，影响久远。

20世纪20年代初，受时局影响，外埠茶叶进京日少，他一改就地进货渠道，采取自行出京收购，其渠道有五：一是从天津进茶，同时在大关一带建立天津裕升茶庄，并建有一栋三层楼房，后成为当地有名建筑；二是到家乡徽州和浙江淳安等茶区采购，装箱后沿新安江和富春江，经杭州中转到上海，再由轮船运至天津，后改火车运京；三是去福建买茶，以轮船运至天津，再到北京；四是到茶市集散地河南商水县收购，由运河运至郾城，再改火车运至北京；五是到湖北武汉采购红茶，运到郾城，再与绿茶同运京都，一举渡过难关。吴裕泰规模日大后，品牌也日响，人称为京师第一营茶大家，名闻遐迩。吴锡卿去世后，公司交老六吴澄波掌管，更加井然有序，且一直沿袭到新中国建立，1955年公私合营转为国企，名吴裕泰茶庄，“文革”期间一度改为红日茶庄。1985年，吴裕泰茶庄老字号恢复。现总部位于东城区交东小区4-17号，有220余家连锁店，一个茶叶加工配送中心，一个茶文化陈列馆，一支茶艺表演队和三座茶馆，属年销售额过亿元的中型连锁茶企，在国内具较高知名度，属著名中华老字号。

吴裕泰为享誉京城第一茶商，同时热心公益事业，时常救助社会饥寒之家，逢冬季还在京东北城一带开设粥棚等赈济设施。且曾任京师茶行公会会长、歙县同乡会理事长等职，并捐资兴建歙县义园，以作同乡旅居京城的墓葬之地，口碑尤佳。

江南茶王汪裕泰

这是绩溪县上庄乡余川村汪氏创办的老字号。创办人汪立政，其于清道光十九年（1839年）到上海茶店当学徒，习商诚恳，恪尽职守，备受店主信任，后被委以出纳重任。咸丰元年（1851年），汪立政小有积蓄，开始做茶叶小本生意，后在父亲支持下，变卖老家部分祖产，于上海旧城老北门（今河南路）开设汪氏第一爿茶店，冠名汪裕泰茶庄（南号）。

汪立政精于经营，知人善任，不惜重金雇聘技艺超群的茶工，以名贵花卉窨制南北名茶10余种。其茶不仅香味纯正，且汁浓量足，备受顾客青睐，生意渐盛。咸丰六年（1856年），又筹资在五马路（今广东路）开设汪氏第二爿茶店——汪裕泰北号。

汪立政孙振寰，于民国八年（1919年）由日本早稻田大学毕业后，继承汪裕泰店业，刻苦钻研，善于革新，几经努力，于民国十六年（1927年）在上海西藏路开设汪裕泰总号，辟有5个门市部，接着在浙江中路、建国西路开设汪裕泰第六、第七茶庄，以及正源祥茶庄，以批发兼零售，销售新制的绿茶、红茶、花茶和茶砖，驰誉沪上。同时将茶庄扩展到苏州、奉贤等地，致汪氏茶业达到鼎盛。

汪裕泰茶听

此后，祖孙三代先后在江南等地开茶庄、茶厂、茶号20余处，并在日本、英国、美国、摩洛哥等地，设茂昌茶行6爿，被沪杭商界尊为茶叶大王。光绪末，立政子惕予，在上海福州路开设汪裕泰第三家茶庄，民国四年（1913年），在南京路开设汪裕泰第四家茶庄。民国十六年（1927年），在上海金陵西路开设汪裕泰第五茶庄，且内设茶栈。

汪裕泰三代经营茶叶，以品种多、制作精、质量好赢得市场，他们有30多个名贵品种，用五色罐包装，制茶采用日本进口机械，店员基本懂英语，并聘大学生营销，在当时均属时尚。所制红茶曾获1915年巴拿马万国博览会荣誉奖，仅次于金奖。其店广泛经营各种茶叶，民国十年（1921年）11月，《各部审查报告》公布农商部最优等奖，其中汪裕泰有狮峰龙井、崇安、武夷、祁门、乌龙、新安、松萝、福建双燻、六安香片、六安毛峰、洞庭碧螺春茶等品类，涵盖茶类较广。

汪惕予于民国十六年（1927年）因杭州茶厂业务来到西湖，见湖光山色，景致怡人，偶动在西湖边修建别墅念头，“我若能卒于此地，此生也足矣”，欲望“景以西湖美，茶因龙井名”，来开拓事业。然遭当地人反对，汪惕予当即承诺：百年之后，所有建筑连同园林，一并无偿归还，还湖于民，百姓这才答应开工建园。民国十八年（1929年），历经两年修建的山庄终于建成，始称“青白山庄”，后更名为汪庄。

耗银10万两建成的汪氏别墅，坐落在西湖净慈寺对面南屏山畔，一面背山，三面临湖，广约20亩，亭台楼阁，小桥流水，内筑古色古香试茗室和茶叶供应部，为名噪一时的私家花园，属西湖四大名庄之一。2017年5月，曾作为“一带一路”国际合作高峰论坛会所之一。当然这是后话。

至民国二十八年（1939年），汪裕泰在各地共有庄号8处，茶栈2处，分店4处，卡车、轿车5辆，其中以上海第七茶庄和杭州汪氏别墅最具规模。抗日战争初期，汪家悄悄地将资产转移至美国和日本，于国外开设分销部，将汪裕泰茶叶打入国际市场。1949年，汪振寰离大陆，后仍在海外经营店业。

婺源俞氏茶商

婺源是产茶大县，大小茶商数以千计，其中牌号享誉百年者，当属俞氏创办的协和昌茶庄。

协和昌的第一代创始人叫俞顺，他从家乡思口龙腾开始业茶，于咸丰七年（1857年）在江西饶州（今波阳）创办协和昌茶庄，经营几十年后，于光绪间将茶庄转给侄子俞杰然。

俞杰然作为协和昌的第二代传人，办茶号，开茶庄，绿茶生意红红火火。为扩大业务，他在村后创建俞祥馨花园，从歙县引进珠兰茉莉等花种，聘请花师，研制出名牌花茶，其中珠兰精名茶条索紧结重实，色泽绿碧明亮，香气幽雅纯正，滋味鲜润醇和，于清末被誉为官礼名茶，作为贡品进贡朝廷，并获农工商部金奖和巴拿马万国博览会一等奖。

协和昌的第三代传人为杰然之子俞仰清。他接手时，协和昌已处困境。为扭转败局，俞仰清先着手扩充种花基地，将花园规模扩大至10亩之多，然后筹资金，搞技改，从德国购进抖筛机、切茶机等，创办了婺源第一座机械制茶厂——祥馨永茶厂。同时，重视质量，讲求信誉，产品从不以次充好，名牌产品采用铁罐或木箱等专用包装，并配以专门商标。为扩大业务，分别在上海、沙市、南昌、九江、景德镇、吉安等地设立茶庄10多处。为打造品牌，又精心设计商标，大量印发广告，特制杯壶类纪念品，并举办规模巨大的建庄纪念会，使协和昌转衰为兴，日益兴盛，规模扩大，声誉大振，将协和昌的事业做到了顶峰。

厂设龙腾祥馨永，采办云雾各龙井；提选龙团并雀舌，商标龙腾瑞云景；

精窨珠兰熏茉莉，美国赛会奖一等；得奖金牌清政赠；官礼名茶最优品；

自供花园机器备，创销各国及趸零；克己价廉货真稳，而副惠顾主人谨。

这是俞仰清印在皖婺祥馨永制茶厂广告图案上的一段话，既是协和昌历史的写照，又是协和昌经营风貌的佐证，更是协和昌主人心声的坦露。

协和昌茶庄自清同治年间（约1777年）创建到20世纪40年代末停

业，先后开办茶号有祥馨、祥馨永、利达、有利、恒大、恒益、怡和祥、永利等近10座，茶庄有协和昌、天山茶庄、升昌盛茶栈、沙市茶庄、汪天泰茶庄、源茂茶庄、万茂茶庄、信大吉茶庄、兴盛花园茶庄、兴茂花园茶庄、华茂花园茶庄、致力茶庄、万利茶庄等10多处，曾创下年销茶叶3000担的辉煌历史。二百多年的风风雨雨，创造出彪炳史册的业绩。

富溪谢裕大

这是至今仍著名的徽州茶商老字号，始创者为歙县富溪乡谢氏（今属徽州区）。富溪坐落于海拔近千米高山深谷，茶树得日月精华，品质极佳。生活在这里的谢氏，一直以植茶、制茶为业，默默无闻。清咸丰至光绪间，谢氏家族中走出一谢正安者，创响毛峰品牌，以致带动富溪名闻遐迩。

谢正安，字静和，18岁随岳父赴江北一带做茶叶生意，不久遇太平军与清军激战，多年积蓄一扫而空，家业荡尽。后逃难双亲又遭瘟疫，亲房叔伯大半死亡，此时正安孑然寡助，家无立锥之地，到了穷困潦倒地步。

为重振家声，正安率家人到离家十数里深山充头源租山垦荒，靠种粮兴茶度日。其时，太平天国战火熄，商业复兴，上海逐步取代广州，成为第一大口岸，茶市空前繁荣。谢正安当机立断，决定重操旧业，每年春季在富溪挂秤收购春茶，经加工后，肩挑至皖东运漕、柘皋设店销售。因亲叔谢光荪在江苏靖江县新沟司衙任职，又将茶叶从长江水路运到靖江，继而再到上海闯市场。其时，上海茶庄林立，名号名茶不胜枚举，竞争相当激烈。正安意识到，在上海卖茶，既要有好茶品，更要有好招牌。他集20多年种茶制茶丰富经验，决定自创品牌。

光绪元年（1875年），富溪谢裕大茶号开张，“谢”为姓氏，“裕大”

取光前裕后的“裕”字和大展宏图的“大”字，寓意光大门闾、光宗耀祖、造福子孙。每年清明一过，他亲自带家人到充头源茶园选采肥壮芽茶，经下锅炒、轻滚转、焙生胚、复老烘等工序精心制作，形成别具风格的新茶，因“白毫披身，芽尖似峰”，加之家在黄山脚下，取名为“黄山毛峰”，运至上海新挂牌的谢裕大茶庄投放市场。沪上外商品尝后，连声称赞，从此毛峰名扬上海，内销外销渠道，同时畅通。

正安有三子，长子谢大钧长住家乡，负责茶叶采摘收购和粗加工；次子谢大堃长待屯溪，负责茶叶精加工，以及打理周边产业；三子谢大鸿通晓英文，负责上海谢裕大总店经营，光绪年间，曾受父亲指派，到意大利等国考察茶叶流通情况。

谢氏家族生意越做越大，又先后开设了永馨、新成等厂栈，兴盛长达半世纪。谢正安作为上海谢裕大茶行创办者，又是黄山毛峰创始人，闻名乡里，享誉业界。后又买了四品候补官衔，成为红顶商人。

京城张一元

京人爱喝茶，一讲到茶，老北京人首先想到是前门大栅栏的张一元茶庄。张一元为百年老字号，创办于清光绪年间（约1908年），创办人为歙县定潭人张文卿。

张文卿自幼贫苦，年轻时进京在崇文门外磁器口荣泰茶庄学徒。清光绪二十二年（1896年）在花市大街摆茶摊，二十六年（1900年）开设张玉元茶庄，三十四年（1908年）在前门外观音寺南购房开设单间门脸店铺，取名张一元。不久，又在观音寺北增开三间门脸店铺。民国元年（1912年）再在大栅栏开张一元文记茶庄，其中以文记茶庄为中心。

北京张一元茶店

张一元中“一元”二字有讲究。有人说，来自最初的张玉元茶店；有人说，取一元复始、万象更新之意；有人说，是一块钱一包茶的意思。不管意思如何说，这品牌在老北京人心中，是好茶好店，老品牌。

张一元茶庄货色齐备，红茶、绿茶、花茶、乌龙茶、紧压茶等各大茶类均有，质量上乘、色味醇正，近销北京全城，远销天津、河北、内蒙古等地，牌号名扬华北东北。民国十四年（1925年），张文卿亲到福建开办茶场，在福州郊外半山坡盖房数十间，雇工按季收新茶，并选最好的茉莉花自己熏制，再依北方人口味就地窨制、拼配，形成特色小叶花茶，以汤清、味浓、入口芳香、回味无穷特点，被京城百姓认可，广为传颂。

张一元茶庄经营理念：不怕没人买，就怕人买缺，致力周到服务。该店茶美价廉，在京都同等级茶叶，其店比别的茶庄卖得便宜。他们还经常派人到其他茶庄了解售价，掌握商品行情，且买回别家茶叶，与自己同级茶叶比较，力使自家茶叶质量优于同行。茶庄还设有电话和函购业务，如买茶五斤，店里一律送货上门。同时，重视广告宣传，如北京店用高音喇叭播放歌曲、戏剧招徕顾客。抗战前夕，曾播放彭素海以西河大鼓演唱的“三下南唐”。每次播放，门前围者众多，为销售创造有利条件。

张一元另有特别规矩，就是不允许顾客选茶时用手抓、用鼻子闻。开始时，此规矩不被顾客接受，常遭投诉。店员耐心解释：茶叶含棕榈酸等物质，易吸异味，且吸后不易分离和排除。有时我们发现茶有皂味、烟味，就是这个道理。如此不厌其烦解释，很快获顾客理解和欢迎，大家口口相传，纷纷为此特殊店规叫好。其实类似店规，京都很多老字号都有，唯张一元注重细节，耐心疏导，这也是其长盛不衰的秘密所在。

张一元以茶质高、分量足、招待热诚、薄利多销的宗旨，取信于顾客。附近的王皮胡同、蔡家胡同、大施兴胡同、小施兴胡同、朱茅胡同、石头胡同、王广福斜街、韩家谭八大胡同，以及周边几百家妓院，每年需大量中高档花茶，都到张一元进货，成为固定常客。

1952年，张一元茶庄与张一元文记茶庄合并，1956年公私合营转国有，老店今仍留存在京都前门大栅栏。

上海茶叶大王郑鉴源

凭个人实力征战商场的大鳄，缔造出一个洋庄和土庄并举茶叶王国的独领风骚者，人称江南茶叶大王，他叫郑鉴源。

郑鉴源，字华宝，光绪二十八年（1902年）出生在婺源沙城李村，自幼家贫如洗，先在杂货店学徒，后随舅父业茶。19岁时同舅父押茶赴沪，途中遭劫，舅父临终将产业悉数托付，鉴源秘葬舅父，另购茶叶再送上海，从此独自踏上商旅之程。

初入上海，郑鉴源凭着胆识和才能，很快赢得同乡会的认同。此后，他独辟蹊径，着手创办自己牌号。先在婺源开设鉴记芬、德记芬、郑德记、郑鉴记4家茶号，接着又在上海开设源利茶厂，后又在徽州祁门、江西玉山、浙江诸暨设立分庄，收购茶叶就地加工后，运往上海，最后经精心筹备，在上海金陵东路开办规模宏大的鸿怡泰茶庄，从而爆响鉴记商标，使事业进入佳境，声誉鹊起。

郑鉴源业茶技压群芳，他能在黑暗中，凭口感辨别出10多杯茶的产地；他营茶见识超群，目标是建立起农工商一体化、产供销一条龙的，从生产到出口都自成体系的茶叶王国。为此，他于民国十四年（1925年）创立以融资为主要目的的源丰润茶栈，在得到洋行的支持后，再一次在上饶、屯溪、温州、奉化、新昌等地，设立季节性收购点，经就近分庄精制加工后，运往上海。产业进一步扩大，他又开始组建外贸公司，民国二十八年（1939年）中国茶叶贸易有限公司在上海江西路创立，标志着郑鉴源的业茶产业跃上新的高峰。

第二次世界大战爆发，海运受阻，外贸中断，郑鉴源到屯溪参与内贸竞争，一时受创。然抗战胜利后，他审时度势，大胆决策，在旁人还不敢问津茶叶时，果断采取以货易茶的方式，大肆囤积茶叶，从而在民国三十六年（1947年）当法国经济团来华大量采购物资时，一举抛售成功，被外国人称之为江南茶叶大王。趁此际遇，他开始更大运作，改组中国茶叶贸易有限公司为中国茶叶公司，地址迁在外滩，同时大量添置设备，增设网点，并将儿女相继派往中国台湾、中国香港、加拿大、美国等地学习深造，以求更大发展，使事业跃上顶峰，从而完成自己设计茶叶王国的目标。“现在我的收益，要以秒来计算。看那座盘龙钟，钟摆每摆动一次，就可收益一块现大洋。”这是郑鉴源在新中国成立前夕商旅生涯全盛时的独白，把一个徽州茶商的豪迈宣泄得淋漓尽致。

新中国成立后，郑鉴源茶业走上公私合营轨道，1959年中国茶业界的民族资本家、徽州茶商枭雄郑鉴源因病而终。

六 内销外销并举的安茶

祁红屯绿，外销为主；毛峰猴魁，内销为主。由此构成近代徽州茶业奇绝景观，异军突起，为天下冠。此外，还有一款茶，更为特殊，既内售，亦外销，同为中外茶客共爱。这就是明末问世的祁门安茶。

通草画上的安茶

祁门安茶先在京城畅销，后于清康熙年间（1662~1735年）转销两广、港澳台及东南亚等地。因越陈越香、越陈越醇，具祛湿消食功效，成为海上丝绸之路热销茶品，被尊为圣茶，销势大旺。其中，广东称矮仔茶，台湾称六安篮茶，港澳称六安笠仔茶、陈年六安茶、旧六安、老六安，东南亚称安徽六安茶、徽青、普洱亲戚茶，数百年来，备受市场青睐。

五口通商前，祁门经营安茶情况，因史料欠缺，全貌难考。然据祁南安茶产地溶口乡景石村《李氏宗谱》载，清乾隆年间（1736~1795年），仅李氏家族业茶商家就有李文煌、李友三、李同光、李大镕、李教育、李训典等数十人。他们贩茶浔沪、远客粤东，至今仍有茶票等遗物藏于民间。五口通商后，受市场拉动，祁门安茶销势更旺，尤其祁南芦溪得水路地利之便，产量更增，茶商更多，牌号更响，其中最负盛名者当为孙义顺，成为安茶大鳄，名扬海内外。

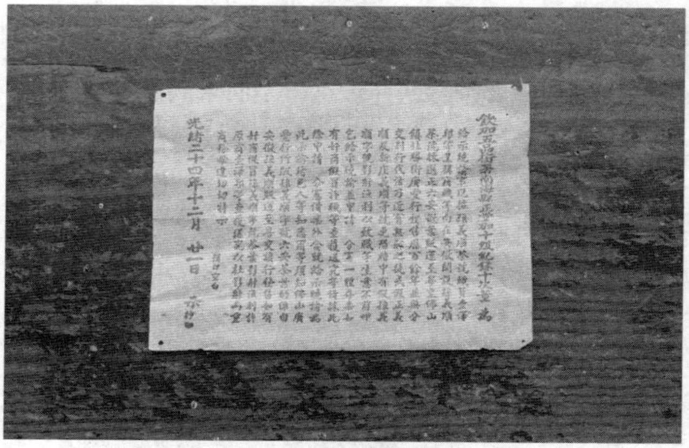

南海县衙通告

孙义顺早先老板叫孙启明，黟县古筑村人，原也业茶，因经营不旺，来到祁南芦溪，邂逅安茶商家汪姓。汪姓原有怡大牌号，结识孙启明后，感觉孙义顺牌号朗朗上口，于是以300元大洋买下孙家招牌，将怡大改为孙义顺。汪姓善于经营，打理多年，生意日好。每年产茶均在280担上下，通常雇3条船装载，最多时达420担。五口通商后，天降机遇，使其如虎添翼，经多年拼搏，家业日大，名闻天下，成为巨贾，势震一方。据其时市场销售茶品中的茶票载，广东南海县（今佛山市南海区）县衙曾专为其颁发打假公告：

钦加五品衔署南海县正堂，加十级纪录十次董，为给示晓谕事。现据孙义顺茶号职员查泽邦等呈，称窃职等向在安徽开设孙义顺茶号，拣选正六安嫩叶，贩运至粤，交佛山镇北胜街广丰行发售，历百余年，并无分交别行代沽。乃近有无耻之徒，或假正义顺，及新庄义顺等号，更恐暗中有假孙义顺字号，影射渔利，以致职等生意不前。叩乞给示晓谕，并申请分宪一体存票，如有奸商假冒，许职等查获送究等情。据此，除申请分宪备案外，合就给示晓谕。为此示谕诸色人等知悉，尔等须知佛山广丰行所贩孙义顺字号六安茶叶的，系由安徽孙义顺贩运至粤，交该行发售，如有奸商假冒孙义顺字号茶叶，影射渔利，许原商查泽邦等查获送究，以杜影射而重商务。毋违切切。特示。光绪二十四年（1898年）十二月二十一日示。

进入民国，祁门安茶仍以六安茶名外售，不但运销南洋，甚至远销至欧美等国，销势似乎更好。如民国二年（1913年）的义顺号底票云：

启者。自海禁大开，商战最剧，凡百货物非精益求精，弗克见赏同胞，永固利权。本号向在六安选制安茶运往粤省出售，转销新旧金山及新加坡等埠，向为各界所欢迎。

另据今人学者杨进发先生《新金山——澳大利亚华人1901～1921》文载：1918年，悉尼中华商会从国内购买茶叶，其中有六安茶200箱（每箱60磅）。安茶销势态势，可见一斑。缘此一直持续到民国中叶，祁门茶业改良场刊发调研报告《祁门之茶叶》载：祁门共有茶号182家，其中安茶号47家，多以顺、春命名。具体情况见下表：

附表：1932年祁门安茶商号一览表[1]

牌号	经理	地址	牌号	经理	地址
孙义顺	汪日三	南乡店埠滩	王瑞春	王烈川	南乡严潭
新和顺	江启华	同上	李雅春	李思甫	南乡景石
向阳春	江伯华	同上	李鼎升	李摛藻	同上
汪鸿顺	汪醒伯	南乡芦溪	廖仲春	廖子芳	西乡石门桥
汪锦春	汪锦行	南乡查湾	廖雨春	廖子钧	同上
向阳春	胡凤廷	南乡溶口	汪永顺	汪润昌	西乡历口
李垣春	李竹齐	同上	济和春	汪济澜	同上
胡季春	胡达明	同上	王占春	王秀光	同上
玉壶春	胡皎镜	同上	汪先春	王锡惠	同上
胡广生	舒瑞云	同上	同春和	王伯棠	西乡箬坑
历山春	胡绍虞	同上	方复泰	方柱丞	西乡何家坞
王德春	王佐卿	南乡严潭	郑志春	郑志春	南乡奇岭
王大昌	王立中	同上	郑境春	郑达章	同上
胜春和	汪旭芬	南乡店埠滩	长春发	李龙章	同上
汪怡诚	汪礼和	同上	胡永昌	胡志川	南乡贵溪
孙同顺	汪俊伦	南乡芦溪	长兴昌	胡远芬	同上
汪赛春	汪西如	南乡芦溪	汪志春	汪渭宾	西乡历口
一枝春	汪素珍	南乡查湾	振铨春	王振文	同上
胡占春	胡制周	南乡溶口	许茂春	许锡三	同上
胡祥春	胡培本	同上	映华春	吴烈辉	同上
胡锦春	胡肖昭	同上	锦江春	倪鉴吾	西乡渚口
胡元春	胡占开	同上	康秧春	康律声	南乡倒湖
胡万春	胡速周	同上	郑霭春	郑霭瑞	南乡奇岭
胡义顺	胡守中	同上			

同时期，祁门茶业改良场场长胡浩川先生撰《祁红制造》载：祁门所产茶叶，除红茶为主要制品外，间有少数绿茶，称安茶，每年约二千担至五千担，专销广东。《中国茶叶之经济调查》载：祁门安茶行

[1] 安徽省立茶业改良场·傅宏镇《祁门之茶业》，上海·中国纺织印务有限公司民国二十二年六月刊行。

销广东，产额约三千担左右。二者则从另一角度，验证抗战前安茶畅销情况。

安茶件

安茶篓

安茶条

包装安茶

1937年抗战爆发，运路中断，安茶停产。然市场犹如飞奔列车，无论国内，抑或境外，因惯性作用，需求仍旺。为满足消费，解决民生所需，抑或说受利益驱动，市场上各种安茶仍络绎不断，源源而出，以致销售持续多年未懈。分析其中茶品，大体分为三种情况：

一是商家积累的正宗茶品。安茶以老茶为好，越陈越香，故商家多有积累，一为备货，以应市场之需；二为保值增值，以增商家效益。所以，安茶停产后，因商家一般均有库存，在陈化滞后的周期作用下，头几年安茶市场仍有正宗安茶供应，影响不大。

二是祁门产地曾有少量供货。其中最有影响者是1946年，祁门最后一批安茶外运，很好地填充市场断档。关于这批安茶情况，时为亲身经历者程世瑞先生回忆如下：

程世瑞所运的安茶

1946年2月，有一天，县参议员郑文元，带着严塘王时杰等5人来访我。稍事寒暄，便提到真正来意：原来严塘有一家世代经营的安茶号，主人王基嘉，牌号王德春。他在1937年制成安茶300担，因抗战发生，无法运去广东，存放家中已有8年之久了。不幸王基嘉在本年正月被土匪绑架去。土匪熟知他家经济情况，知道除300担安茶外，别无财物。因而送信来提出条件，只要王的家属把这批存茶卖掉，得款多少，悉数送去，便可放人。并且规定售出茶价，每担不得少于800元。价款要法币，需一次性付清。消息传开，垂涎这批安茶者很多……我依他的建议执行，历时3个多月，至7月便把300担安茶运到佛山，当然落脚在兴业茶行内……最终于以240美元一担的价格，全部售给新加坡的茶商，附带的条件是一切应付给兴业茶行和费用和佣金，全由买方承担。于是这笔长达半年的买卖，就此圆满结束了，总算完成了历史交付我最后一批安茶的运销使命。

三是以仿品填充市场。正宗安茶断产后，随时间推移，市场出现空洞。为满足供应，睿智商家开始以仿制的笠仔六安、六安骨、香六安等茶品替代。乃至久而久之，仿品畅销不衰，造成一定影响。当然这是题外话。

安茶仿制品

至于安茶死而复生，东山再起，则属改革开放后的事了。期间1984年应香港茶人之邀，祁门重起炉灶，经多年摸索，找回并恢复技艺，制成茶品，于时隔半世纪后再投市场，夺人眼球，名望再响。

纵观安茶历史，生产坎坷起伏，销势道路曲折。其中尤其五口通商后，内销外销并举，态势最好，折射出鲜明的时代特点，反映出徽州茶业历程之特殊一斑。

一批孫義順（五票）
二批孫義順
三批孫義順（三票）
新星茶莊
營業時間：10：00~23:00 TEL：（852）23012020
營業時間：10：00~22：00 TEL：（852）28322889
Web Site：www.sunsingtea.com
E-mail：info@sunsingtea.com

纸媒报道安茶

第三章　歙县茶事

一 茶产和茶商

徽州有茶，歙为大县。据2010年版《歙县志》载，其产茶始于汉末三国，唐代已贸易全国，可谓历史悠久，影响深远。清代五口通商后，歙县绿茶一直是外销茶品，内销也遍及全国，且产量向高，在徽州茶产中占很大份额。同时，茶商辈出，名家多多。他们流寓四方，走遍天下，筚路蓝缕，顽强拼搏，涌现出吴炽甫、江耀华等巨贾名家，名垂青史，令人难望其项背；以及打造出吴裕泰、张一元等著名字号，驰誉古今，名扬天下。

（一）茶产

歙县产茶久远，唐代王敷撰敦煌变文《茶酒论》载茶酒争功，茶说："阿你不闻道，浮梁歙州，万国来求。"其时歙县为歙州州治所在地，茶事可见一斑。宋徽宗宣和三年（1121年）歙州改徽州，歙县仍为徽州府治地。宋歙人罗愿《新安志》载，歙有产于凤凰山的甘白香和紫霞茶，以及大宗茶品有胜金、嫩桑、仙芝、来泉、先春、连合、华英等，足见茶产丰盛。

漕溪谢裕大老房

都市徽州茶幡

至明代，大宗茶品中，细者有雀舌、莲心、金牙，次者有芽下白、走林、罗公，又次者有开园、软枝、大方等，以及歙西黄山云雾，又名天都云雾，产于黄山东南坡。至于其他茶产，见载于史籍，更是多多。至清代，黄山云雾演变为黄山毛峰，走俏市场，驰誉百年，至今未衰。另歙东有老竹大方，又名竹铺大方，相传为西湖龙井前身，清代被列为贡茶，名望沿袭至今，也是不争事实。以及炒青、烘青、花茶辈出，产量奇大。其中清嘉庆年间（1796 ~ 1820年），徽州府认销茶引56330道，歙县15168道，占26.9%。此后，发展步伐加快。据民国《歙县志》载："道光八年（1828年）前生产无多，故须认销他县茶。厥后逐渐推种，求变为供。至光、宣间，计输出者已达三万数千担。"由此推测，歙县茶叶大发展，主要在清咸丰同治年间（1836 ~ 1874年），其中尤其以汤口、岗村、杨村、芳村为毛峰茶四大名垱，名闻遐迩。

五口通商后，歙县一方面保持内销旺盛态势，为北京、苏州等地老店持续供货；一方面因屯溪绿茶迅猛崛起，成为重要产区。据考资料，清同治年间（1862 ~ 1874年），歙县漕溪、双河口、街口、蕃村、芳坑等村最早设洋庄，共有八家，时称"八大名家"。同时期，还有塔山朱氏、许村许氏、溶溪罗氏、富溪谢氏设洋庄于屯溪。清光绪中叶，外销市场移至上海，得新安江水路之便，洋庄者逐渐增多，至清末民初达到高潮，发展到30～40家，年制销茶叶2万余担，最多时达7万箱（每箱20～30公斤不等），厂址多在水路交通方便的渔梁、深渡、街口等地。其中设于深渡上游的厂家多制销许村、溪头一带茶叶；设于深渡下游的厂家多制销大洲源、昌源及绵溪源等地茶叶。前者时称“二五屯”，后者称“二五州”。二五指茶箱尺寸，屯、州分别指屯溪和徽州。1919年，安徽开展六十县经济调查，歙县有洋庄29家，雇工6319人。年制销箱茶36500箱，其中设深渡17家，以光绪十五年（1889年）岔口胡心记为最早。1925年，为歙县外销茶兴旺之年，仅深渡一地有洋庄40余家，其中大庄制销千余箱，小庄制销200～300箱。此后时期，全县每年外销量5万箱左右。胡武林《徽州茶经》载详情如下：

民国八年，歙县洋庄29家，制销箱茶36500箱。同年屯溪柏树下洋庄36家，制销箱茶69300担；

民国十八年，歙县洋庄107家，制销箱茶52000箱，休宁县洋庄82家，制销箱茶107059箱，婺源县洋庄317家，制销箱茶83184箱；

民国十九年，歙县洋庄114家，制销箱茶55800箱，休宁县洋庄109家，制销箱茶88330箱，婺源县洋庄332家，制销箱茶85454箱；

民国二十年，歙县洋庄112家，制销箱茶47280箱，休宁县洋庄69家，制销箱茶67540箱，婺源县洋庄275家，制销箱茶65151箱；

民国二十一年，歙县洋庄95家，制销箱茶41700箱，休宁县洋庄97家，制销箱茶80881箱，婺源县洋庄292家，制销箱茶63953箱；

民国二十二年，歙县洋庄81家，制销箱茶43700箱，休宁县洋庄67家，制销箱茶82289箱，婺源县洋庄232家，制销箱茶61049箱；

民国二十三年，安徽外销红、绿茶179479担，其中歙县47985担，休宁、黟县44686担，祁门县38355担。

抗战爆发后，受战争影响，一方面因交通受阻，山东等地茶商，以及歙籍外地茶庄收茶减少，价格顿减，毛峰和屯绿毛茶每担50元左右，仅为好年份之一半，内销大为受挫；另一方面，因国家筹备抗战物资之需，官方承诺包销，并规定以10%利润，致使洋庄纷起。其中，1938～1940年，分别为72家、96家、91家，外销箱茶分别为32609箱、47644箱、52207箱。次年，太平洋大战爆发，茶产下降，其中洋庄28家（87家合股），实销箱茶32400箱。1942年，形势急转直下，歙县外销茶亦大挫。此后，战火纷飞，直至1948年，歙县茶事再难起色。

需要指出的是，歙县除毛峰、屯绿外，清代兴起以屯绿和香花拼合窨制的花茶，也属徽州名茶。歙县香花品种主要是茉莉花茶和珠兰花茶，恐香气不足，又以白兰花佐之，俗称“三花”，且为全国花茶主要生产基地。

（二）茶商

歙茶有名，缘茶而生的茶商同样有名。有关歙县茶商，旧志、谱牒中记载多多。如明汪道昆《太函集》说：歙人方景真贾茶入蜀，以及汪伯龄榷茶雅州，说的是歙人在川蜀的茶事。再如清许承尧《歙事闲谭·歙县义庄》云：吾祖于正统（1436～1449年）时，已出居庸关运茶行贾，似出贾风习已久；明嘉靖四十年（1561年），始建于北京永定门外石榴庄的北京歙县义庄，规制甚宏，厅室高敞，周垣缭之，丛冢六七千，累累相次。建造资金取之于茶商者为多数；隆庆三年（1569年），江西抚州推官黄愿素为北京歙县义庄作记，说歙人聚都下者以千万计；清乾隆（1736～1795年）中，茶行7家，茶商各字号共166家，小茶店数千。说的则是明清歙人营茶之事。

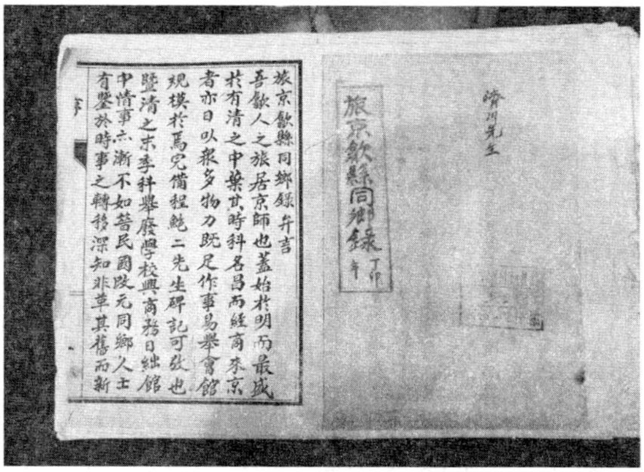

歙人旅京同乡录

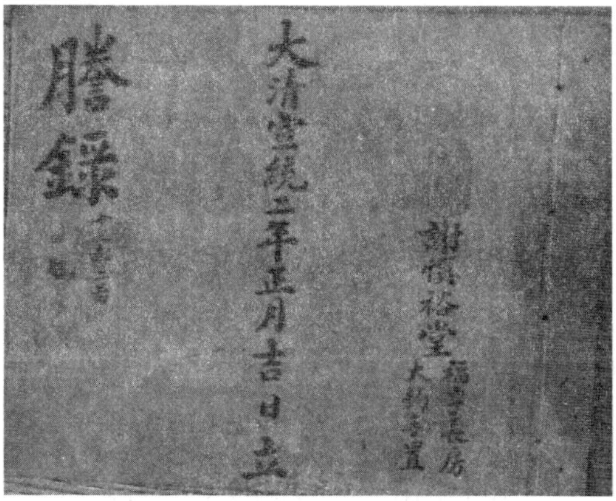

谢裕大茶账

五口通商后，歙县茶商更多。一方面，因屯绿而崛起的洋庄茶，横空出世，名家巨贾奇多。据2010年版《歙县志》载：清同治年间（1862~1874年），歙县漕溪、汤口、双河口、蕃村、街口、芳坑等地有洋庄茶商8家，时称八大名家。光绪中叶，外销口岸从广州转到上海，运输方便，歙之外销茶以城关、深渡、屯溪为集散地，歙县流入屯溪茶叶，约占屯溪总出口量的四分之一。清末民初，歙县外销厂家达40家左右。第一次世界大战间后，海运受阻，外销阻滞，至民国八年（1919

年），仍有29家。此后到民国十四年（1925年），出口最盛，仅深渡一地，就有洋庄茶商40余家。发展到民国中叶，全县洋庄茶号达百家以上。据资料载，民国十九年（1930年），歙县洋庄有60余家，主要分布在深渡、渔梁等靠近新安江水路的村庄，其中深渡有恒裕昌、永兴、恒兴隆、瀛东公、恒兴祥、信昌祥、同和祥、三泰、华昌、协大祥10家牌号；渔梁有朱宏大、庆隆、春裕、恒丰祥、泰源、春记、敬记、姚利达8家牌号；街口有公盛祥、王同泰、永兴祥3家牌号；薛坑口有裕兴、裕泰昶、福兴隆3家牌号，绵潭有振隆、厚裕祥2家牌号，以及歙县有同裕和牌号，问政山有洪泰牌号，桂林有洪裕牌号，上丰有恒生祥牌号，许村有怡生祥牌号，米滩有美和祥牌号，漳潭有协昌祥牌号，昌溪有利大祥牌号，山斗有允隆牌号，街源有义兴祥牌号，太平口有恒裕祥牌号，小川有聚兴牌号，棉溪有源昌牌号，另有22家牌号即散布各地。需要说明的是，这些洋庄有时也兼做内销茶，一庄二制，在所难免。随后因形势衰退，至民国三十一年（1942年），外销茶销声匿迹。

另一方面，歙县传统内销的本庄茶依旧旺盛。歙茶内销，四面八方，尤以北方为多，其中北京是重要阵地。如清末户部右侍郎、马克思《资本论》中唯一写到的中国人王茂荫祖上、著名经学家教育家吴承仕高祖均在京都营茶。至民国初，京都歙籍茶庄规模仍宏大。具体详情见下表：

附表：民国初年北京茶号[1]

业主姓名	茶号名称	茶号地址	籍贯
王明金	沅龙茶号	宣武内	杞梓里
王茂恢	森泰茶号	前门大街	杞梓里
王子树	利泰茶号	前门大街	
王福堂	复生茶号	东四牌楼	
方荫庭	德利茶号	北新桥	磻溪
方广寿	景春茶号	通县沙竹胡同	
方梓钰	宝沅茶号	崇外粪厂	
方仲平	源隆茶号	宣内	杞梓里
方鸿珪	肇新茶号	北新桥九道湾	磻溪
方永茂	开泰茶号	西四牌楼	杞梓里
方增武	正茂茶号	德胜门内	
方志贵	南源隆茶号	西四砖塔胡同	杞梓里
方日炳	东源隆茶号	东安门	下磻溪
方栋臣	瑞源茶号	崇外东半壁街	磻溪
方钧玉	肇新闽茶庄	北新桥瓦岔胡同	
方鸿烈	德聚茶号	北新桥报恩寺胡同	磻溪
方锡荣	永合公茶栈	（家居）天津针市街	磻溪
方茂柱	瑞源茶号	崇外三转桥	磻溪
方增锦	恒盛茶号	菜市口	磻溪
方锡恩	正茂茶号	德胜门内	磻溪
方大旺	开泰茶号	西四路东	杞梓里
方增兴	鼎盛茶号	护国寺	齐武
方增祉	西四广大欣茶号	阜成门内宫门口	齐武
方炳昆	三益合洋茶庄	崇外玉清观	齐武
方承福	南源隆茶号	宣武门外	碣头村
朱功益	锦泰茶号	锦什房街	溪上
朱世豪	隆泰茶号	西四砖培胡同18号	溪上
	永泰茶号		溪上
	世泰茶号		溪上
吴本达	东昇茶号	京南黄村	石潭

[1] 摘自吴炽甫后裔收藏的民国丁卯年《旅京歙县同乡录》。

业主姓名	茶号名称	茶号地址	籍贯
吴炽甫	星聚茶号（归属纯如）	东四北大街82号	昌溪
	吴源成茶号（归属福如—燕宝）	护国寺24号	昌溪
吴传甫	聚丰茶号	护国寺	昌溪
	永和茶庄	营口	昌溪
吴恩潜	吴德泰茶号	前门大栅栏14号	
吴济川（云鈇）	吴德平茶号	东四牌楼北大街27号	
	德一茶号	东四北大街536号	
	瑞春茶号	东四南大街216号	
吴元甫	天利茶号	西四砖塔胡同	南溪南
吴福如（云钜）	恒瑞茶号	宣内大街100号	昌溪
	祥瑞茶号	宣内大街71号	
吴云錀	聚丰茶号	护国寺小帽胡同	
吴云鍊	德润茶号	宣外菜市口10号	
吴云鋕	同德茶庄（通县）		
吴云栋（良臣）	鼎和茶号	西单	
	鼎隆茶号	广渠门外	
吴成灏	肇祥茶号	东四北大街63号	
吴树培	鼎裕茶号	北新桥崇外大街150号	北岸
吴云德	广盛茶号	宣外大街	
谢善贵	正祥茶号	前外大街	芳村（北乡）
汪廷魁	洪裕茂茶号	宣外菜市口	汪竭千
汪大成	汪元昌茶号	东四牌楼	汪竭千
	津闽茶庄		
汪惟声	元昌茶号	前外取灯胡同	洪村
汪嘉平	德外正大茶号	德门外	汪竭千
汪嘉麟	汪正大在东记茶号	西北城麻花胡同	汪竭千
汪建佩	元昌茶号	东四牌楼	汪竭千
林秉权	祥泰茶号	地外大街	（北乡）山口

业主姓名	茶号名称	茶号地址	籍贯
姚日章	恒瑞茶号	西单牌楼	深渡
洪惟敬	洪裕茂茶号	菜市口	三阳
洪炳彰	鸿记茶号	朝阳门外六里屯	（南乡）钟村
洪文祥	景泰茶号	朝阳门外六里屯	（南乡）钟村
洪殿璐	天津同丰茶栈	北门外大仪门本栈	（北乡）溪滩村
冯云辅	怡和泰茶号	北新桥北汪大人胡同	鸿飞
冯石卿	永声茶号	北新桥路东	鸿飞
冯基朴	椿茂茉莉花厂	京南马驹桥丁庄	鸿飞
张昌翼	张一元茶号（三处）	崇外汪太乙胡同	定潭
张国基	景元茶号	琉璃厂西南园	定潭
张祥云	恒瑞茶店	西单牌楼	定潭
程树棠	馥泰茶号	东直门外大街	崇村
程宗麟	乾裕茶号	朝阳门外大街	崇村
郑观恒	东源隆茶号	东安门	若杭源（南乡）
谢光龢	祥泰茶号	地外大街	芳村北乡
谢光藻	肇泰茶号	后门外	芳村
谢积泰	龙泰泉茶号	米市大街	芳村
谢明辉	恒通茶号	东安门外大街	芳村
谢光贤	吉泰正祥茶号	前外大街	芳村

这些字号，努力拼搏，发展至民国中叶，态势仍好。据北京市茶叶公会登记材料载：民国三十四年（1945年），有歙人开设的茶叶店庄35家，资金总额495850元，店员544人。其中最大的是森泰茶庄，资金72100元，店员62人。

除北京外，苏州也是歙人茶商的经营重地。涌现名号有吴馨记茶店、严德茂茶店、方裕泰茶店、吴世美茶店等。光绪三十四年（1908年），苏州茶叶同业公会登记会员46户，其中歙籍占40户。民国二十四年（1935年），吴县茶叶同业公会16名委员皆为歙人，主席为吴世美茶店经理吴琴言。

至于其他各地，歙人茶商足迹也多。据明汪道昆《太函集》载：明代歙人吴荣让先行贾松江，后至桐庐，开山植薪木，经营"茶漆栌栗之利"；清同治初年（1862年），歙县许元昌经营茶叶于江苏梅堰，后至南浔。清末在桐乡开设元隆茂茶叶店，分店有梅堰一处，南浔三处，石湾一处。拥有栈房一二十间及贮藏茶叶、菊花的大甏三四千只。在绍兴、新昌等产茶区设有茶叶收购庄；清光绪年间（1875～1908年），大谷运茶远销大连、营口及中俄边界等，均是范例。

行商以外，再说坐商，即加工机构。据调查，民国十九年（1930年），歙县本庄共有110余家，其中多数分布在琳村，具体牌号：泉祥、裕泰、和丰泰、万生祥、聚丰、生广公、广盛、裕春、正利、德成泰、德聚昌、同春、德源、德懋、公茂永、正德兴、义兴泰、利顺和、阜康、同生、乾元、春祥、居仁堂、长盛祥、瑞源泰、源兴斋、裕源、福聚祥、恒盛公、裕昌、三合、法顺公、永昌、裕丰泰、同成公、裕和、同昌、福华、元春、仁义、吴馨记、乾茂、源丰和、春裕，计44家，另七里头村有同茂、和丰、三合永、丁裕源等牌号，其他即散布各地。

（三）名商简介

歙县茶商，代有大腕，各领风骚。除前面已述的吴裕泰、谢裕大等名商名号，以及后文将专题介绍的吴炽甫、江耀华外，现将清末民国间重要茶商简介如下：

王茂荫家族

户部右侍郎、马克思《资本论》中唯一写到的中国人王茂荫，是歙县杞梓里人，其祖父王槐康兄弟四人皆习儒，后因人口多，生计艰难，槐康弃儒入贾，随族人到北京一带经营茶叶，往返于皖、浙、闽、京、津间。乾隆四十五年（1780年），在北通州开设森盛茶庄。时槐康25岁，妻方氏23岁，生有二子一女，长子应矩即茂荫之父亲。槐康殁于乾隆五十一年（1786年），森盛茶庄赖族人管理，方氏每年从茶庄中提银四百两家用。应矩成人后经营森盛茶庄，多有善举。青年时的王茂荫在南闱多次应举不中，家人及他自己都觉得仕途无望，于是亦弃儒从商。于道光七年（1827年）赴北通州管理庄务。道光十年（1830年），适逢北闱恩科开考，茂荫以监生应试，得中举人，次年会试又考中进士。茂荫入仕后，茶庄由其胞弟管理。茂荫次子铭慎亦曾经营森盛茶庄。

歙茶圆听

芳村谢氏

19世纪至20世纪初的近百年时间，该村不少茶商在北京、武汉，及东北永口等地发展，其中以北京尤甚，以致不少歙南芳村人一度称为北京客。芳村在京的著名茶庄有景泰隆、祥泰、正祥、天祥等，其中景泰隆最为著名。该庄位于地安门大街，创办于清光绪十八年（1892年），创始人为谢成佐。其继承父志创办景泰隆后，于宣统三年（1911年）交由其子谢良卿打理。其时，北京局势不稳，然谢良卿苦心经营，茶庄仍逐步扩大，分号日增。如地安门47号、48号改祥泰茶庄，交其兄谢惠卿经营，良卿则在米市大街再创正祥茶庄，后又在前门大街设正祥茶庄分号。经多年经营，景泰隆几家茶庄生意均红火，营业额号称百万大洋，后跻身京都最有名茶庄之列。抗战爆发，景泰隆一批茶叶从水路经上海时，被日军无理扣压没收。茶庄从此一蹶不振。1945年后，良卿之子谢子修等被迫陆续返乡，弃茶改行。1988年，景泰隆第六代孙谢建华在芳村再办景泰隆茶厂，并迅速得到发展，在北京、天津等地打开了市场。

鲍家名茶

清乾隆年间（约1765年），歙县上丰蕃村人鲍聚生在苏州阊门内西中市创鲍德润茶店，主要经营徽州松萝、老竹大方等。其茶以香浓持久，滋味淳厚，被顾客赞为“吃口好”，深受欢迎。加上鲍老板和伙计在经营中恪守商德，童叟无欺，讲求信誉，因此鲍家茶店在苏州很有口碑，赚得许多老茶客和回头客。传说某日店中走来两位北方口音客人，伙计为客人捧来上等大方茶。客人边品茶边聊天，且不停赞茶，看得出十分满意。伙计为歙人，听不懂京话，只好一味点头附和，并不知客人具体说啥。客人品完茶，向伙计要来文房四宝，挥毫写下“鲍家名茶”四字，留下后扬长而去。伙计俗眼，客人走，随手将字丢到一边。时隔多日后，突有一天，苏州府派人到鲍德润茶店纳贡茶，鲍老板一头雾水，莫名其妙，待差官言明具体来由，方知日前是乾隆皇帝微服驾临本店，至今不忘此店大方茶，故本府决定今后要岁岁进贡。鲍老板听罢，幡然猛醒，欣喜若狂。这才找来皇上墨宝，后将“鲍家名茶”四字做成金匾，高悬店堂之上，并作为商标品牌，浓墨重彩渲染，从此茶店生意更加兴隆，历百余年长盛不衰。尽管清末以后，战乱不断，生意难做，但鲍家茶店都能维持经营。一直到新中国成立后1956年公私合营，鲍德润茶店才并入西中市商场。

贩茶入藏李赞元

李赞元，字伯华，清咸丰年间（1851～1861年）亦官亦商人。早在清康熙年间（1662～1735年），其先祖李遴就是专做西藏边茶贸易的内地首领。咸丰年间，西藏发生部落叛乱，李赞元因熟悉西藏情况，被朝廷推荐为负责平叛及主持输藏茶叶贸易工作，其到任很快便平息叛乱，恢复贸易，秩序如常。不久有奸商为牟取暴利，怂恿四川盐茶道于引茶外另加票茶，导致茶价猛涨，藏民受其害。缘此李赞元多次向朝廷奏请罢禁票茶，终被采纳，藏民深为感激。光绪年间（1875～1908年），李赞元调任直隶州知府，四川盐茶道又复行票茶，奸商趁机作祟，买通官府，致茶叶全以票茶输藏，不仅国税流失，且因茶价飞涨，造成茶叶滞销。奸商不甘利润受损，于是在茶掺杂树叶，以降价销售，致使藏民饮后发生疾病，内地茶声誉因此受极大损害。毗邻英属印度茶商看到有机可乘，乘虚而入，大量输茶入藏，抢占市场。为挽救内贸，朝廷二派李赞元进藏主持茶贸工作。其上任后，严厉打击掺杂使假不法行为，大幅降低茶价，意欲以此挽救和恢复内茶输藏常态。然因利益关系，地方官府并不配合，加之奸商也消极抵制，李赞元孤掌难鸣，不但未挽局面，且反亏30万两白银，欠税8万两白银，无奈之下，不得不以家产冲抵，以换朝廷免于处分。同时，李赞元向朝廷承诺，如八年内不能缴清欠税，家产悉数充公。八年后，其承诺落空，而田产房产已遭贪官侵吞几尽，致李赞元根本无法如期缴清欠税。幸亏四川南道张华奎向朝廷奏请，以李赞元在咸丰间所捐私款冲销，方才了解此案。

金字招牌吴世美

清同治年间（1862～1874年），歙人吴景隆在苏州阊门外上津桥场石盘巷口创吴世美茶店，后迁上塘街53号，且又在玄妙观洙泗巷29号新设分号。该店所营业务，不但涵盖苏州府范围茶叶批发、零售，还窨制珠兰花茶，销往津浦沿线城市和山东青岛等地。年经销三四千担，产值十七八万银圆。其店茶质地道，价格合理，讲求信誉，因此口碑很好。尤其在山东市场，声誉更旺。光绪年间（1875 ~ 1908年），吴世美茶店盘给吴县人汪稼采。汪改为自己招牌经营，茶叶仍销山东，但生意锐减。汪见势不妙，连忙想法补救。经托人说合，以3000银圆买下吴世美招牌，并聘请歙人担任业务经理，生意又重见起色。

吴世美除经营徽州名茶如天都云雾、黄山毛峰、老竹大方等，还经营全国各地名茶，如北苑先春、洞庭碧螺春、西湖龙井、六安瓜片、君山寿眉、茉莉双窨等。因声誉高，销路好，不法商人受利益驱动，冒牌生产，抛售于市。宣统二年（1910年），镇江发现假冒的吴世美茶，被苏州商务总会制止。民国十四年（1925年），山东泰安隆聚茶店又发现假冒吴世美茶，被泰安商会制止。抗战期间，吴世美经理歙人汪文海避居回乡，其子蝉联经理，市场日渐萧条，生意渐走下坡路，苟延残喘，勉强维持到1949年。

善抓机遇的吴子平

晚清时期，苏州阊门外上塘街有一名为程德泰茶店，老板是否歙人不详，但经理是歙人，名叫江子健。程德泰另在东北营口也有分店。光绪二十六年（1900年），因东北生意受损，茶店无法正常经营，遂盘给歙人吴子平。吴子平原系蔡记茶店员工，盘下东北程德泰后，更名为吴馨记，独立经营。传说有一天，吴子平到一名公正茶店探访朋友，恰友因事急需不在，便请吴临时帮忙看店。此时巧遇邮差送来电报，吴子平一看电报，说是东北花茶销售看好，心中暗喜，顿时计上心头。他将电报扣压三天，在这三天内，借款800银圆，购下一批花茶，以吴胜元为牌号，从水路运达营口。营口正逢花茶缺货，雪中送炭，大获厚利。三天后，吴子平才将电报交还公正店朋友，借口忘记，表示歉意。朋友随后再组织货源到营口，获利仅平平而已。从此，吴子平在北方以吴胜元做花茶生意，在苏州以吴馨记做批发和零售，生意奇好。吴子平助手王子颂，为歙县老乡，窨制茶叶很有经验，吴胜元茶都是由王运福建窨制。抗战爆发后，交通阻断，王借鉴福州窨制方法和经验，改进苏州花茶窨制工艺，提高香气，并身体力行倡导苏州栽种茉莉花，效果也是明显。王子颂54岁因患眼疾，导致双目失明，然他凭嗅、触、尝，仍能分辨素茶产地，品出花茶窨次，从未失误，在业界口碑极高，对吴子平帮助不小。吴子平秉持一贯商德，注重质量，诚信营茶，于20世纪20年代，一度成为苏州茶界领袖。其逝世后，其子接任，因不善经营，茶店逐渐败落，勉强维持到1949年。

杭城茶厂创始人吴叙荣

吴叙荣，生于清宣统元年（1909年），歙县昌溪人。其营茶，常年往返于徽、杭、沪间。民国二十四年（1935年），在杭州开设吴永大茶庄。抗战期间，杭州沦陷，各地茶叶到杭州中转困难，导致各种中介茶行应运而生。民国二十八年（1939年），吴叙荣与里人吴双桂合股开设同和协茶行，生意颇旺。

1951年，以吴叙荣为首组建杭州企新茶叶公司，吴叙荣出任总经理，吴双桂任财务副总。入股者多为徽籍茶店人，有同和协茶行、福茂茶行、协兴祥茶店、巨丰茶店、惠丰茶店、源丰祥茶行、恒森茶行、吴永大茶庄，以及行商王以源、方仁安等。同期，吴叙荣还和一广东行商合股开办协和茶厂，代中国茶叶公司加工外销茶。1956年实行公私合营，企新茶叶公司和茶厂合并为杭州茶厂。吴叙荣曾任杭州茶业同业公会主任委员、杭州工商联执行委员等职。

百折不挠的吴善友

吴善友，生于清同治二年（1863年），卒于1958年，歙县北岸衍庆村人。光绪二年（1876年），歙县连降暴雨，家庭遭灾，善友被迫随父亲吴润卿到宜兴茶店学徒，三年满师，回家成亲，随后带妻回宜兴，接手父店全盘打理，从此踏上经商之路，一生经历四起四落，颇为传奇。首次起落是自己接店，父亲放手享乐，酒后被骗，致茶店濒临倒闭。父因伤心过度，突发心脏病去世，善友身无分文，开始独撑茶店。他到苏州一老乡茶行求助，赊得一笔茶叶延续生意，渡过难关。二次起落是善友经苦心经营，两年后店面扩为二间，开始雇员和带徒，增加毛峰、祁红、猴魁、瓜片等新茶品，以及开张颜料和油漆业务，店名改为德润生茶漆颜料店，生意越做越大，且还清父债，赢得口碑。后又在东门增开分店，员工增至十人，多为徽州同乡，并再增销售肥田粉业务，生意奇好，利润大增。又根据宜兴农民爱喝早茶习惯，以低档茶开发出便宜茶，投放市场，大赚一笔。民国二十六年（1937年），"八一三"淞沪抗战爆发，日寇对宜兴狂轰滥炸，德润生店铺多年积累全被炸毁，善友逃难回乡。三次起落是善友迫于生计无着，回乡不久独自再闯宜兴，求助昔日商家，借得资金，在丁山镇重开茶行，后迁往无锡，取名永昌润茶行。在无锡营茶时，他帮新四军销售桐油，代购西药，藏茶中运送，不幸于第三次发货时被日寇发现险遭抓捕，货物全部没收，善友再次逃难回乡。第四次起落是一年后，善友又到苏州，开通益茶行立脚，生意日渐壮大。民国三十五年（1946年），接全家到苏州居住，后遇物价暴涨，店员各找出路，茶行再次倒闭。善友重新回到宜兴，四处奔波，商借到50石大米再次起家，重新打出德润生茶漆颜料店招牌，勉强维持生计，坚持到解放。1956年，公私合营转为国有。善友一生善于经营，讲诚信，有仁义，善识人，吃苦耐劳，乐于助人。抗战前，被选为宜兴商会副会长，徽州同乡会会长。任职后，善友筹措资金，购置60余亩田地，租给农民耕种，所收租金设为救济基金，专门用以帮助困难同乡，得到广泛赞许。主动救助一家遭遇火灾的吴姓茶漆店，送钱送衣送米，以及生活器皿，并将己货以批发价格赊让经营，帮其渡过难关，声誉大增。后又帮助无锡一油漆店和宜兴一蜜枣店起死回生，在商界颇有口碑声誉。

二 吴炽甫家族和家乡

一方水土一方人。歙县产茶，滋养经济，富甲一方。同时造就和培育一批卓越茶商，不但业绩显著，青史留名，且贾而好儒，勤于思考总结，无意中留下丰厚经商文书，传至今天，堪称茶商文化档案，弥足珍贵。其中歙南昌溪吴炽甫则是突出典型。

（一）昌溪吴姓家族

在徽州，吴姓与程、汪、黄、胡、王、李、方，被称作八大姓。这些较早迁入定居的氏族，对徽州经济社会发展做出重要贡献，拥有重要社会地位，属名门望族。歙南昌溪是吴氏家族聚居的重要村庄，故而歙县又有“南吴、北许、东叶、西汪”一说。在这四大家族中，昌溪吴氏家族在歙县乃至徽州，都赫赫有名。

追溯徽州吴姓来源，当从汉代吴浅说起。汉初，长沙王吴芮三子名吴浅，封便顷侯，析居黟县，是为徽州吴氏一世祖。传至六十世的吴义方，到歙州讲学，遂定居。吴义方生三子，分别叫太微、少微、宝微，以少微名最著，故徽州吴姓一般以吴浅为远祖，以少微为显祖。少微后迁休宁西石舌山（今凤凰山），传至六十九世吴光，官至宣议郎，于唐咸通元年（860年）迁居歙县丰溪（今西溪南）。

宋淳熙年间（1174～1189年），西溪南吴氏九世祖、泰伯仲雍七十七代孙一之公，去淳安县收税，返途登深渡（今去浙江千岛湖途中一古镇码头）凤凰山，见源自天目山脉清凉峰的昌溪河浩浩渺渺流注新安江，便溯流而上，至昌溪。一之公善阴阳八卦堪舆之道，见昌溪前涧后岗，山势左青龙右白虎，中阔地广，坐西北朝东南，林木葱茏，鸟语花香，风景宜人，随犬坐卧不起。一之公确认此为一方风水宝地，遂花银两买下该地，命名“沧溪太湖坵”，修建坟墓，以备日后葬用。后改昌溪太湖坵。昌溪吴氏家族由此发展而来。元代属徽州府歙邑31都，清末成为歙县31区，称南二镇，以吴、周两姓居多，人口兴旺，商业发达。

吴氏祖容

当代吴裕泰到昌溪寻源

北京吴裕泰

一之公病逝，其子愿学、愿玉尊父意，携妻小家奴，自西溪南抚棺来昌溪太湖坵葬父。后先妣程氏、孙氏作古，亦移棺昌溪与一之公合葬。愿学、愿玉兄弟结庐守孝，三年期满，兄愿学返回西溪南祀祖，弟愿玉留居昌溪祀父。光绪丙午《昌溪太湖吴氏宗谱》云：吾家宗派始自歙西溪南，自宋时由九世祖一之公者，卜有吉地歙南太湖坵安葬。十世祖愿玉公结庐守孝，终不忍去，迁居是焉。

愿玉举家迁居昌溪，后生子起华，起华生子如松。如松生四子：应明、应敏、应期、应聪，从此吴氏家族人丁兴旺、枝繁叶茂。其中，应明生四子：荣府、华府、闰府、吉府；应敏官任太和县令，无嗣，以应明三子闰府过继，一脉相承至今。闰府，又名闰甫，生三子：麒、麟、凤。吴麒生二子，长子容，字孟庸，恩封承德郎；次子庆，字永寿。容生三子：仕昭、仕章、仕英。

吴氏居昌溪，家族逐渐振兴，人才辈出。尤其九世祖吴仕昭，生于元至正十二年（1352年）六月初八，平素爱莲，曾筑希濂轩，池中植莲，以莲为花之君子之意自勉。明洪武初，钦选为进士，擢授承直郎，官居刑部主事，任广东清吏司，掌管广东刑名狱案，带官应天府、在京锦衣、府军左、虎贲左、洛阳留守左、水军左、飞熊七卫、直隶延州及怀来千户所之刑名狱案，后陛授承德郎。仕昭为官，清正廉明，刑部任上，惩治恶吏，深得洪武帝朱元璋赏识，乃至御笔亲赐“第一世家”金匾。昌溪太湖吴氏缘此名声大振，匾额代代相传，至今仍高悬于村中太湖宗祠门楼。

古言云：伴君如伴虎。仕昭巡察各地讼诉、律司，发现官吏草菅人命，冤狱成灾，即上书洪武帝，建议仁爱、德治、法治。不料触犯龙颜，几至遭杀，后经同僚及大臣苦谏，才得以保命，但诏令发配。明律规定，官员遭贬发配，株连九族，家族随迁。仕昭为保昌溪太湖吴氏全族，遂自杀身亡，时年36岁，墓葬昌溪九子岑下，容公墓旁。此事《昌溪太湖吴氏宗谱》有载，并收录《希濂轩序》和诗稿数篇。明成祖即位，仕昭案得以昭雪。

仕昭娶汪氏，生二子，长子富春，次子功茂。仕昭被害后，汪氏精心教子，且告子孙后代，勿为官宦。自此吴氏坚持以耕读兴家、经商富族为家风，励精图治，逐步发展为名门望族，所居昌溪亦称为“歙南第一村”。

（二）吴茶周漆潘酱园

歙人经商，向有传统。清末许承尧《歙事闲谭》载：歙东乡鲜园林山泽之利，农十三，贾十七。南乡水陆两路，陆南山多田少，食资于豆与粟，而枣栗柿橡之产副也。水南则贾，善奇赢，士农错出。北擅茶荈之美，近山之民多业茶，茶时虽妇女无自逸暇。东北则兼商贾之业矣。唯正西土壤沃野，家号富饶，习尚视诸乡较侈，今亦稍减。昌溪位于歙南，自古秉承歙人经商之风，经历代打拼，村人足迹遍及全国，事业声名卓著，尤以吴茶周漆潘酱园令人瞩目。

吴茶

吴茶是昌溪吴氏宗族所经营的主要业态，起于明，兴于清，盛在民国，以吴炽甫家族、吴裕泰茶庄名贯古今。

追溯吴茶起源，当与吴氏家族历史有关。一是吴氏祖先在从政过程中，曾遭重挫，后人汲取教训，远离仕途，投身于商海。他们利用本土茶产优势，将营茶作为首选行业。二是祖上营茶积累不少成功经验，代有能人。如吴永厚13岁在京经商，讲究忠信，善握商机，知人善任，不到十年，财富称雄一方。

昌溪吴氏经营茶叶生意，历史悠久，规模宏大，影响深远。据田野调查资料显示，昌溪吴氏茶商，主要有两大体系：一为吴炽甫远祖，一为吴承仕曾祖（吴裕泰）。

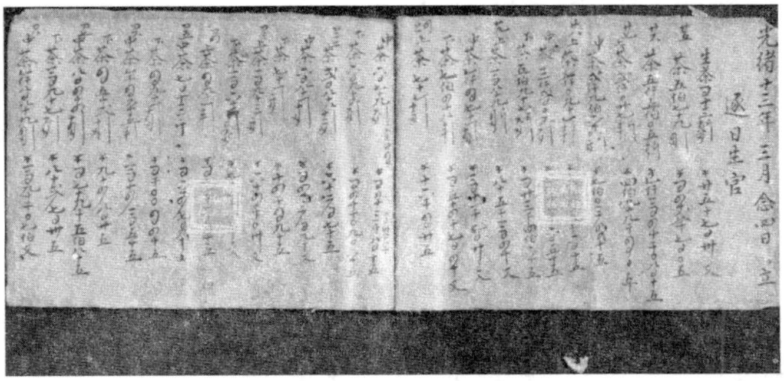
光緒十三年三月念四日 立
逐日生官

吴裕泰茶账

股票
今收到
程織文君九如茶號股股本銀洋…元整
特給股票為證
總理 方…
經理 朱…謙代押
民國拾五年…月 日
歙南…九如茶號股票

歙南茶号票据

先说吴炽甫一支。民间传说吴炽甫远祖，在明万历年间（1573～1619年）曾在朝廷为官，因仕途变故而亡，吴氏后人便绝意官场，转为营商。先在北京经营茶叶、南北干货及日用百货，且利用原来社会关系，制作砖茶，销售蒙古地区。经一段时间经营，生意得到很大发展，乃至在北京及京杭大运河沿线都市，都有商业布点，形成经济链。清咸丰初（约1852年），太平天国战争爆发，吴氏家族在长江流域经营活动受巨大影响，损失惨重。战事平息后，吴炽甫父亲吴亦炜重整商务，继续做京茶和边茶业务，渐复元气，且形成规模。先后在张家口设吴德祥茶庄，在宣化设吴德裕茶庄，在北京西单北大街设吴福瑞茶庄。吴亦炜生五子，炽甫为长，季子过继给堂房为嗣，其年老后，将家产分给四兄弟，其中仅留作祭祀用的基金就有4000银两，以及店业一处，家业规模，可见一斑。

有关吴炽甫家族业茶详情，本书将在后面第四章《关于吴炽甫档案》、第五章《吴炽甫“泰昌发”“介号”个案解剖》、第六章《吴炽甫家族产业》中细述，此不赘表。

再叙吴承仕（吴裕泰）一支。民间传说吴承仕曾祖吴启琳，清康熙末年（约1715年）受雇于歙县郑村某举人家为书童。其随举人赴京赶考，随身带去茶叶。到京后，住菜市口歙县会馆内，乘空闲，摆地摊卖茶，获利可观。吴启琳尝到甜头，萌发做生意愿望。恰是年，举人赶考未中，打算继续留会馆攻读，以待下科再考。举人差遣吴启琳返乡索带盘缠费用。吴启琳灵机一动，取举人盘缠银两后，购为茶叶，再到京城出售，除归还本银外，盈利不少，尝到甜头，自此干脆辞去书童一职，在京专营茶叶，久而久之，成为京都名商之一，其中以吴启琳长子吴道隆开办吴裕泰茶店最为著名，并设分店于天津、江苏盛泽等地。尤其京都吴裕泰，传承至今，已为闻名遐迩的中华老字号。吴道隆季子绍绶，又名恩绶，民国初曾出任歙县政府首任县长，不仅无薪俸，反从家中拿钱维持政府日常运转。传说不到一年，被其父召回北京，说吴家养不起你这个县长。吴恩绶有三子：承仕、承亮、承传，其中吴承仕为章太炎入室弟子，后为著名经学大师。

昌溪吴姓历代经商，反哺家乡，造福桑梓，致使村庄规模日趋壮大，范围逐渐拓展到周边，乃至民间流传“昌溪十八坋，坋坋姓吴的”之说。意思是说吴姓族人常年在外经商，常有人带回小妾等亲眷，因不便安置昌溪村中，于是就近另辟地建房居住，久而久之，昌溪地名不再专指村庄，乃至成为地片名，影响深远。同时，昌溪吴氏在外业茶，保持徽商善以宗族结伴合伙的传统，不断带邑人族亲外出，经数代发展，使歙县吴氏茶业规模日益宏大，举足轻重、雄霸一方。

附表：清末民国时期歙县吴氏家族京都业茶商号[1]

商号名称	铺东姓名 经理姓名	籍贯	商号地址	独资 合资	开业时间
吴星聚	吴纯如 于竹溪	安徽歙县 安徽歙县	东四北大街 82号	独资	宣统元年七月
吴源成	吴燕宝 吴燕宝	安徽歙县	护国寺口 24号	独资	民国五年十一月
吴肇祥	吴金记 孙福亭	安徽歙县 山东荣成	地外大街 63号	独资	民国十二年十月十二日
吴德润	吴纯如 吴纯如	安徽歙县	宣门外菜市口 10号	独资	民国十四年一月
吴恒瑞	吴成渠 吴成渠	安徽歙县	宣内大街 100号	独资	民国二十三年十一月
吴祥瑞	吴燕宝 吴燕宝	安徽歙县	宣内大街 71号	独资	民国二十三年十一月
吴德丰	吴济川 吴济川	安徽歙县	东四北大街 27号	独资	道光二年九月
吴瑞春	吴济川 吴济川	安徽歙县	东四南大街 216号	独资	民国元年四月
吴德一	吴济川 吴济川	安徽歙县	东四北大街 536号	独资	民国十四年七月
吴德泰	吴尧丞	安徽歙县	前外大栅栏 14号	四股	顺治年间开业
吴鼎裕	吴维垣 吴维坦	安徽歙县 北岸	崇外大街 150号	独资	民国二十六年四月 光绪九年
吴裕泰	吴维垣 吴维坦	安徽歙县	东四北大街 251号	独资	民国二十六年十一月 光绪十八年

[1] 吴氏后人摘自北京市档案馆。

商号名称	铺东姓名 经理姓名	籍贯	商号地址	独资 合资	开业时间
协力	吴海门 吴海门	安徽歙县	广安门大街 249号	独资	民国二十一年十月 光绪元年
吴新昌	吴卓午 吴证波	安徽歙县 北岸	西单北大街 95号		民国二十五年十二月 民国二十一年
吴德利	吴韵庭 吴承璋	安徽歙县 北岸	朝外大街 329号		民国二十三年十一月
乾泰永	吴韵庭 吴永绶	安徽歙县	新街口127号		民国十四年十二月 民国八年
西德利	吴树甲	安徽歙县	京西海淀		民国二十四年二月

周漆

昌溪为大村，除吴氏家族外，另有周姓。周姓居昌溪河畔，原名溪磐头。该族自元至正三年（1343年）自歙县大洲源周家村迁此，经多年发展，兴旺发达，于是改名周磅头，或嫌磅字过俗，改为周邦头。

周氏家族向以营漆为业，闻名遐迩。发展至清末民初，尤以周友仲、周宗良为佼佼者。

周友仲祖上早在浙江营漆，至父辈周青晖，已是工商界知名人士。周友仲生于清同治十三年（1874年），光绪年间（1875~1908年），以国子监中辍举业，改为从商。经亲戚介绍，在浙江绍兴习银行成本新法会计，期满后，协父打理店务，同时还为在绍兴从事棉纱经营和渔轮捕捞业的外祖父吴鸿泉，协理永泰、永大、德昌等店茶漆商务。由于周友仲头脑敏捷、处世稳重、为人和善，两家商店全年销量逐增。于是，两店每年都委派他赴四川、陕西、湖北等漆产地收货。周友仲历经长途跋涉，不避艰辛，长于进取，久而久之，积累丰富经验。他知悉各地不同漆类的性能和功用，很快成为识别漆货的行家里手。周友仲40岁那年，其父和外祖父相继去世，从此独力支撑店务，经努力，业务仍兴旺不衰。民国初（约1915年），他在湖北老河口设利生裕漆庄，资金达20余万银圆，除保证自销需求外，还批发供应沪、汉等地，同时代其他客户看货收货。当时，老河口是漆产地，也是销售地。由于周友仲经营有方，很快成为当地漆商四大名庄之一。此后，他又在杭州、绍兴、临海、宁波等地添设门市，牌号有恒升诚、永泉汇、同茂隆、新泰泉、泰丰、长吉等，一时名声大振。民国十九年（1930年），周友仲投资上海万里漆油厂股份有限公司，兼在宁波经销该厂出品的帆船牌各色磁漆，民国二十二年（1933年），周友仲赞助浙江省兴建天长公路。抗战爆发，上海、汉口相继沦陷，交通受阻，致周友仲在湖北大宗货物无法运回，数年间耗失殆尽，生意日趋萧条。无奈之下，周友仲返回故里，晚景凄凉，后于民国三十四年（1945年）抑郁辞世，终年71岁。

周宗良，又名阿良，生于清光绪二年（1876年）。青年时代在上海私人开设的进出口公司任职员，因聪明活泼，办事利索，广获人缘。后经人介绍，进入德国受礼司洋行，经销行美溢颜料，不久改任译员。后与人合资开纱厂，且独资开设谦益顺经营颜料、糖、棉花、鱼酱、鱼胶等土产，从事进出口贸易。光绪三十一年（1905年），在上海德国谦信洋行任职，深得大班轧罗门赏识，改任买办。宣统二年（1910年）后，周宗良被推任为上海谦信洋行业务主持。该洋行是上海最早经营汽油灯批发销售业务的进口公司，周宗良总管其业务，从德国进口的狮马牌颜料，统归其独家经理。因推销得当，主客两利，致业务呈蒸蒸日上之势，名噪中外商界。民国三年（1914年），第一次世界大战爆发，洋行撤回，轧罗门将剩存颜料折赊给周宗良。之后市场发生变化，颜料价格一路狂涨至原价数十倍乃至百倍，周宗良因库存颜料量多，一跃而成沪上富豪。民国十三年（1924年），德商在上海成立德孚洋行，再次委任周宗良为总买办。周宗良精心经营，销量增长快，分号增至200多个，资金400万元，名声大噪，获颜料大王之称。民国十九年（1930年），周宗良独资开设周宗良记颜料号，还经营金融和房地产业，并开设汉口既济水电公司、杭州电气公司、华南轮船公司、康元制罐厂、公和纺织厂、振华毛纺厂，以及独资的宗泰进出口行、镇东机器厂等。事业兴旺，名气飙升，周宗良先后任浙江实业银行、中国垦业银行、中国银行和中央银行董事。新中国成立前夕，移居香港，大部分资金转移到瑞士、德国，后于1957年逝世。

潘酱园

潘酱园指与昌溪紧邻的大阜潘氏开设的酱园业。酱业是歙籍商人经营的传统行业之一，遍及江浙，尤以苏州为集中地。在苏州，最早创设酱园者是大阜潘万成，至清乾隆年间（1736～1795年），发展为总店和分店共6家。再到光绪三十一年（1905年），仅在苏州一地有酱园达63家，主营豆腐、酱油、酱菜等，兼营腐乳、黄酒、米醋、香干等，有的还兼营粮食，其中以大阜潘氏开设的酱园影响最大。

（三）昌溪古村

昌溪人杰地灵，经多年发展，规模日大，实力日强，且教育发达，文风昌盛，逐渐形成官、商、学一体的文化形态，积淀丰厚，影响深远，成为徽商尤其吴姓茶商辉煌业绩的活证。

名人

昌溪代有奇才，不但官宦多多，颇具政声，且文人迭出，声望卓著。据资料载，该村元明清三代有进士状元多人，其中入朝为文武官员者，从正二品到七品达百余人；在书画界声望更著，仅清朝以来，就涌现出吴仕昭、吴大冀、吴寿仙、吴鸿勋、吴祖祯（虚谷）、吴皖生、吴进贤、吴清望、吴善长、吴叶根、吴六皆、吴寒西、吴友善、吴良荣等大家。尤值一提是女画家吴淑娟，字杏花，自署杏芬女士、杏芬老人。

其父吴鸿勋，字子善，也是著名画家，善画竹兰，亦工书法，笔意秀韵。现安徽省博物馆仍藏其墨笔涧石丛篁扇面和墨兰竹扇面。淑娟自清同治元年（1862年）起，随父寓沪卖画，常帮父亲作画，异常用功，长进很快。后嫁江苏知府黟人唐光照，优越生活环境，为她作画提供有利条件。但她不株守家中，喜好跋山涉水，每游名山大川，白天观赏大自然，夜晚铺纸摹绘，留下《十八省名胜》《西湖图》《黄山图》等印本传世。1910年，意大利罗马城举办国际博览会，一位中国女画家作品，博得与会人士极力赞赏，各国博物馆纷纷出高价购买。其中意大利王后，不仅将购藏此画，还进而搜集这位女画家杰作十余幅，印成大型珂罗版精装画册。中外媒界连发专评，一致称这位女画家作品是“近世空前手笔”。这位女画家就是吴淑娟。

风景

昌溪为茶商大村，经过数代以强盛经济实力打造出的村庄，至今风景秀丽。

村前昌河水绕村而过。此河源于皖浙交界昱岭关，穿谷越峡，蜿蜒百余里流到这里，形为外景。沿河有千亩沙滩，河岸有林木翠竹，古树参天。沿河一色石板路，靠河一侧有石栏杆，倚栏可远眺山光水色，近看水中游鳞和戏水鸭群。绿树、翠竹、流水、石栏构成昌溪优美水口，引人入胜去村中，一路古亭、古祠、古井、古塘、古树、古民居、古牌坊，满目古色古香，美不胜收。

昌溪水口

古树众多，是昌溪村一大景色。走进村中，数百年以上的古松、古槐、古罗汉松和古采椤树等，比比皆是。其中村中心庙坦，正前方是两株高大的千年龙凤樟。这两株奇形怪状、品种不同的古樟树，攀龙附凤，互相依偎，树围粗大，直径有3米，高38米，树干、树丫、枝叶茂密如伞，罩地近千平方米，夏能遮阴避暑，冬可挡风御寒，是村里防风固沙的天然屏障。像这样的古樟树，昌溪中学校园还有形似牛顶部的牛顶樟，以及两株大小相仿，形状相似的孪生姐妹樟，殊为难得。另有四有樟，神奇古怪，一桩四树，枝叶茂盛，同样稀绝。值得一提还有槠怀樟，以百年树龄的古槠朽木正中，居然长出一棵枝叶茂盛的樟树。其形伞状，两树怀抱，相互关爱，树冠各占一半，树围3米，高10米。问来由，村人说，离此不远上游河畔，原有一古树，与东岸河畔山崖古树，相向伸至河中上空，盘绕在树上的古藤也顺势延伸，遂使两树相连。樟果经过老槠孕育，便从树心生出一棵高大樟树。昌溪还有千年银杏树，人称奇树。这棵银杏，生长于3米高坡，粗围8米，高42米，主干挺拔，枝叶匀称。奇怪的是曾遭火灾，高大树顶被烧断，但古树仍存活，至今枝繁叶茂。

沿昌溪河上溯至村口，可见两座山峰，中间筑一道宏伟壮观的护村墙。此墙全条石垒成，下方门洞正面刻“叠石作障”，背面刻“众志成城”，八个大字出自清末翰林歙人许承尧之手，苍劲有力。水口建护村墙，在徽州可谓罕见。进入村中，茂密名居构成前街后路，整齐有序。全村巷弄200多条，阡陌如织，经纬纵横，弯曲小巷，连接千家万户。其中水口古庙，原是社稷龙坛关庙，建于元至正十四年（1354年），长17.2米，宽11.2米。正面有石柱六根，上端支撑装饰花卉木雕，庙顶有高2米多的锡鼎。此庙现名忠烈庙，祀奉汪华。庙前是宽阔别致庙坦，坦沿全青石垒砌，内分多格，中间用天然黑白卵石排成鹤鹿同春、三连升戟，以及古钱、花卉等图案，显示昌溪古人的高超艺术。站庙坦远瞻，前有太平峰峦，后有西山屏障。坦下青石小径，依河岸延伸。因村庄人口繁衍和建设不断延伸，原处村头的下水口，如今已成为村中心景观园林。以致有专家学者赞叹：村中水口，绝无仅有。

昌溪村称得上是古建筑博物馆。从村南明代建的西静庵起，到村北海瑞手书的务本堂止，形成一条长达3公里的古建筑群，布陈各具特色的民居800余幢，宏伟浩大的古祠16所，工艺精湛的社庙5所、寺庵3所以及书院等。

昌溪吴氏向来重视对祖先的祭祀，各支派纷纷建造祠堂。其中独具特色者有三处：元末始建的太湖祠、明代建的六顺堂、清代建的寿乐堂。无论在结构、造型、装饰、雕刻、彩画等方面，都无愧是中国古建筑史的璀璨明珠，具极高的文物价值和艺术观赏价值。

昌溪古建

太湖祠位于村中央，建筑宏伟，工艺精湛，属徽州祠堂遗存中年份久远祠堂，因地处吴姓始祖葬地太湖坵而得名。该祠外主墙角翘起，8只大鳄鱼凌空而立，马头墙高低错落有致。祠为三进两门堂，五间六厢，后进两层，为砖木结构，立柱80根，梁坊、柱础、斗拱、雀替、博风、屋面上皆有精致雕刻，选料稀有。最难得的是后进梁拱上雕饰百兽图，形态各异，栩栩如生。主祠大门两边对称竖立有光滑如玉的黑色大石鼓。祠前有广场，范围之大，可容纳六七千人，旁有戏台，前有月池，池东有防护墙，上有壁画。主祠长40米，宽17.5米，两边有议事厅、学堂、生活区、五猖庙及配套设施。大门坊上的精致花卉木雕和议事厅，正面名人题款及各式砖雕，均是极其珍贵的古文化遗产。

六顺堂坐落在昌溪下村，因世祖得子六人，取六六大顺之意，故名六顺堂。该祠占地千余平方米。背靠来龙山，青松翠柏，郁郁苍苍；前临昌源河，绿波荡漾。整座宗祠布局古朴庄重，简洁明快。山墙呈阶梯形高出屋面，脊顶有犄角上翘，直指苍穹，气势雄伟。正堂脊顶有特制镂花雕砖压顶，上有13对玲珑剔透的麒麟，富丽凝重。穿栅栏，进入宗祠正门，上方高悬匾额，绿底金字，闪闪发亮。两扇大门分别彩绘秦叔宝、尉迟恭神像，庄严肃穆，大门两侧竖立着两个大石鼓。进大门，是108.6平方米的丹墀，檐瓦滴水入池，两边走廊宽敞明亮。过了丹墀，更是正堂，抬头可见六顺堂大匾，四周悬挂进士、文魁、贡元等各种功名牌匾。方砖铺地，堂上两根大柱，柱圆达1.5米，巍峨壮观。挑檐横梁两端，有精制木雕和诸仙四塑像，神态飞扬，栩栩如生。两边厢房窗棂，镂雕精细，挥洒飘逸。从正堂左右边门入后堂，有一青石围栏，上有八根1米多高的荷花石栏，下有八根2米多高的石栏，石雕细腻，娴雅精致。从两旁拾级而上是烈祖寝陵。祠外有两个大坦，均以鹅卵石铺缀成各式吉祥如意图案。两坦之间建有围墙，环拱全村民居。下坦至上坦筑有门楼一座，上书“绍濂”二字，此为宗门。进宗门拾级而上，步入上坦。上坦两旁旗杆林立，每逢节日，此处燃放爆竹烟火，十分热闹。

寿乐堂建筑较晚，但工艺、选料、造型更为讲究，堪称徽派建筑的经典之作，已被列入《中国建筑史》名扬于世。该祠又名员公支祠，建于清嘉庆年间（1796～1820年）。整体结构分前后三进，祠前有木牌坊，中间有宽敞坦所，木牌坊前有池塘。据《中国建筑史》载，该祠造型布局之合理，雕刻技艺之精湛，以及木牌坊保护之完好，全国仅此一处。此说木牌坊即门坊，四柱三楼，宽8.8米，高7米，木柱撑青瓦，圆檐滴清水，檐板漆雕花，横梁架重檐，所现高超建筑技艺，实属罕见。该祠内部结构也独到，按徽州惯例，一般宗祠不超过四根大梁，而此祠有八根大梁，且中进和后进的两根大梁为一棵树做成，长达13米，高1米，其余几梁均长9米，高近1米，这在古今建筑史也不多见。因全祠选料考究，梁架四壁均为优质柏树，故又称柏树厅。柱础和门堂边栏杆石，则为青石，砖雕细腻工整，形象栩栩如生，也是一绝。

昌溪村中还有三眼古井。古老井圈，分大、中、小三种类型，用于不同大小水桶同时提水，古人匠心，由此可见。村中还有九子巷。据传曾有吴氏兄弟在此巷弄生有九子而名，其地建筑颇为奇特，住宅从一道正门进入，门楼有砖雕，窗棂带木刻，工艺精湛。内并列两道大门，吴氏兄弟各住一方，正房旁是厨房和柴房，结构精巧。

三 江耀华家族和家乡

相对于吴炽甫和昌溪而言，歙南江耀华家族和他的家乡芳坑，无论繁衍脉络，抑或村庄规模，均不及前者。然就业茶名望而言，二者可谓异曲同工，不可小觑。其中尤以江耀华，最具影响。

就江氏论，歙县有济阳江和萧江两派，济阳江姓奉东汉齐国江革为一世祖。萧江源于子姓，子大心封于萧，遂以萧姓。唐广明年间（880年），大心后裔萧祯领兵讨黄巢军至歙州，因家居歙。后朱温篡唐，萧祯奉敕领兵北上，战事失利，退兵长江边，兴唐无望，愤而指江为姓。萧江经多年发展，后成为歙县一大姓氏，其中一名千六公，于南宋淳祐年间（1241~1252年），举家迁歙南芳坑，成为芳坑江氏始祖。

芳坑江氏营茶，始于明万历、天启年间（1611～1627年），最早一代叫江天稳，其后是天稳之孙江可涧。江可涧传于儿子江梦梧，江梦悟生二子，一名江起焕，一名江起辉，江氏茶业由此壮大。其后到江起辉之孙江有科辈，以及有科之孙江明恒辈，最有影响，形为高潮。纵观江家茶事，数百年间，起伏跌宕，其中以江明恒最为传奇。

江明恒，字耀华，不但茶叶生意做得很大，且一生勤勉，认真敬业，举凡半世纪的业茶经历，均留下详细文书档案，字里行间，折射徽州茶商细致缜密的职业风范；同时，他能文善诗，深入思考，每有制茶体会，业茶感悟，营茶心得，遂妙手成章，撰为笔记，彰显徽州茶商的深邃思想和贾而好儒幽雅之风。尤其内容之丰、数量之大、品相之好，完全可以冠今绝古来形容，不但茶界无可匹敌，即便商界也是凤毛麟角，堪称价值连城的徽商文化遗产。

有关江氏家族业茶情况，本书将在后面第七章《江耀华文书档案》、第八章《江耀华文书档案解剖》中详述，此不赘表。

至于江耀华家乡芳坑，现属歙南坑口乡。此村地处新安江山水画廊中游，穿过徽杭高速南源口大桥，经一道弯进入，便是乡政府驻地薛坑口村。这个古老的乡村，因地处薛源和阳源出口而得名，唐至清属孝女乡，历史悠久。古有水路，今有公路，交通便利。

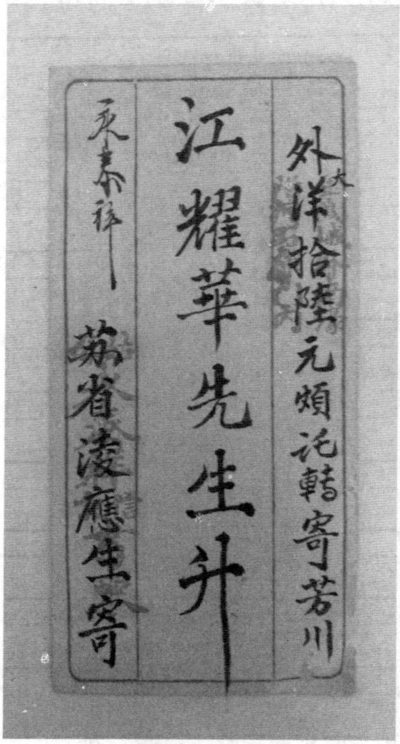

江耀华名帖

坑口乡管辖古村多，有上好村、田港村、湖田村、郑家村等，历史人文积淀丰厚，自然景观如诗如画。其中从薛坑口再向西南行进1.5公里入山，山坞间有一秀丽山村，就是芳坑，也叫芳川。因村中有一芳溪穿村而过，故又名芳溪。这里便是江耀华的故乡，本属名不见经传的小村，然自20世纪90年代末，随着村中数千件徽州茶商文书档案浮现于世，这里江姓家族引起人们关注，近年来此寻古问茶者也逐渐增多。

第四章　关于吴炽甫档案

一　市档案局（馆）藏徽学文书档案综述

徽州文化作为我国地域文化的典型标本，蕴含着丰富历史文化信息资源，大致包括：徽州宗族谱牒、徽州地契文书、新安医学文献、新安理学与徽派朴学文献、徽州民俗与民间文艺、徽州书画艺术、徽州民间工艺技法、徽商文书、账本和信札等内容。

在古徽州区域，这类资源存储量十分惊人。据不完全统计，现留存于世的徽州文书档案总量不少于30万件，其中宋元明清时期各种契约文书20余万件，民国时期文书10余万件。此中20世纪80年代后，徽州民间发现和被有关机构收藏的不少于16万件。

进入21世纪后，徽州文书珍贵的历史和学术研究价值，日益受到关注。不但国家有关部门加快整理和出版的进程，国内外私人收藏者也对自己所藏进行整理研究。据了解，目前国内成批收藏徽州文书档案的单位不少于40家，仅安徽本土而言，如省档案馆馆藏明清时期的约3000件、民国时期的不少于8万件；省博物馆藏1万多件，外地相关机构所藏，也不在少数。随着这些文书档案的不断整理和出版，既为徽学研究提供大量原始资料，也为徽州文化信息资源保护和管理，奠定坚实物质基础。

为对这些地域文化信息资源进行抢救保护和整理研究，黄山市政府及相关部门及民间有识之士，也做了大量卓有成效工作。其中档案部门则为典型代表之一，据统计，黄山市档案馆馆藏徽州文书35101件（册），名列安徽省各级档案馆之首，馆藏徽州族谱档案75个姓氏367套2069册，居全省各收藏机构之首。

黄山市档案馆的历史档案时间跨度大，上起南唐保大三年（945年），下讫民国三十八年（1949年）。其中历史较早的档案珍品有：登录《世界记忆中国国家名录》（原称《中国档案文献遗产目录》）的《明代徽州江氏家族分家阄书》。馆藏徽州文书档案主要为纸质载体，部分为木、铁、石、绢等。基本可分为十大类别。其中政务类为捐官执照、正实收牌等；宗族类为谱牒、族产管理账册、阄书、会书等；司法类为诉讼文书等；房屋、契约类为山田土地买卖典当契约、房产所有证等；赋税类为税票、收据、上下忙执照、推单等；人口类为归户清册、鱼鳞清册、贺帖等；工商类为商业账簿、票据、行商执照等；此外，还有文教类的医籍、印谱、药书、课草、杂抄、贡卷等；邮政类的商业信函、家书等；以及其他类的保甲经费、名片等。

徽州文书档案弥足珍贵。多年来，尽管黄山市有关部门为抢救和保护做了大量工作，然也面临不少困难和问题。具体表现为三方面：一是外流严重，至今仍不断有许多外来机构和人员，以抬高价格方式，大肆收购徽州文书档案，以致造成徽州文书大量外流；二是损毁严重，政府相关部门及民间个人手中，虽保存部分文书档案，然因受保管条件限制，自然和人为损毁现象不时发生，亟待进一步加强保管，其中即便是以抢救和保护为第一己任的黄山市档案局（馆），因存放条件欠缺，致文书安全保管和有效利用方面，也存在一定困难；三是开发利用不够，徽州文书作为特殊地域性历史文化重要见证，对其进行充分挖掘和研究利用，不但有深远历史意义，更有显著现实意义，然目前此项工作刚刚起步，初见成效，存在空间极为广阔，开发潜力尤其巨大。

二 发现和收藏吴炽甫文书始末

据统计，黄山市档案局目前所藏徽州茶商成系统档案总共为177册，内容基本为吴炽甫账册。这批账册收购于2014年，其中涉及京庄账簿175册，多数保存完好，少数有残破和虫蛀；涉及歙南昌溪福安堂租簿2册，基本完好。账簿内容丰富翔实，较完整地呈现了清末民初徽州茶商在茶叶收购、加工、运销等方面业态，可谓研究近代徽州茶商的第一手原始资源。

追溯吴炽甫档案的购藏过程，完全出于偶然机会。其时为2013年11月24日，黄山市本土的徽文化研究学者、著名摄影家张建平，在民间做田野调查时，偶遇江苏一古籍收藏家陈纪龙先生。陈告张说，他在歙县一民间文物收藏者家中，发现170多本清末徽州茶商账簿，因品相不大好，破损较严重，自我认为收藏价值不大，故决定放弃。张凭自己多年跑农村的经验，敏锐感觉这极可能是难得的珍贵史料，当即要求陈带路去看实物。到现场后，经认真仔细查看，张发现这批账簿，均为清末民初时期徽州茶商吴炽甫家族营茶账册，内容包括其家族从杭州到宁波等地经商的路线图、茶叶收购加工运输销售流水账目，其中大到雇工食宿餐饮开支，小到脚力酒钱付款，以及各类款项用途开支，逐笔均有详细记录，不但科目分类明细，且数据十分清楚。尽管账簿破损严重，品相不佳，但学术价值非常之大，毋庸置疑是研究清末民初时期徽州社会形态，尤其是茶商经营过程的重要依据，是了解和窥视徽商历史不可多得的宝贵史料，极具经济学、社会学、历史学方面研究价值。张建平征得主人同意后，当场拍下187张照片，同时立马追根溯源，详问账册来源情况。收藏者告知，这批账册具体多少，详情不知。辗转到己手共有500多本，因不知价值和生计所迫，目前大部分已卖给来自各地藏家，面前所见仅是剩余部分。张深感危机，当即叮嘱，即便只剩小半，但仍是了解和研究徽商历史的重要宝贵资料，为此建议藏者务必要保存好，自己回去即建议市有关部门前来与他联系，以使这些史料尽量留在本土为好。张建平回屯溪后，很快联系了黄山市档案局，详细汇报此事。市档案局局长田玉峰高度重视，当即筹措经费，闻风而动。经多次往返商量，于2014年年初收下这套吴炽甫业茶账簿。

三 馆藏吴炽甫文书的现状

黄山市档案局所藏茶商吴炽甫文书档案账册，皆为其家族业茶流水账册。账册多由毛边纸装订而成，内容为以毛笔记录的多家商号逐笔收支实况，数字详尽，时间明晰，字迹工整，并加盖印戳，不但真实可靠，且态度认真，令人肃然起敬。通过阅读档案，我们仿佛看见，清同治五年（1866年），徽州歙南昌溪一叫吴炽甫的年轻人，从父亲手中接过茶庄，从此开始他人生的漫长业茶历程。这位青年爱茶敬业，不辞劳苦，顽强拼搏，且恪守商规，勤勉经营，不但每日记录自己经营中的每一项开支，每一笔账目，且科学分类，分号存档，妥善管理，以致为后人留下这批品相虽斑驳，内容极翔实的账册，使我们从中窥视到那个时代的市井风貌，茶事状况、商家动态、经营习俗，以及资金往来、营茶绩效等第一手资料，嗅闻清末民初时期的茶香，深切感受五口通商后的社会温度。

据黄山学院徽商账册研究专家马勇虎先生研究，黄山市档案局所藏的茶商吴炽甫175本账册档案，特点有二：一是时间跨度大，其中最早者为清光绪十三年（1887年），最迟者为民国八年（1919年），时间跨越32年；二是账目繁杂，这批账册分属十几个不同商号，基本为每日茶事开支进出流水，其中可分为现金流水、收茶、人工贩运、资产出租四大类。

（一）现金流水账

现金流水账簿包括介号京茶庄光绪二十一年（1895年）四月吉日立流水，以及光绪已亥年（1899年）、二十七年（1901年）、三十一年（1905年）、丁未年（1907年）、三十四年（1908年），宣统二年（1910年）、庚戌年（1910年）、三年（1911年）、辛亥年（1911年），民国一年至八年（1912～1919年）等流水或总登。樟村介号京茶庄记民国元年（1912）收支银钱草总，以及樟村泰昌发介号光绪丁（未）年（1907年）银钱收支流水、介号京茶庄宣统三年辛亥岁（1911年）立樟村收支钱洋暂记流水账；淳安介号京茶庄记中华民国元年（1912年）收支流水、介号京茶庄记民国二年（1913年）淳安码谱，以及淳安介号京茶庄记中民国元年（1912年）收茶流水、淳安介号京茶庄记民国元年（1912年）收支流水第二册；介号京茶庄民国五年（1916年）吉立淳安恒足；介号京茶庄民国六年（1917年）立淳安银洋钱收支流水账；介号京茶庄民国七年（1918年）淳安收支流水；□介号京茶庄民国七年（1918年）立淳安收茶流水；介号京庄民国七年（1918年）淳安恒足；介号京茶庄民国八年（1919年）立淳安收支流水；介号京茶庄民国八年（1919年）记淳安恒足；介号京茶庄民国八年（1919年）立（淳安）银洋钱收支流水账；介号京茶庄民国六年（1917年）立杭庄与各处往来账、大昌京庄茶号光绪乙未年（1895年）尖朴三角账以及泰昌发淳庄光绪癸卯年（1903年）春立暂记往来账等；介号京茶庄宣统三年（1911年）暂记往来。

（二）人工贩运账簿

人工贩运账簿包括介号京茶庄光绪二十九年（1903年）立运茶计数、樟村介号京茶庄记民国元年（1912年）发担力计数，以及介号京庄民国二年（1913年）端月大吉立小里发货担工计数、介号京茶庄记民国二年（1913年）樟村发担力谱、介号京茶庄民国三年（1914年）发担力普、介号京茶庄记民国四年（1915年）吉立樟村发担力谱、介号京茶庄民国五年（1916年）发担力、吴大昌茶庄光绪壬寅（1902年）吉立运货便登□□、介号京茶庄民国五年（1916年）樟村发担力谱等。

（三）收茶账簿

收茶账簿包括介京号茶庄光绪十三年（1887年）逐日收茶草总，以及介京号茶庄光绪十五年（1889年）、二十年（1894年）、二十九年（1903年）、三十一年（1905年）、三十三年（1907年）收茶草登，三十四年（1908年）外办计数，三十四年（1908年）收子茶草登，□庄宣统元年（1909年）子茶，庄宣统二年（1910年）粗茶，宣统二年（1910年）码簿，介号京茶庄宣统二年（1910年）收茶草登，介号京茶庄宣统三年（1911年）岁次辛亥年（1911年）立黄山收茶草谱，介号京茶庄民国元年（1912年）收茶流水，介号京茶庄癸丑（1913年）之夏日接立樟村收茶草码，介号京茶庄记民国二年（1913年）接立收茶草登，介号京茶庄民国二年（1913年）收茶草谱，癸丑（1913年）介号京茶庄收茶草登，介号京茶庄民国三年（1914年）收茶草码、介号京茶庄民国三年（1914年）四月日立存账介号京庄记中华民国四年（1915年）篠里收茶总登、介号京庄民国四年（1915年）吉立（收茶草登）、介号京庄茶号民国五年（1916年）篠里庄收茶草谱；介号协泰成庄丁巳（1917年）年吉立收茶草总；民国七年（1918年）介号京庄暂记、介号京茶庄民国七年（1918年）发出子茶计数、介号京茶庄民国七年（1918年）立收茶草谱；民国己未年（1919年）收茶草簿；樟村介号京庄光绪三十二年（1906年）立收茶草登，以及介号京茶庄宣统三年辛亥岁（1911年）樟村收子茶草谱、介号京茶庄宣统三年辛亥岁（1911年）吉立樟村收茶草谱、樟村介号京茶庄记民国元年（1912年）收茶流水、介号京茶庄航头分号宣统辛亥年（1911年）收茶草谱、介号京茶庄记民国二年（1913年）樟村（收茶草登）、介号京茶庄记民国二年（1913年）吉立樟村收茶草簿、介号茶庄民国三年（1914年）樟村收苞茶草谱、介号京庄记民国三年（1914年）吉日立樟村收茶草码、介号花茶庄民国四年（1915年）吉立樟村收子茶账、介号京茶庄记民国四年（1915年）吉立樟村收茶码谱、介号京庄民国四年（1915年）樟村收茶草谱、樟村介号京茶庄记民国六年（1917年）吉立收子茶账、介号京茶庄记民国七年（1918年）立樟村收茶码簿；介号京庄记光绪丁未年（1907年）（各）处分办（茶计）数；洋溪介号京茶庄记民国元年（1912年）收茶流水、介号京茶庄记民国二年（1913年）洋溪恒足、介号京茶庄记民国二年（1913年）洋溪（收茶草登）第二册，介号京庄民国二年（1913年）三月立洋溪收茶草码；介号京茶庄民国四年（1915年）洋溪收茶草码；介号京茶庄民国四年（1915年）洋溪逐日收茶草谱、介号京茶庄民国五年（1916年）洋溪收子茶草登；洋溪介号京庄民国六年（1917年）逐日收茶草谱、洋溪介号京茶庄民国七年（1918年）立收茶流水；介号京茶庄记民国七年

（1918年）洋溪收茶草谱；介号京茶庄民国八年（1919年）立洋溪逐日收茶草账、介号京茶庄记民国八年（1919年）立洋溪收子茶流水；介号乙卯（1915年）年代办大芳茶；泰昌发茶庄光绪念五年（1899年）三月立各（友支）抱、泰昌发介号淳庄记光绪壬寅（1902年）年三月立收茶流水，以及介号京茶庄民国三年（1914年）立淳安收茶草登、介号京茶庄记民国四年（1915年）吉立淳安码谱、介号京茶庄记民国五年（1916年）吉立淳安收子茶草、泰昌发号光绪十九年（1893年）收茶草总元册，光绪二十五年（1899年）泰昌发各处来茶暂记，泰昌发茶庄光绪二十八年（1902年）四月吉立收茶草总，第三泰昌发介号光绪癸卯年（1903年）春三月吉立收茶草账，泰昌发茶庄光绪三十年（1904年）收支草总，泰昌发介号光绪丙午（1906年）年收茶草登（子茶）第二册，泰昌发介号光绪丙午（1906年）年收茶流水，昌发茶号收茶草登等。

（四）资产出租账簿

资产出租账簿包括光绪十二年（1886年）荷月吉日立福安堂丽文收租总登、光绪十二年（1886年）荷月吉日立（收租簿）等。

附表：吴炽甫账册档案目录[1]

件号	题名	日期	页数	备注
1	介京号茶庄光绪十三年逐日收茶草总	光绪十三年	1	
2	介京号茶庄光绪十五年逐日收茶草总	光绪十五年	1	
3	（介号京茶庄光绪二十年立收茶草登）	光绪二十年	1	
4	介号京茶庄光绪二十一年四月吉日立流水	光绪二十一年四月	1	
5	介号京茶庄光绪二十七年银洋钱收支流水	光绪二十七年	1	

[1] 根据黄山市档案局（馆）收藏的民国年间《吴炽甫档案》整理。

件号	题名	日期	页数	备注
6	介号京茶庄光绪二十七年银洋钱收支总账	光绪二十七年	1	
7	介号京茶庄光绪二十九年立收茶草登	光绪二十九年	1	
8	（介号京茶庄光绪二十九年立运茶计数）	光绪二十九年	1	
9	（光绪三十一年介号京庄收支流水）	光绪三十一年	1	
10	介号京茶庄光绪三十一年三月吉立（收茶草登）	光绪三十一年三月	1	
11	（樟村介号京庄光绪三十二年立收茶草登）	光绪三十二年	1	
12	（介号京茶庄光绪三十三年收茶草登）	光绪三十三年	1	
13	更镇介号京庄记光绪丁未年收支钱洋草总	光绪丁未年	1	
14	介号京庄记光绪丁未年（各）处分办（茶计）数	光绪丁未年	1	
15	（更镇介号京庄记光绪三十三年立收茶草登)	光绪三十三年	1	
16	（介号京茶庄光绪三十四年立）收支银洋总	光绪三十四年	1	
17	介号京茶庄光绪戊申（三十四）年外办计数	光绪戊申（三十四）年	1	
18	（介号京茶庄光绪三十四年收子茶草登）	光绪三十四年	1	
19	介号京庄宣统元年子茶	宣统元年	1	
20	介号京茶庄宣统二年立航头庄收茶流水续	宣统二年	1	
21	介号京茶庄宣统二年收支流水并誊正	宣统二年	1	
22	介号京茶庄宣统二年粗茶	宣统二年	1	
23	介号京茶庄宣统二年码簿	宣统二年	1	
24	航头介号京茶庄宣统庚戌年收支流水钱银总账	宣统庚戌年	1	残本
25	（介号京茶庄宣统二年）收茶草登	宣统二年	1	
26	介号茶庄（宣统二年）收各户水花草账	宣统二年	1	
27	介号京茶庄记宣统庚戌年子茶号	宣统庚戌年	1	
28	（介号京茶庄宣统三年暂记往来）	宣统三年	1	
29	（介号京茶庄宣统三年收花总登）	宣统三年	1	
30	介号京茶庄宣统三年岁次辛亥年立黄山收茶草谱	宣统三年	1	
31	介号京茶庄宣统三年辛亥岁樟村收子茶草谱	宣统三年	1	
32	介号京茶庄宣统三年辛亥岁吉立樟村收茶草谱	宣统三年	1	
33	介号京茶庄航头分号宣统辛亥年（收茶草谱）	宣统辛亥年	1	

件号	题名	日期	页数	备注
34	介号京茶庄宣统辛亥年吉立黄山收支流水总账	宣统辛亥年	1	
35	介号京茶庄宣统三年辛亥岁立樟村收支钱洋暂记流水账	宣统三年	1	
36	淳安介号京茶庄记中华民国元年（收茶流水）	中华民国元年	1	残本
37	淳安介号京茶庄记中华民国元年收支流水第二册	中华民国元年	1	
38	樟村介号京茶庄记中华民国元年发担力计数	中华民国元年	1	
39	樟村介号京茶庄记中华民国元年收支银钱草总	中华民国元年	1	
40	淳安介号京茶庄记中华民国元年收支流水	中华民国元年	1	
41	樟村介号京茶庄记中华民国元年收茶流水	中华民国元年	1	
42	洋溪介号京茶庄记中华民国元年收茶流水	中华民国元年	1	
43	（介号京茶庄民国元年）收茶流水	中华民国元年	1	
44	介号京茶庄癸丑之夏日接立樟村收茶草码	中华民国癸丑（二）年	1	
45	介号京庄中华民国二年三月立洋溪收茶草码	中国民国二年三月	1	
46	介号京茶庄记中华民国二年淳安码谱	中华民国二年	1	
47	介号京茶庄记中华民国二年洋溪（收茶草登）第二册	中华民国二年	1	
48	介号京茶庄记民国二年接立收茶草登	民国二年	1	残本
49	（介号京茶庄）民国二年收茶草谱	中华民国二年	1	
50	介号京庄民国二年端月大吉立小里发货担工计数	民国二年	1	
51	介号京茶庄记中华民国二年樟村（收茶草登）	中华民国二年	1	
52	介号京茶庄中华民国二年三月钱洋草登	中华民国二年三月	1	
53	癸丑（民国二年）介号（京茶庄收茶草登）	民国二年	1	
54	（介号京茶庄民国二年）筱里收支银洋草账	民国二年	1	
55	介号京茶庄记中华民国二年洋溪恒足	中华民国二年	1	
56	（介号京茶庄）民国二年洋溪逐日收茶草登	中华民国二年	1	
57	介号花庄民国二年六月吉立收花流水	民国二年	1	

件号	题名	日期	页数	备注
58	介号京茶庄记民国二年吉立樟村收茶草簿	民国二年	1	
59	介号京茶庄记中华民国二年樟村发担力谱	民国二年	1	
60	介号京茶庄记中华民国贰年洋溪恒足	中华民国二年	1	
61	介号京茶庄记民国二年吉立黄山收支钱洋总流水	民国二年	1	
62	介号京茶庄记中华民国三年三月立钱洋草登	中华民国三年三月	1	
63	介号茶庄中华民国三年樟村收苞茶草谱	中华民国三年	1	
64	介号京庄记中华民国三年吉日立樟村收茶草码	中华民国三年	1	
65	介号京茶庄民国三年收茶草码	民国三年	1	
66	介号京茶庄民国三年（发担力普）	民国三年	1	
67	（介号京茶庄）民国三年四月日立存账	民国三年四月	1	
68	（介号京茶庄民国三年立淳安收茶草登）	民国三年	1	
69	介号京茶庄记中华民国三年收支银洋钱总	中华民国三年	1	
70	介号乙卯（民国四）年代办大芳茶	乙卯（民国四）年	1	
71	介号京茶庄记民国四年吉立樟村发担力谱	民国四年	1	
72	介号花茶庄民国四年吉立樟村收子茶账	民国四年	1	税票
73	介号京茶庄民国四年吉立洋溪恒足	民国四年	1	
74	介号花茶庄（民国四年）花总	民国四年	1	
75	介号京茶庄民国四年吉立钱洋草登	民国四年	1	
76	介号京茶庄记民国四年吉立淳安码谱	民国四年	1	
77	介号京茶庄民国四年洋溪收茶草码	民国四年	1	
78	介号京茶庄记民国四年吉立樟村收茶码谱	民国四年	1	
79	介号京庄中华民国四年樟村收茶草谱	中华民国四年	1	
80	介号京庄记中华民国四年筱里（收茶总登）	中华民国四年	1	
81	介号京茶号民国四年（恒足）	民国四年	1	
82	介号京茶庄民国四年洋溪逐日扯价	民国四年	1	
83	介号京茶庄民国四年洋溪逐日收茶草谱	民国四年	1	
84	介号京庄民国四年吉立（收茶草登）	民国四年	1	
85	介号京茶庄民国五年立收花总登	民国五年	1	税票
86	介号京庄茶号中华民国五年筱里庄收茶草谱	中华民国五年	1	税票
87	介号京茶庄黄山庄民国五年吉立收支流水	民国五年	1	残本

件号	题名	日期	页数	备注
88	介号京茶庄民国五年洋溪逐日扯价	民国五年	1	残本
89	介号京茶庄中华民国五年洋溪收子茶草登	中华民国五年	1	税票
90	（介号京茶庄民国五年发担力）	民国五年	1	
91	介号京茶庄记民国五年吉立淳安（收子茶草）	民国五年	1	税票
92	（介号京茶庄民国五年）樟村发担力谱	民国五年	1	
93	介号花庄民国五年十二月吉立花树总登	民国五年十二月	1	残本
94	介号京茶庄民国五年五月吉立收花流水	民国五年五月	1	税票
95	介号京茶庄民国五年吉立淳安恒足	民国五年	1	税票
96	介号京茶庄民国六年立筱里庄收支银洋账	民国六年	1	
97	介号协泰成庄丁巳（民国六）年吉立（收茶草总）	丁巳（民国六）年	1	税票
98	介号协泰成庄丁巳（民国六）年吉立恒足	丁巳（民国六）年	1	残本
99	介号花庄民国六年六月吉立收花总登	民国六年六月	1	
100	樟村介号京茶庄记民国六年吉立收子茶账	民国六年	1	税票
101	（介号京茶庄民国六年恒足）	民国六年	1	
102	介号京茶庄（民国六年立）关堆草谱	民国六年	1	
103	丁巳（民国六年）介号订各友支暂	民国六年	1	
104	（介号京茶庄民国六年立）杭庄与各处往来账	民国六年	1	
105	洋溪介号京庄中华民国六年逐日收茶草谱	中华民国六年	1	税票
106	黄山介号京茶庄民国六年春立收花总登	民国六年	1	税票
107	洋溪介号京茶庄民国六年吉立钱洋草登	民国六年	1	税票
108	洋溪介号京庄中华民国六年杂用	中华民国六年	1	
109	（介号京茶庄民国六年立）淳安银洋钱收支流水账	民国六年	1	税票
110	介号京茶庄民国七年立洋溪（收支草登）	民国七年	1	税票
111	介号京茶庄记民国七年立樟村收茶码簿	民国七年	1	
112	民国七年介号京庄暂记	民国七年	1	税票
113	介号京茶庄民国七年淳安收支流水	民国七年	1	
114	介号京茶庄民国七年立淳安（收茶流水）	民国七年	1	残本 税票

件号	题名	日期	页数	备注
115	（介号京茶庄民国七年发出子茶计数）	民国七年	1	残本
116	洋溪介号京茶庄民国七年立（收茶流水）	民国七年	1	残本
117	介号京庄中华民国七年淳安恒足	中华民国七年	1	
118	介号京茶庄民国七年立（收茶草谱）	民国七年	1	残本
119	介号京茶庄民国七年立洋溪恒足	民国七年	1	
120	介号京茶庄记中华民国七年洋溪收茶草谱	中华民国七年	1	税票
121	民国己未年收茶草簿	民国己未年	1	
122	介号京茶庄记民国八年分立（收茶草登）	民国八年	1	残本
123	介号京茶庄民国八年立淳安收支流水	民国八年	1	残本
124	介号京茶庄民国八年记淳安恒足	民国八年	1	
125	介号京茶庄民国八年立洋溪逐日收茶草账	民国八年	1	
126	介号京茶庄记民国八年吉立洋溪银洋钱流水	民国八年	1	残本
127	介号京茶庄民国八年立（淳安）银洋钱收支流水账	民国八年	1	残本
128	介号京茶庄记民国八年洋溪外柜钱洋草账	民国八年	1	税票 残本
129	介号京茶庄记民国八年立洋溪收子茶流水	民国八年	1	税票
130	介号京茶庄民国八年立（收支草簿）	民国八年	1	残本
131	介号京茶庄收茶草登		1	
132	光绪年间收茶总登		1	残本
133	（介号京茶庄洋溪收支流水）		1	
134	介号京茶庄收花草登		1	残本
135	介号京茶庄银洋钱草账		1	
136	（介号京茶庄收茶草登）		1	
137	（介号京茶庄收茶草登）		1	
138	（介号京茶庄收茶草登）		1	
139	介号京庄窨货净花数		1	
140	（介号京茶庄收茶流水）		1	
141	（介号京茶庄银洋钱收支总账）		1	
142	（介号京茶庄收茶草账）		1	
143	（介号京茶庄收茶草账）		1	
144	（介号京茶庄收茶草账）		1	
145	（介号京茶庄收茶草账）		1	
146	（介号京茶庄收茶草账）		1	

件号	题名	日期	页数	备注
147	（介号京茶庄收茶草登）		1	
148	（介号京茶庄收茶草登）		1	
149	（介号京茶庄恒足）		1	
150	泰昌发茶庄光绪念五年三月立各（友支）抱	光绪二十五年三月	1	
151	泰昌发淳庄光绪十七年五月初六日吉立支用草账	光绪十七年五月初六	1	
152	泰昌发茶号壬辰（光绪十八年）钱洋收支流水	光绪十八年	1	
153	泰昌发号癸巳（光绪十九年）收茶草总元册	癸巳（光绪十九年）	1	
154	大昌京庄茶号光绪乙未年（二十二）尖朴三角账	光绪已未年（二十二）	1	
155	己亥（光绪二十五）泰昌发各处来茶暂记	己亥（光绪二十五）	1	
156	吴大昌茶庄光绪壬寅吉立运货便登	光绪壬寅	1	
157	泰昌发茶庄光绪二十八年四月吉立收茶草总第三册	光绪二十八年四月	1	
158	泰昌发介号淳庄记光绪壬寅（二十八）年三月立（收茶流水）	光绪壬寅（二十八）年三月	1	
159	泰昌发介号光绪癸卯年春三月吉立收茶草账	光绪癸卯年春三月	1	
160	泰昌发淳庄光绪癸卯年春立暂记往来账	光绪癸卯年	1	
161	泰昌发介号淳庄光绪癸卯年春三月立收支流水总	光绪癸卯年春三月	1	
162	泰昌发茶庄光绪三十年收支草总	光绪三十年	1	
163	泰昌发淳庄茶号光绪三十年夏立（收支流水）	光绪三十年夏	1	
164	泰昌发介号光绪三十二年四月吉立银钱收支账	光绪三十二年四月	1	
165	泰昌发介号光绪丙午（三十二）年收茶草登（子茶）第二册	光绪丙午（三十二）年	1	
166	泰昌发介号光绪丙午（三十二）年收茶流水	光绪丙午（三十二）年	1	

件号	题名	日期	页数	备注
167	樟村泰昌发介号光绪丁（未）年银钱收支流水	光绪丁未年	1	
168	昌发茶号（收茶草登）		1	
169	合记光绪己亥年吉立流水	光绪己亥年	1	
170	光绪十二年荷月吉日立福安堂丽文收租总登	光绪十二年	1	
171	光绪十二年荷月吉日立（收租簿）	光绪十二年	1	
172	正号辛亥年（净）茶	辛亥年	1	
173	吴号民国戊午年洪庆	民国戊午年	1	税票
174	同泰茶庄民国八年三月念九立（收茶草登）	民国八年三月	1	税票
175	收茶草登		1	残本

四 介号茶庄商业账簿的研究价值

（一）从“帐”到“账”：账簿名称的由来

有关账簿名称的演变，严格说纯属学术命题，深奥而专业，本书似无深究必要。然《吴炽甫账簿》档案中，尤以商业账簿为多，内容既是吴氏家族事业发展的足迹，更是徽商演进的历程，同时涉及不少账簿专业知识，适当加以诠释，更有助于认识和理解这些账簿价值。为此我们特邀黄山学院账簿研究专家马勇虎先生撰文介绍。

商业账簿是商人在商业经营中记录收进、支付钱物等事宜的簿册，属于原始凭证，具有法律效用。中国古代商业经济虽颇为繁盛，但是“账簿”名称的正式确立却在近代。据初步检索，1936年编撰的《辞海》首次出现“账簿”词条，“商人备置之账簿，所以记载日常交易及关于财产出入之各种事项者也。”事实上，“账簿”名称在正式确立之前，经历了从“帐”到“账”漫长的历史演进过程。

据郭道杨研究，在“帐”字未出现与应用之前，历代称谓不一，如商代之“册”“籍”，春秋至秦代之“籍”与“籍书”，汉代之

“籍”“簿”和“簿书”等。《说文》称：“籍，簿书也。”“籍”从竹，其出现于“簿”之前，字形如多篇竹简卷束成捆，叠置搁放之状态，故“籍”之称既最早直接与简册相关联，而其后又与“簿书”之称相关联。西汉时，“籍”与“簿”之应用既有联系，也有一定区别。一般而言，凡文献典册称之为“籍”，如与国家财政经济有关的户籍、名籍等，《汉书·功臣表》“以昭元功之侯爵”、《汉书·食货志》“贾人有市籍者”均指此类籍书。而与账目、账簿相关的记录则称之为“簿”或“簿书”，如《汉书·黄霸传》“簿书正，以廉称”、《汉书·食货志》“多张空簿”及《汉官仪》“掌县之簿书”等皆是。

“帐”原本指日常生活中用具，如帐幕、床帐等。以“帐”字表示账目、账簿约起源于南北朝时期。成书于北齐天宝二年至五年（551～554年）魏收所撰《魏书·释老志》记载，“元象元年秋，诏曰：‘且城中旧寺及宅，并有定帐’……”《周书·苏绰传》又载：周太祖时“绰始制文案程式，朱出墨入，及计帐、户籍之法”。当时还规定：“其牧守令长，非通六条及计帐者，不得居官。”这里所讲计帐、户籍之法与税收计算、征纳、会计都密切相关，它对隋及唐宋时代的“计帐”、户籍之制（籍帐）产生了直接影响。

唐代“帐”字用于表述账目的会计核算较为普遍。唐代通称官厅会计账册为“簿帐”“簿”，之所以置于“帐”之前，《新唐书·百官志》解释云：“凡在署为簿，在寺为帐。”署为寺的下属机构，它所做的经济记录是上一级汇总核算的基础，故称之为“簿”，而寺的管辖范围大，它的核算以各署账目为依据，故称之为“帐”。在宋代，“帐”已成为一切经济簿籍最普通的称呼，如登记统计资料的户帐、丁帐、甲帐、图帐、地步帐等，登记会计事项的租帐、课利帐、钱帐、粮帐、钱谷帐、库帐、粮草帐以及各种出入帐，等等。

明清时期“簿帐”的说法日渐消失，而“帐簿”的称谓已习以为常。经济活动中所用的订本式“帐簿”一般是蓝布封面，粘贴红色标签，上用墨笔书写“流水帐”“誊清帐”的字样，另外还加上诸如“日积月累”“堆金积玉”等吉祥用语。不同的帐簿还要求使用不同的帐本，如草帐一般要求采用全白纸头的无格条帐；流水帐一段采用“腰格通天条帐”；誊清帐则一段采用“腰格斗方帐”。

明末清初，随着商品货币经济的发展，部分人士认为“巾”字旁的“帐”字用于会计核算欠妥，因“贝”字自古以来就是财物的代表，故而创造出“账”字取代“帐”。但由于商业惯例的影响，“账”字出现之后，“帐”字仍未取消，此后二字通用。

民国时期，随着西式簿记的引进和中式会计的改良，西式账簿格式逐步取代了中式账簿格式，出现订本账、活页账和卡片账，这些账簿又有一栏式、双栏式、三栏式、专栏式以及多栏式的分别，使我国账簿有了较大的改进。民国商法的颁布，对“账簿”一词做出了明确的界定，并对其法律效用做出了具体规定。

总之，自南北朝至民国时期，中国“账簿”名称经历了从“帐”“簿”，到“帐簿”，最后定名为“账簿”的演变进程。此过程既是簿记名称由杂乱称呼到统一规范的过程，也是簿记理论、方法不断丰富与发展的过程，账簿设置与记账方法的改进，对中国商业经济的发展发挥了重要作用。

（二）近代徽州茶商账簿遗存及其研究价值

徽州文书的大规模面世主要集中于20世纪40～60年代，以及80年代三个阶段。据相关报道和研究，遗存徽州文书数量巨大，散藏于海内外一些图书馆、博物馆、高等学校和科研机构及部分私家手里。其中收藏徽州文书较多的机构有中国国家图书馆、中国历史博物馆、中国社会科学院历史研究所、中国社会科学院经济研究所、北京大学图书馆、北京师范大学历史系、南京大学历史系、上海图书馆、南京图书馆、安徽省图书馆、安徽省博物馆、安徽省档案馆、安徽师范大学图书馆、安徽大学徽学研究中心、黄山学院图书馆、黄山市及歙县、祁门县博物馆等。

近代徽州茶商账簿大多收藏于上述机构。管见所及，南京大学历史系资料室所藏近代徽州茶商账簿最多，数量多达20册。据夏维中、王裕明介绍，这些账簿主要记载茶叶收购、生产加工等制作过程，茶叶的品级等次、茶庄规模、经营状况以及茶市行情。其中《咸丰接记收茶流水底簿》记载了该庄茶叶收购、加工及销售情况，该庄茶叶主要销售广东，赢利不菲；《申江往来账暂登》则记述了光绪二十一年（1895年）屯溪泰盛号在上海销售情况。当时上海茶业市场完全被洋行垄断，徽州茶商只能仰洋人鼻息，无力保护自己利益。如该年七月二十三日，泰盛号满载徽茶到达上海，发现茶业市场异常冷清，茶价偏低，一时难以脱手。十月底，洋商即将返国的消息又不断传出，至此泰盛号不得不低价贱售，结果损失惨重；6册《祁门胡万春茶号账簿》则反映民国时期徽州茶叶生产及其茶商经营状况，这些均是研究民国徽州社会经济史的重要资料。

此外，中国社会科学院历史研究资料室亦收藏有《光绪十五年（1889年）祁门胡廷卿进出总登》《奇村三益公司分庄民国八年（1919年）岁次己未三月立茶流》《民国十二年（1923年）徽州徽庄程裕和各处毛茶堆》等多册近代徽州茶商商业账簿。

如前所述，近代徽州茶商账簿是记载其经营活动的原始文书档案，较为详细地登载了收茶、销售、开支等经营细节。然茶叶经营并非单一简单的营销活动，而是涉及商业经济与社会生活的方方面面，诸如厘金税收、银钱兑换、社会往来等。因此，近代徽州茶商账簿所蕴藏的社会经济信息十分丰富，不仅较为细致地呈现了徽商茶业经营的历史原貌，而且真实地反映了社会经济制度在地方社会运行的实际形态，是近代社会经济史研究的珍贵资料，具有较高的研究价值。

第一，近代徽州茶商账簿是近代徽州茶叶经济和贸易史研究的第一手资料。典籍文献资料固然也有不少有关徽州茶叶经营的记载。但是，典籍文献多重政治，轻经济，故而茶叶经济活动的记载颇为简略。即使这些简略、有限的经济活动记载，也以一般概括性、宏观性记载居多，可供观测、研究的数据及个案研究资料颇为欠缺。而徽商账簿所载内容丰富、具体，较为详尽地记载了商业经营诸环节，尤其是商号经营数据记载较为系统、完整，且时间连续，有助于展开对商业经营的微观研究。例如，依据账簿资料可以考察徽商的资本构成、经营方式；从合伙经营的资本组合中，可进一步考察主要股东与一般股东的区别，尤其是股东之间社会关系的变迁可以看出徽商融资渠道的变动和资本市场的变化。股东投资自然追求利润回报。账簿详细记载商号利润收入及其分配，从中可以具体考察商号盈利与市场环境、社会经济制度等内外因素的关系。凡此种种商业经营信息和数据，均难以见之于官方文献记载，而商业账簿的记载则详细、完整，必然有利于推动近代徽商研究的深入。

近代徽州茶商是徽商不可分割的重要组成部分，其商业账簿自然也是近代徽商研究的重要资料。徽商研究引人注目，成果丰硕，但近代徽商研究相对较弱，其经营中的诸多问题尚不清晰和具体。近代徽商研究最大的难题是文献资料较为缺乏，与明清徽商研究拥有大量方志、笔记等文献资料的差距甚大。遗存近代徽州茶商账簿不仅数量众多，而且内容丰富，这就为近代徽商不同行业的研究，乃至近代徽商内部的比较研究，提供了大量翔实资料，从而拓展、深化近代徽商研究。尤其黄山市档案局闻风而动，及时抢购和收藏了这批吴炽甫账簿档案，更彰显出其远见和魄力。

第二，近代徽州茶商账簿是社会经济制度在地方实施、运行实态研究的珍贵资料。传统典籍文献重典章制度，轻视社会经济运行，即使朝廷政令和官书、正史所记的政治制度，也只是一种规定，它和这种政治制度运行实态之间有很大距离和区别。同样，朝廷颁布的经济政策和这种经济政策贯彻的实际情况也有很大不同。因此，政治制度、经济政策的研究，不能只以朝廷颁布的有关政令、法律为依据，而要看其在实际贯彻、执行中的实态。鉴于社会经济制度文本与实际运行之间的差异，史学界在官书正史资料之外，积极发掘和利用时人文集、地方志和笔记小说等资料，以弥补正史资料之不足。试图通过扩大资料范围的方式，比较文本记载与实际运行之间的差距，从而实现接近历史事实的目的。《吴炽甫账簿》所载内容，基本都是五口通商后茶事往来情况，从一个侧面反映了当时经济社会的风貌，殊为珍贵。

第三，近代徽州茶商账簿所揭示的茶业经营与社会转型等内容，具有一定的现实意义。近代徽州茶商经营茶叶民生用品，以中小商人居多，且以中小市镇为经营据点，其经营活动改进了民生，扩大了市场，推动了中小市镇的繁荣发展。从中小徽州茶商融资、经营方式、近代转型和历史作用等问题入手，探讨中小商人发展的市场因素、社会环境和制度要素等内容，对于当今社会转型期中小企业发展具有一定的启迪和借鉴意义。

十多年前，周绍泉先生论及徽州文书价值、地位时指出，徽州文书的发现，是继甲骨文、汉晋简帛、敦煌文书、明清内阁大库档案之后中国历史文化的第五大发现。徽州文书内容涉及徽州社会生活的方方面面，是中国历史实态研究的重要资料。徽州文书资料研究将给宋代以后的中国历史研究带来革命性的变化。近代徽州茶商账簿是徽州文书主要类型之一，遗存数量众多，内容丰富，具有较高的学术研究价值。因此，商业账簿的深入研究，对于近代徽州茶商，乃至于近代徽商的整体研究均具有十分重要的意义。

（三）介号茶庄商业账簿的特点及研究价值

通过对清末民初介号京茶庄商业账簿的初步整理和研究，我们认为《吴炽甫账簿》具有以下显著特点。

第一，清末民初介号京茶庄商业账簿数量巨大，多达175册，加上先前流失部分，据说是300多本，合计500余本，则完全可以说是目前所见单一商号遗存账簿文书档案数量最多的商家，在徽州文书档案中具有典型性和代表性。

第二，介号京茶庄商业账簿类型多样，系统完整。介号京茶庄会计人员按照茶叶收购、加工、运销等环节，分门别类设立收茶流水簿、运茶开支簿、收花总簿、担力开支簿、各友暂支簿等专项账簿，详细记录不同经营环节的收支。银洋钱收支总簿则承担总登账簿的功能，既分别誊录前述各项分类收支，又进行年度汇总、决算。构成了较为完整的总簿与分类收支簿的体系。

第三，介号京茶庄商业账簿的时段性。该账簿产生时间虽然是五口通商后徽州茶商的巅峰阶段，然因时局不稳，社会动荡，其中也有典型的阶段性，其经营大体可分为三个阶段：一为咸丰、同治年间（1851～1874年）战乱时期，商路断绝，茶叶市场萧条，可谓是徽州茶商经营中断时期；二是光绪年间（1875～1908年）至民国初年（1912年），茶叶市场得以恢复，且社会稳定，是近代徽州茶商经营的最好时期；三是1914～1918年第一次世界大战时期，洋庄茶出口受挫，徽州茶业滑坡，徽州茶商进入转折时期。介号京茶庄账簿始于清光绪十三年（1887年），讫于民国八年（1919年），该时间段正是徽州茶商经营的繁盛时期，较为典型地反映了茶叶市场繁荣时期具体形态，整个徽州茶商经营状况，也可窥一斑。

第四，介号京茶庄商业账簿内容的典型性。徽商是我国著名的地域商帮之一，盐、典、木、茶向为徽商经营的四大领域。自明代中期以来，茶叶一直是徽商经营的主要行业之一。五口通商后，受国际茶市拉动，更有长足发展。这些踪迹虽见载于不少的徽州茶商账簿文书档案中，但目前所见单一商号遗存账簿数量最多的只有介号京茶庄一家，从账簿记载内容中，可以考察茶叶收购、加工、运销等经营诸多环节，能够反映出行业经营的典型性。

第五，介号京茶庄商业账簿所见其经营地区的广泛性。介号京茶庄茶叶收购、加工于安徽徽州、浙江淳安、建德等县，又将干茶运往福建福州加工成花茶，最终销往天津、营口、北京等地。介号京茶庄经营地区遍布安徽、浙江、福建、北京、辽宁等众多地区，较为典型地反映了区域茶叶市场与全国茶叶市场之间的联系。

总之，清末民初介号京茶庄商业账簿具有重要的研究价值。介号京茶庄商业账簿系统完整，详细记载了茶叶收购、加工、运销等经营细节，较为具体地呈现了徽州茶商经营的实际形态，从中可以考察清末民初茶叶收购、加工、运销等细节，较为具体地揭示出近代茶叶市场的发展及其变化。

第五章　吴炽甫“泰昌发”“介号”个案解剖

一　“泰昌发”与“介号”收支情况

吴炽甫家族在北京经营茶叶生意由来已久，其茶叶主要来自家乡徽州及附近，至于泰昌发茶庄和介号茶庄何时开设，因史料缺乏，现已无从考证。据王瀚巍研究，约在民国九年（1920年），吴炽甫与儿孙分家，茶号财产均分给子孙（王瀚巍：《民国时期徽商吴炽甫茶叶经营初探——以相关书信为中心》，未刊稿）。由此推测，民国九年（1920年）介号茶庄可能已歇业。正因如此，黄山市档案局所藏《吴炽甫账簿》立簿时间截止期为民国八年（1919年）。

泰昌发、介号茶庄的资本主要来自北京吴炽甫家族的多家字号。从账簿所载时间看，光绪年间（1875～1908年）资本均由介号、恒祥裕、绅记等号拨付。如《光绪二十一年（1895年）四月吉日立流水》载：

> 四月初四
>
> 收介号本元艮（银）三千两，134计英（鹰）洋四千零二十元。
>
> 收恒祥裕本元艮（银）1518.53两，1327计英（鹰）洋二千

零十五元零九分。

收绅记本元艮（银）八百两，134计英（鹰）洋一千零七十二元。

共计收洋七千一百零七元零九分。

这里提到恒祥裕、绅记两家字号，虽因史料缺乏，具体情况不明，然从资金流向看，当为京都庄号。另《光绪二十七年（1901年）收支总账》也明确表明，茶庄资本均来自北京各号：

介号：旧三月十三，收京中汇出办货本九八（规）元一千两，1341计英（鹰）洋1340元正。

元月廿七，收仝，九八（规）元八百两，1341计英（鹰）洋1072元正。

二月内，收仝，九八（规）元三千两，1341计英（鹰）洋4051元正。

三月初六，收仝，九八（规）元一千两，1341计英（鹰）洋1338元正。

德来：元月廿七，收京中汇出办货本九八（规）元六千二百两，计英（鹰）洋8335元6角。

德记：旧三月廿五，收京中汇出办货本九八（规）元一千两，1341计英（鹰）洋1340元正。

五月初一，仝，九八（规）元八百两，1336计英（鹰）洋1068元8角。

永裕：元月廿七，收京中汇出办货本九八（规）元一千两，1341计英（鹰）洋1340元正。

六月初二，收京中汇出办货本九八（规）元一百九十两，1340计英（鹰）洋254元6角。

收京补汇出九八（规）元一百两正，1344计入英（鹰）洋134元4角。

荣泰：四月初十，收京中汇九八（规）元一千两，1336入英（鹰）洋1336元正。

上述介号、德来、德记、永裕、荣泰，均为吴炽甫家族在京开设的茶庄分号，具体情况虽不明，但从民国后吴炽甫在徽州均以介号名称收购加工茶叶，且资本均从北京介号划拨史实来看，北京介号当为总号，各地茶庄均听其指令。（王瀚巍：《民国时期徽商吴炽甫茶叶经营初探——以相关书信为中心》，未刊稿）此外，吴炽甫账簿中的《中华民国元年（1912年）淳安介号京茶庄记收支流水》，也是类似证明：

三月初十，收本号货本英（鹰）洋五千元。

收本号货本英（鹰）洋四千三百元。

四月廿三，收本号货本英（鹰）洋一千四百十五元。

五月初四，收本号货本英（鹰）洋二十四元。

六月初三，收本号货本英（鹰）洋二百元正。

综上所述，民国元年（1911年），吴炽甫在徽州用于收购加工茶叶资本，共为英（鹰）洋10939元。到民国六年（1917年）时，资本投入更多，如《介号京茶庄民国六年淳安银洋钱收支流水账》载：

三月，收本号货本大洋九千元。

四月初一，收本号货本英（鹰）洋二千元正。

四月初二，收本号货本英（鹰）洋二千元正。

四月初六，收本号货本英（鹰）洋二千元正。

四月初九，收本号货本英（鹰）洋二千元正。

收本号货本英（鹰）洋六百元正。

五月卅，收本号货本大洋四千元。

此账所记资本为英（鹰）洋21600元，比民国元年（1911年）的10939元，看似增加2倍。然我们仅是依据手头账簿分析，具体真实数目，兴许比这还多。缘此推定短短六年间，茶商吴炽甫的事业，发展速度尤其迅猛。

再据介号京庄收茶账簿《介号京茶庄光绪三十二年（1906年）立樟村收茶草登》《介号京茶庄光绪三十三年（1907年）更镇收茶草登》《介号京茶庄宣统二年（1910年）航头庄收茶流水续》《介号京茶庄宣统三年（1911年）岁次辛亥年黄山收茶草谱》《中华民国元年（1911年）淳安介号京庄记收支流水》《中华民国二年（1913年）介号京庄记洋溪收茶草登》等分析，其时吴氏家族来家乡收购茶叶，地点分别为樟村、更镇、航头、淳安、洋溪、黄山等地，其中少不了要与地方社会发生经济往来。所以，账簿中频频出现有关规费、摊派等项记载。如《泰昌发介号光绪丁未年（1907年）樟村银钱收支流水》《介号京庄宣统辛亥年岁（1911年）立樟村收支钱洋暂记流水账》：

（1907年）四月初五，支大钱一百文，严州府甲头。

（1911年）四月十九，支洋一角，严州府总丐头抽丰。

支小洋八角，严州府水庠门修庙捐。

查以上账簿所记地名，其中樟村、更镇、航头、洋溪，均属浙江省严州府境内；黄山属徽州府歙县。从这些地名可以看出，介号京茶庄收购茶叶，范围除安徽歙县黄山外，主要在浙江建德、寿昌、淳安县一带。歙县为徽州茶叶著名产地，且是吴炽甫家乡，介号京庄到此收茶，当仁不让，理所当然。而介号京庄将浙江视为收茶重地，分析原因有二：一是建德、寿昌、淳安县属新安江下游，毗邻歙南昌溪，所产茶叶为屯绿范围。取其水路交通之便，顺理成章；二是徽州境内茶号林立，竞争激烈，为节约价格成本，与其舍近求远，不如舍远求近，也是原因之一。

二 茶叶收购与生产、加工情况

介号茶庄的茶叶收购主要有三种方式：一是在樟村、洋溪、航头等地设庄收购，现存收茶流水账簿所记内容均为这种直接收购；二是靠茶贩中介收购，以先借资本，后以茶叶抵充方式完成交易；三是从其他茶号收购茶末、茶朴。

附表：《泰昌发淳庄光绪癸卯年（1903年）立暂记往来账》一览表[1]

茶贩姓名	借款时间及金额	商定条件	结果
方炳南	四月十三，付借去英（鹰）洋五十元。	以茶来归	十七日，收由伊子卖茶扣来英（鹰）洋五十元。
方德水	四月十二，付借去英（鹰）洋一百元。	言以茶归	收以茶还来莫（鹰）洋一百元。

[1] 摘自黄山市档案局（馆）收藏的民国年间《吴炽甫档案》。

茶贩姓名	借款时间及金额	商定条件	结果
杨云樟	四月十二，付借去英（鹰）洋一百元。	言以茶归	收付两吉。
刘瑞芝	四月十二，付借去英（鹰）洋一百二十元。	言以茶归	
洪善宝	四月初十，付借去英（鹰）洋一百元。	以茶来归	收以茶还来英（鹰）洋一百元。
方小妹	四月初十，付借去英（鹰）洋一百元。	言以茶来归	两清。
方狗狗	四月初八，付借去英（鹰）洋三十元。	以茶来归	收以茶还来英（鹰）洋五十元。
洪树奎	4月12日至22日，共借英（鹰）洋1300元。	言以茶归	共收来茶4578斤半，计洋1625元3角6分。
刘满金	四月初五，付借去英（鹰）洋一百十元。	言明以茶归	收来茶661斤，计英（鹰）洋218元1角3分。
吴百瑞	四月十二，付借去英（鹰）洋一百元。	言以茶归	收还来英（鹰）洋110元。
方榴仲	四月廿五，付借去英（鹰）洋共171元。		收茶合讫。
何子全	四月初五，付借去英（鹰）洋100元。	言明以茶归	收以茶还来英（鹰）洋100元。

介号庄生产加工人员基本是雇用本土茶工，其中男工居多，人数在20人左右，工资福利主要为工价、酬金、交通费等。据此分析，该号生产加工规模虽不算很大，但管理井然，开支规范，折射出徽州茶商市场经验丰富之一斑。

附表：《介号茶庄光绪二十七年（1901年）银洋钱收支总账》[1]

工人姓名	工价（文/工）	酬金	交通费	附加
庆妹	100文			
春林	130文			看货辛金10元
东茂	150文	酒钱500文	川钱英洋1元	英洋1元

[1] 摘自黄山市档案局（馆）收藏的民国年间《吴炽甫档案》。

工人姓名	工价（文/工）	酬金	交通费	附加
成福	150文	酒钱400文	川钱英洋1元	4角6分7
春生	140文	酒钱400文	川钱英洋1元	4角5分7
东华	130文	酒钱300文	川钱英洋1元	4角5分7
讨饭	120文	酒钱300文	川钱英洋1元	3角7分4
招财	110文	酒钱300文	川钱英洋1元	3角7分4
八桂	100文	酒钱200文	川钱英洋1元	3角7分4
得	120文	酒钱300文	川钱英洋1元	0
恒昌	120文	酒钱300文	川钱英洋1元	3角7分4
来富	100文	酒钱200文	川钱英洋1元	3角7分4
隆贵	100文	酒钱300文		照应存货
星星	120文	酒钱400文		照应存货
吉祥	130文	酒钱300文	川钱英洋1元	4角6分7
友光	120文	酒钱300文	川钱英洋1元	3角7分4
楼基	110文	酒钱300文	川钱英洋1元	3角7分4
顺庆	100文	酒钱200文	川钱英洋1元	3角7分4
麒麟	100文	酒钱200文	川钱英洋1元	1角8分7
桂顺	100文	酒钱200文	川钱英洋1元	3角7分4

备注：上表中英洋均为鹰洋。

附表：祁门县绅商胡廷卿雇用工人劳动，历年工价表[1]　　单位：文／工

农业雇工			工匠						
掘茶棵地	浇粪	烧炭	裁缝	桶匠	竹匠	灶工	砖匠	木匠	锡匠
60（女工）	60	60	50	60	60	60	70	70	80

从上表中可以看出，其时茶工日工资不仅高于农业雇工，甚至高于锡匠、木匠、砖匠等技术型雇工。据此分析，可见茶业经济地位相对较高。尽管如此，茶工收入仍难改变穷困的生活状态。如《泰昌发淳庄茶号光绪三十年（1904年）夏立收支流水》载：春林常年受雇，每年均有一定的收入，但因病去世后，竟贫不能具棺木。由此反证出当时社会的

[1]　摘自黄山市档案局（馆）收藏的民国年间《吴炽甫档案》。

整体经济状况，以及底层民众生活状态：

四月廿七，支英洋十八元二角，杂支。因春林在杭起病回徽（州），在途病忽剧，于淳（安）邑雇舟赶家用。

支英（鹰）洋十元，杂支。春林故后，贫不能具棺木，殊甚悯恻。在号十余年矣，无大功而亦无过，因此恤之。

三 茶叶运销情况

《吴炽甫账簿》中记有大量茶叶运销方面内容，既有贩运路线，也有沿途开支的整体数字，更有各种税费缴纳情况，还有许多茶品花色名目。通览这些数据和名称，其中不但迭现出近代徽州茶商业茶种种经历，尤其折射出五口通商后中国茶叶销售面貌之一斑，对于我们今人了解认识那个时代茶事风貌，颇有帮助。

（一）贩运总体开支

徽州茶销往京津及北方地区的，俗称京茶。其贩运线路，在清中叶以后，由于海运开通，茶商大多沿新安江东下，抵杭州，再经内河到上海，然后从吴淞口坐海轮直抵天津、北京等地（参见张海鹏、王廷元：《徽商研究》，安徽人民出版社1995年版，第238页）。吴炽甫的介号茶庄基本以京津及北方地区为销售市场，其茶叶运输路线多与他商相似，小有不同。如《一路福星光绪十七年（1891年）五月初六日吉立泰昌发淳庄支用草账》记载，该批茶沿新安江而下，转运至宁波，后经海运抵达销售市场：

光绪十七年（1891）五月初六日吉立泰昌发茶庄水脚账。

支英（鹰）洋廿五元，付顺招（船户）船力（淳安至义桥）。

支英（鹰）洋一元七角，至义（桥）饭钱。

支英（鹰）洋八角，给至义（桥）船酒钱。

支英（鹰）洋二百三十元四角四分六，东关起捐。

支英（鹰）洋十三元八角九分二，义（桥）至曹（娥）船力。

支英（鹰）洋三十六元，曹（娥）至甬（宁波）船力。

支英（鹰）洋一角，挑担至百官，驳船至长坝。

支英（鹰）洋一角，甬北卡盖印。

支英（鹰）洋二百十元，水脚至闽（福州）。

支英（鹰）洋八元四角五分，闽栈用。

支英（鹰）洋三元八角六分，闽上下力。

另在《大昌京庄茶号光绪乙未年（1895年）立尖朴三角账》中，不仅详细记载从屯溪出发，经深渡、街口、威坪等地所纳的厘金、捐税，以及从义桥至曹娥、曹娥至宁波的运费，由宁波至天津的关税、运费等开支，还具体统计了沿途各地的各种开支，如“屯（溪）至深（渡）税脚各款用费”“深（渡）至义（桥）税脚各项花销”“义（桥）至甬（宁波）船力各项花销”“甬（宁波）至（天）津关税各项花销”。

介号庄之所以选择由宁波运茶出海，分析原因有二：一是据王列辉《近代宁波港腹地的变迁》载，光绪年间（1875～1908年），因清政府在杭州经嘉兴到上海的途中，设卡征收浙江塘工捐银，所经之茶每引须纳银五钱。而宁波无海塘捐，且关税和仓租较低，各类运输费用也较便宜。为降低成本，徽州茶商不惜绕路改道，不经杭州，改走绍兴内河，过余姚，抵宁波，再换海轮运茶上海。这一改道，平添许多麻烦。歙县知县何润生在光绪二十三年（1897年）《茶务条陈》中说：“惟走绍兴内河，抵义桥，搬运过塘，到曹娥过坝，不数里又百官坝，数易其船。由百官至余姚，复有和清、横山、马车、陡门等堰，始抵宁波。”另据考证，徽州茶商改走此线，起自同治五年（1866年）。

二是对于徽州洋庄茶来说，茶叶由宁波转运至上海，交卸茶栈，茶叶贸易基本结束。而介号茶庄经营基本为本庄茶，内销北方，除部分直运天津销售外，大批绿茶尚需运至福州，经二次加工为花茶，后再运北京等地。缘此，介号茶庄更关注南北航线交通是否便利。宁波港地居东部海岸中端，是南北货运最大中转码头，南连福州，北接天津，海运十分方便，尤其宁波是五口通商后新辟口岸，海运业务基本控制在英、美等国航运公司之手，不仅航期稳定，办理茶叶运输保险业务，安全可靠，且地方捐税少，运费较低。故徽州茶商多走此道。

另据《吴炽甫账簿》载，光绪二十七年（1901年）后，至民国八年（1919年），介号茶庄贩茶仍从杭州出海，运抵福州、营口、天津等地。其中光绪二十七年（1901年）账中“淳（安）至杭（州）税力序”类目，记有淳安运茶至杭州的运费和税捐开支，“杭（州）至闽（福州）税力序”类目，则记录运茶至福州的关税、运费开支。宣统三年（1911年）账目除记录黄山至鱼梁、深渡、威坪至杭州的开支外，还具体记载“杭（州）至闽（福州）税力”“杭（州）至营（口）税力”“杭（州）至（天）津用”。分析介号茶庄运茶路线之所以弃宁波，改走杭州出海的原因，很有可能是光绪二十二年（1896年）杭州正式开埠，设杭州海关，外运方便，同时浙江巡抚宣布豁免塘捐。由此可见，制度与政策的变动，也导致徽商运茶线路变化。

从介号庄账簿所记资料看，杭州出关税率、保险费、运费等，均比宁波价格低廉。其中账簿载，宁波海关茶叶出口税率每百斤税银二两，平安水渍保险每千元保费7元5角。据《一路福星光绪十七年（1891年）五月初六日吉立泰昌发淳庄支用草账》《大昌京庄茶号光绪乙未年（1895年）立尖朴三角账“二十二年（1896年）正月廿八”》《大昌京庄茶号光绪乙未年（1895年）立尖朴三角账“二十二年（1896年）正月廿八”》和《黄山介号京茶庄宣统辛亥年（1911年）吉立收支流水总账》所载支出：

光绪二十一年（1895年）：

支英（鹰）洋571元8角8分，出口正税。闽共货193篓，每合关秤85斤零四十，共16445斤，（每100斤税）2两2钱5，合纹370两1钱5。申江银10583，合291两7钱，46合洋571元8角8分。

支英（鹰）洋15元，保险二千元（每千元保费洋7元5角）。

光绪二十二年：

支英（鹰）洋202元3角6分8，付甬出口关税，共50件，每件关秤132（斤），每100斤捐库平银2两。

支英（鹰）洋7元5角5分6，付甬至津保平安。保本洋一千元，每千元保费洋7元5角。

1896年杭州开埠后，杭州海关关税、保险费等均较宁波关低廉，如账簿记载：

辛亥年（1911年）：

支英（鹰）洋53元5角9厘，由杭（州）至闽（福州）税力等。（茶叶）1653斤，24件。

正税每100斤（税银）1两……（合）申洋25元2角9分6。

顿位31尺……每吨洋60，合洋19元8角3分6。

保安估本元500两，每（千元保费）3两，计元1两8，（合洋）2元5分5。

支英（鹰）洋39元1角2厘，由杭（州）至营（口）税力。（茶叶）1216斤。

正税每100斤（税银）1两2钱5……（合）申洋23元2角6。

保安本元6两……合洋2元4角6分6。

支英（鹰）洋18元9角4分8，珠三角七件一另，由杭（州）至（天）津用。（茶叶）540斤。

每100斤包运至（天）津，税力在内计元2两2钱……合申洋17元1分5。

保安本元银100两，（每千两保费）3两，合元9钱，137合洋1元9角3分3。

虽然光绪二十七年（1901年）账簿所记杭州海关关税、保险费等，与宁波相同，但省去走宁波的运费，仍为节省成本。至民国初年（1912年）后，杭州海关关税、保险费等，虽沿袭晚清标准，然仍低于宁波。如《黄山介号京茶庄民国二年（1912年）吉立收支钱洋总流水》载：

支英（鹰）洋94元3角1分2，杭（州）至闽。过祥泰恒毛茶57件，计净重3304斤。

正税每100斤纹1两……合洋50元5角6分2；水力每100斤洋1元，合洋33元4分；保安估本元一千两，（每千元保费）3两，合元3两，1.37合洋4元1角1分。

支英（鹰）洋51元8角5分6，杭（州）至营（口）。过祥泰恒花茶19件，另计净重1379斤半。

正税每100斤纹1两2钱5……合洋26元5角3分3；水力每100斤1两5分，合元14两4钱8分8，1.37合，19元8角4分5；保安估本元700两，（每千两保费）3两，合元2两1钱，1.37合洋2元8角7分7。

支英（鹰）洋3元1角6厘，杭（州）至（天）津。过东兴源毛茶3件，计净重120斤。

正税每100斤纹1两……合洋1元8角3分3；水力每1C0斤洋1元1角，合洋1元4角4分；保安估本元80，（每千两保费）3两，合洋3角2分9。

另外，虽浙江巡抚宣布豁免塘捐，实际仍在继续收取。如民国六年（1917年）账簿载“支英（鹰）洋144元6角4分8，仝（淳亖杭税力），塘工捐。每100斤洋6角”；又如民国八年（1919年）账簿载，介号茶庄头驳、二驳、三驳茶叶，由淳安运至杭州，支付“大洋209元6角1分，塘工捐。每100斤洋6角”“支大洋29元5角8分，塘工捐。每100斤洋6角”“支大洋32元6角4分，塘工捐。每100斤洋6角”。由此可见，徽州茶商走杭州关出海，尽管有制度与政策的原因，但最主要还是杭州关税、保险等价格有优势。

《吴炽甫账簿》所载有关运茶开支情况，到晚清民国时期，开始出现新变化，其中出现诸如过塘行、报关行、保险、走火车等字眼儿。如《中华民国六年（1917年）洋溪介号京庄逐日收茶草谱》载：

发运

头驳钱满儿船装，四月十六日。

芭茶四件

莲蕊十一件

明前十六件

雪蕊九十六件

四宗共计一百二十七件……共计净茶一万零七百九十五斤。

以上之货运杭（州）过姚君纶转锦裕隆报关行料理出关，代保平安、水渍险银四千两，即运福州同德茶庄查收。

二驳钱满儿船装，五月初三日发。

雀舌七十件

雨前一百四十件

二宗共计二百十件……计净茶一万七千八百五十斤。

以上之货运杭（州）交公昌和转锦裕隆报关，转运闽省同德茶庄收。托平安、水渍险银六千五百两。

三驳钱满儿船装，五月十六日开。

极品六十五件

贡品六十二件

提品六十五件

北源雨前十三件

北源极品十件

五宗共计二百十五件……共计净茶一万八千二百七十五斤。

以上之货运杭（州）姚君纶转交恒义公料理出关，（代办）保险平安水渍银两，转运福州同德、馨昌查收。

四驳钱满儿船装，五月廿七日。

珍眉二件

秀眉十一件

先春一百一十二件

三宗计一百二十五件……共计净茶一万零六百二十四斤。

以上之货运杭（州）交公昌和转恒义公料理出关，（代办）保险平安水渍银两，转交同德查收。

又装茶末十件

运杭（州）公昌过塘转恒义公转运天津惠吉亨茶栈查收。

又装拣朴五十二件、茶末十四件、粗茶五件

运杭（州）交姚君纶过塘行收。

从上述记载可知，介号庄将需贩运茶叶首先交钱满儿船户，运至杭州，再经姚君纶或公昌和过塘行搬运，抵杭州海关码头，又委托锦裕隆或恒义公报关行，履行报关、受验货物、缴纳关税、办理平安水渍保险等业务，最终才可通过海运抵达福州、天津等地，交付同德等茶庄。由于浙江地区江河纵横交错，且水位多落差，故交汇处多筑塘堤坝闸。这些设施阻碍船只进出，船只进出江河，必须转驳，这种驳运，即谓“过塘”。其中为商户提供驳运服务的机构，称过塘行。过塘行为浙江所独有，不仅享有货物过塘的专营权，也对承运货物负有事故保险责任，过驳期间发生货损货差，一概予以赔偿。而这些过塘行帮会色彩浓厚，历来就有徽帮、金帮、开梢帮和粮食帮之分。属徽帮的过塘行多由徽州人经营，凡皖南所产茶叶、生漆等土货，都归他们转运。显然，介号庄茶叶交付的姚君纶、公昌和过塘行应为徽商开设。

如果说过塘行出现于明清时期，属于传统服务行业的话，那么报关行则是近代出现的新型服务业，尤其是五口通商后更为流行。报关行是为商户办理海关报关手续的专业代理机构，它的产生与近代海关制度密切相关。据文献记载，杭州地区报关行都集中于拱宸桥附近，按照海关规定，所有商船进出开放口岸，均须向海关报关、受验，并缴纳关税。报关手续分进口、出口和转口三种，不管属于哪种报关，货主只要将货物提单交给报关行即可。在其后的报关手续中，所需关税、附加税、保险费、装卸搬运费，乃至船运费，均由报关行垫付。介号庄账簿所记支付锦裕隆、恒义公报关行的出口税、水脚费、保险费等，即是这一制度的具体反映。五口通商后，徽州茶商外运茶叶情况于此可见一斑。

（二）各种税费开支

再看各种捐税开支在茶叶价格中的比重。

从《吴炽甫账簿》所记运茶开支可以看出，运输成本较高，甚至超过茶叶生产加工成本。如光绪二十一年（1895年）运茶6000斤，收购加工成本共244.044元，该批茶由屯溪运宁波，经宁波海运至天津，各种运输费用开支共506.205元。运抵天津的茶叶，总成本达750.249元，其中运输成本占67.47%，茶叶价格已被推高3.25倍。又如光绪二十七年（1901年），运茶66902斤，收购加工成本13796.3元，该批茶由淳安运至杭州，由杭州出海至福州，各种运输费用开支为6083.319元，总成本达19879.619元。虽然运茶路线已从宁波改为杭州，节省部分费用，且杭州关税、运费也较宁波低廉，但整个运输费用仍占总成本的30.6%，可见高昂的运输费用无形中推高茶叶价格。

具体分析茶叶运输成本偏高的原因，税捐过重是主要因素。详情可见下表：

附表：税捐、船费、保险等开支在运输成本一览表　　单位：元[1]

时间	内河运茶			小计	海运茶叶				小计
光绪十七年	淳安至宁波			330.662	宁波至福州				818.99
	税捐	舟力	伙食		正税	水脚	保险	其他	
	239.47	84.992	5.9		571.88	210	15	22.11	
	72.42	25.7	1.79	100	69.83	25.64	1.83	2.7	100
光绪二十一年	屯溪至宁波			192.928	宁波至天津				313.277
	税捐	舟力	人工		正税	水脚	保险	其他	
	126.64	31.2			202.368	93.771	7.556	0.547	
				100	64.46	29.93			100
光绪二十七年	淳安至杭州				杭州至福州				
					正税	水脚	保险	其他	2867.998
					199	751	59.9	65.5	
					0.637	837	31	93	
					69.41	26.21	2.09	2.29	100
	屯溪至杭州			146.884	杭州至福州				53.509
	税捐	舟力	其他		正税	水脚	保险	其他	
	81.772	40	25.112		25.296	19.836	2.055	6.322	
	55.67	27.23	17.10	100	47.27	37.07			100
					杭州至营口				39.102
					正税	水脚	保险	其他	
					23.26	13.376	2.466	0	
					59.4	34.20	6.30	0	100
					9				

除上表数据可证外，另有些账簿所载内容也颇具说服力。如《一路福星光绪十七年（1891年）五月初六日吉立泰昌发淳庄支用草账》载：该年从淳安运出茶叶218件，抵宁波后，再海运福州。沿途开支大体可分为内河运茶成本、海运运茶成本两类。一是由淳安至宁波的内河运茶，共开支330.662元，其中支付船户舟力84.992元，占总开支

[1] 摘自黄山市档案局（馆）收藏的民国年间《吴炽甫档案》。

25.7%；伙食开支5.9元，为总开支1.79%，东关捐税239.47元，占总开支72.42%。由此数据分析，捐税比重较大；二是从宁波出海运茶福州，总共开支818.99元，其中正税571.88元，占69.83%，水脚运费210元，占25.64%，保险费用15元，占1.83%，其他开支占22.11元，占2.7%，由此数据分析，税赋仍是运茶成本最主要部分。

又如《大昌京庄茶号光绪乙未年（1895年）立尖朴三角账》载，该年从屯溪运出茶叶50篓，计6000斤，价值244.044元。抵宁波后，再海运天津。由屯溪至宁波的内河运茶开支中，屯溪至深渡“税脚各款用费”14.704元、深渡至义桥“税脚各项花销”161.724元、义桥至宁波“舟力各项花销”16.5元。三段合计192.928元，其中茶引、厘金、捐税多达126.642元，占运输成本的65.64%，成为最大成本开支。而从宁波出海运茶至天津的“各项花销”313.277元中，关税202.368元，占64.80%，水力93.771元，占29.93%，保险费用7.556元，占2.41%，其他9.582元，占3.05%，从中可以看出，关税是海运茶叶成本的主要开支。

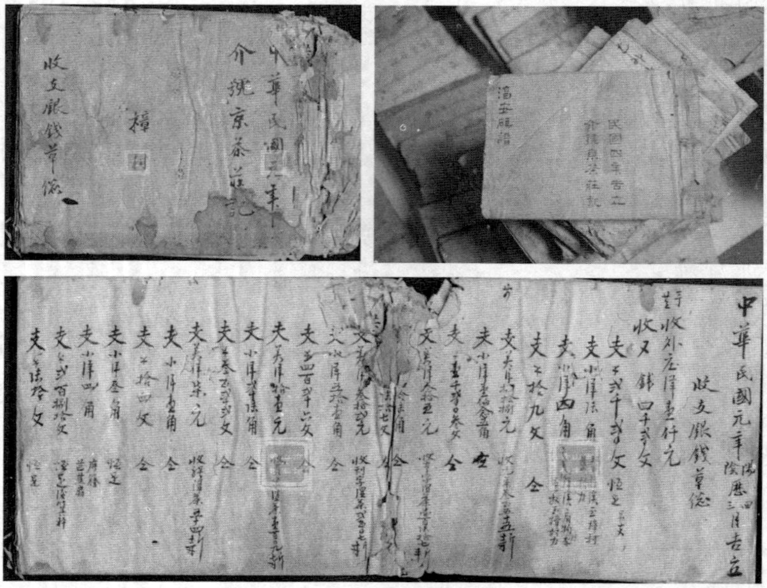

吴炽甫账簿

第六章　吴炽甫家族产业

一 家族发迹史

最早记述吴炽甫家族经商的史籍为民国《歙县志》，该书卷八载："吴永评，字衡品，昌溪人，少贾燕京，四世同堂，捐金修建会馆及置义冢"，系徽州进京经商先驱者之一。据考，吴永评为昌溪吴氏家族22世孙，清乾隆初（约1736年）随族人进京谋生，先当伙计，学做茶叶生意，后创办茶庄。据传，地址在东四北大街，茶庄有3家，为后来京城老字号吴德丰茶庄前身。永评凭勤奋和努力，生意逐渐兴旺发达，且在京积极投身公益事业，先后参与修会馆、置义庄等活动。

永评创办的茶庄，后由长子吴大烈继承。大烈不幸英年早逝，交长子吴广厚接班。广厚为吴氏24代，生于乾隆三十六年（1771年），17岁进京，一面学习经营，一面苦研经书，后考取登仕郎，覃恩敕封儒林郎，官职候补布政司理问。同时在京经营茶庄，事业发展很快，资产宏大。后回乡大兴祠堂、建德裕堂大宅和祖坟等，于道光二十一年（1841年）卒。其弟广实、广绿，在北京也有自办茶庄。

广厚生五子，为吴氏25代，均在京城经营茶叶，其中长子吴锡棵敕封登仕郎、儒林郎、覃恩封员外侍郎；次子吴亦辉生于嘉庆十二年（1807年），卒于咸丰九年（1859年），毕生从事茶叶、典当、地产等生意，常年奔走于京、徽两地。在京城拥有多处茶庄，其中以吴记永和、吴记丰聚最负盛名，以及拥有东四北大街护国寺小帽胡同二号住宅和石榴庄豪华四合院，在通州也置有庄园和地产等产业。同时在家乡昌溪建有德望堂宅院；三子吴易棋敕封儒林郎、覃恩敕封朝仪大夫；四子吴亦炜，即炽甫父，官布政司理问衔，诰封儒林郎，封朝议大夫，继承父业。兄弟几人团结经营，一生事业宏丰。据传，按当时清廷规定，汉人在京都内城经商极少，而吴家兄弟开设的吴记永和茶庄，为内城仅有的4家汉人商号之一。其中以四子亦炜最善经营，道光二年（1822年），在京东四北大街27号创办吴德丰茶庄，广结人缘，与歙籍茶商联系频繁，尤其与三阳、杞梓里、蟠溪乡亲往来最多，因生意关系，大都结成姻亲。其中杞梓里人吏部右侍郎王茂荫，属马克思《资本论》中提及的唯一中国人，也将积蓄300银两储于吴德丰茶庄，每月收取8厘利息做子孙求学费用，其账务往来凭证至今仍存。

亦炜生五子，依次为炽甫、传甫、仁甫、行甫、神甫，均在京经营茶叶。亦炜56岁谢世，由杞梓里夫人王善娣主持分家，除留4000银洋和一店铺做祭祀用外，其他家产均作为资本，继续经营茶业。炽甫为长子，其时25岁，另立茶庄，开始独立经营。

吴炽甫为吴氏27代，字世昌，又名全庆，道光二十六年（1847年）生于歙南昌溪，卒于民国十八年（1929年）。少年时开始辅佐父亲打理茶务，在德丰茶庄学徒，主要承担南茶北运任务。父逝分家后，独立营茶。一方面，了解到关外蒙古族爱喝砖茶，遂大购砖茶，销往内蒙古各地，收益颇丰；另一方面，积极拓展内地市场，在徽州设吴介号、泰昌号等，专收黄山毛峰、老竹大方、屯溪绿茶等。当时购茶是一山一山收购，茶商看山议价，定好茶价才开始采摘。炽甫在茶商中最具名气，以致民间流传："吴家不去茶山，茶价就开不出来。"炽甫除经营传统茶品外，同时大制花茶，其中少量在歙县琳村吴介号、江苏南京窨制，大部分则运福建福州加工。福州同德窨制厂为炽甫自建的最大花茶厂，除承担来料加工外，同时就地大量购茶窨制，然后运往天津、营口等地批发。为解决南茶北运速度缓慢难题，炽甫审时度势，专购两艘小火轮，改旱路为海运，既保茶叶质量，又缩短时间。同时在天津北门外大街路东购楼一座，做茶叶批发站，以运茶于营口、北京等地作为中转。其中仅分销到京都茶店，就有西单北大街吴恒瑞、吴祥瑞；东四北大街吴星聚、西四北大街吴源成、宣武门外菜市口大街吴德润、地安门外吴肇祥、护国寺吴源成等。为扩大销路，他另在张家口设吴德祥茶庄、宣化设吴德裕茶庄。炽甫经营茶叶是集收购、加工、窨制、批发、零售于一身，网络齐全，分工明确，布局合理，规模宏大，市场范围遍及皖、浙、苏、闽、赣、鄂、冀、辽、京、津诸省市，为歙籍最大内销茶商。因业绩卓越，乃至创造出"北京茶叶吴"的超人口碑。所谓"北京茶叶吴"，一般泛指歙南昌溪吴姓在京营茶者，其中到吴炽甫这一代最为兴旺，出类拔萃，声望最高。据20世纪50年代北京茶叶商会登记册载，其时京都有茶庄数百家，然从清乾隆九年（1744年）一直坚持到1949年，时跨二百余年者，唯有吴德泰。尤其吴炽甫时期，在京开设茶庄多家，社会影响特大，致"北京茶叶吴"名声大震。

吴炽甫生四子。据传，分家析产时，四子各分现金50万银圆，另得店铺分户经营。其中长子金如得吴肇祥茶庄，次子竹如得汉口房业，三子福如得吴祥瑞、吴源成、恒瑞茶庄，四子纯如得吴德润、吴星聚茶庄。

吴氏28世业茶杰出者有吴云钜（福如）、吴云釮。其中云钜为炽甫四子，生于光绪八年（1882年），卒于民国二十九年（1931年），曾为清翰林院供事官。其主营茶叶、盐业生意，在京有吴恒瑞、吴祥瑞、吴成源等茶庄，在张家口有吴德祥茶庄等；吴云鈜为炽甫侄子，生于光绪四年（1878年），1967年去世。年轻时随父奔走各地码头，并常在歙南收购绿茶，运福建窨制花茶，后运京销售。在京经营吴德丰茶庄，后又创吴德一、吴瑞春茶庄。抗战爆发后，吴家店铺多倒闭，唯吴肇祥茶庄尚存。

29世业茶杰出者有吴成灏、吴成渭、吴成洛，其中成灏为炽甫之孙，清光绪二十四年（1898年）生于昌溪，1985年在京逝世。成灏一生从事茶叶生意，在京经营吴肇祥等茶庄，在宣化经营吴德裕茶庄。其中吴肇祥号一直维持到1956年公私合营，转为集体企业，改革开放后恢复且沿用至今，是吴氏家族目前唯一幸存老字号。吴成渭为吴云鈜长子，即炽甫侄孙，生于光绪二十八年（1902年），1928年去世。其多年随父在福建经商，主要负责窨制花茶。吴成洛为吴云鈜次子，光绪二十九年（1903年）生，1973年逝世。年轻时随父在京经营吴德丰、吴德一、吴瑞春茶庄，1956年公司合营后，在中国茶叶公司供职。

二 吴炽甫其他产业

逐渐发达兴旺的昌溪吴氏家族，在茶叶生意获得成功后，开始将目光转向其他产业。

吴氏家族最早将资金用于他业的，是在乾隆三十八年（1773年）。其时，22世吴永评决定捐款修建北京歙县义园。他牵头召集歙籍茶庄187家、茶店39家、银楼6家，号召大家有钱出钱，有力出力。同时订立《条例》：茶庄每年输银二两，茶店每单门输银二钱，银楼每年输银五钱。章程议定，他率先行动，至于具体捐款多少，因史料缺乏，难明究竟。然有一点可以肯定，既为领头人，数量当不少。缘此歙人许承尧在《歙事闲谭》中记叙义园捐款时，给予了充分肯定：“取于茶商者多”。虽然这种投资很大成分属公益性质，但为吴氏家族首倡，也算头功。

27代吴炽甫传承祖上勤奋创业的基因，将茶业做到极端辉煌，决定转型发展。其最初的华丽转身，是在民国初年（约1913年）。其时炽甫取120万银圆，在江苏扬州创办了协和、利通两家盐庄。扬州自明代以来，盐业多为徽州人掌控。以致坊间流传说法：扬州是徽州的殖民地。炽甫凭借乡亲族谊，加上自身努力，几年间便赚得盆满钵满。

茶盐生意大赚其利后，吴炽甫又将视野投向武汉三镇中的汉口。史籍云：“当江汉交汇之处，水道之便无它埠可拟，循大江而东，可通皖赣吴越诸地，以直达上海；循大江而南，可越洞庭人沅湘，以通两广云贵；西通荆宜巴蜀……所谓九省通衢也。”如此吴楚贸易重镇，为天下货物聚买的第一大码头，自康熙初（约1662年），徽商到此经营特多，行业也十分广泛，特别在盐茶典米布药6大行业，占据极其重要地位，其中尤以盐茶典最为活跃。发迹后的徽商，不但在汉口闹市区建起新安会馆，栋宇宏敞，形成中心。久而久之，大量徽商在这里置买店铺，扩充道路，由此衍生出新安巷、新安街。乃至武汉流传民谣：哪怕你湖北人刁，徽州人买断你汉口的腰。

吴炽甫决定涉足汉口，其实早有深谋远虑。他独辟蹊径，没有选择徽商传统产业，而是改为房地产。首先出资10万两白银，购买下一条街的店铺，包括福祥里、太和里、松荫里在内的3处房产，同时雇用4人专门管理，坐收利租。取得效益后，又在汉口办起牙刷厂和百货公司，同样一举成功，取得骄人业绩。

此后，他又在上海设立办事处，将事业推向峰巅。至20世纪20年代，经吴炽甫一手打造的吴家商业帝国，总资产已达千万银圆，据传仅北京的美国花旗银行，其存款就有600万元，一跃而为赫赫有名的民族资本家。在家乡歙县，人们则尊称他为“炽甫老大”，昌溪族人则称他“百万家私吴炽甫”，号称歙南首富。

三 吴炽甫其人

吴炽甫幼年勤奋好学，很早便考取翰林院供事官，议叙即补未入流，封四品封典。步入社会，开始经商后，勤俭持家，吃粗茶淡饭，穿布衣鞋袜，睡木板小床。其吃苦耐劳家风，代代相传，乃至后人每每以故事传授教诲：炽甫经商从歙县到杭州需一周时间，每天每餐仅以一咸蛋当菜，有时甚至只吃一点咸菜。即使经商成功，身为歙南首富后，他做人仍保持低调，不显富，不露贵，从外表完全看不出他是富甲天下的大贾。据说，某次他与管家到歙南深渡办事，接洽者见来两人，一个衣着朴素，一个穿着讲究，于是接洽者视前者如未见，对后者毕恭毕敬。后者急忙介绍前者：“这才是我们的大老板。”还有一次，炽甫去一丝绸庄看布料，店主见来者貌不惊人，衣着一般，便说：不要看了，这些布料你是买不起的。炽甫听罢，有些生气，于是回家取来银子，一把将整个布庄全买了。类似故事颇多，在昌溪均为笑谈。

吴炽甫对己严格，艰苦朴素，然继承先世优秀传统，对人慷慨仗义，乐善好施。他每次从京城回家，都要携带大量诸如万应锭、午时茶等药品，村人有伤风感冒、头疼脑热，都可到他家取药治疗，分文不取。同时，他热心公益事业，曾捐资4000银圆重修昌溪石桥，购田地100亩，以地租资助族内穷苦人家就学。民国二十三年（1934年），又与京都族人吴承仕、吴良臣共办私立复兴小学。校址设村中吴氏员公支祠内，聘教师10多人，开办初学生达百余人，后规模与日俱增。学校对家境贫寒子女，一律免学费；对品学兼优者，还资助读中学。同时积极贯彻陶行知教育思想，认真实践教、学、做相结合理论。且使学校成为抗战时期秘密联络处、宣传站。

炽甫本想在故乡安度晚年，后因京城儿子分家遇难题，意欲进京。恰此时有人报告说，有盗匪因他家有钱，名气在外，打算绑架他，以要挟钱财。昌溪本山地偏僻，治安难持，他闻讯后，连夜起程赴歙进京，以致民国十八年（1929年）春逝世于京，享年83岁。临终所睡仍是三木板、两铁架搭就的小床。去世后，原打算运棺木回昌溪落葬．后因兵荒马乱，暂寄北平法源寺中，最终落葬于福田公墓。

吴炽甫以超前理念，教育和培养后辈。他认为儒商应互济，家族当与时代共进，以此引导子女成长和择业。其四子二女中，除第四子毕生传承父业，继续经营茶叶、盐业、房地产和百货业外，其他后代子孙均接受现代教育，走科技和教育之路。至21世纪初，其后裔中以从事教育、医疗职业者居多。

第七章　江耀华文书档案

一 芳坑江氏家族

从古城歙县往南15公里，新安江畔有个古镇叫薛坑口，从薛坑口再向西南行进1.5公里入山，山坞间有一秀丽山村叫芳坑，便是江耀华家乡。

与古徽州许多古村一样，芳坑群山环抱，物产丰富，历史悠久，民风淳朴。本属名不见经传的小村，然自20世纪90年代末，随着村中数千件徽州茶商文书档案浮现于世，这里的江姓家族引起人们关注。久而久之，江氏茶商成为芳坑的代名词，日益爆响。芳坑古村也逐渐走出被历史尘封的岁月，名闻遐迩。

（一）江氏由来

追溯芳坑江氏之由来，其本属中原望族萧氏。据《芳坑江氏宗谱》载：吾宗侍中彪迁东海兰陵，越十八世，衍公为梁武帝。厥后，至遘公为唐僖宗贤相，生六子。仲子祯公为柱国上将军……易姓避歙之篁墩，于是有萧江之称焉。意思是说，芳坑江氏，始于商朝微子，微子后代中有一支封于萧，遂以国姓，世居于丰沛之间。唐末黄巢起义时，后裔萧祯领兵讨伐，来到歙县篁墩。因属渡长江而来，便指江为姓。江氏入歙后，子孙繁衍于江南各地，代代发展，不断壮大。据史料载：其中长子董，迁婺源皋径（今属江西）；次子威迁衢州开化（今属浙江）；三子郑将萧祯之墓迁歙之溪南，并在此定居，由此形成江南萧江的三大流派。

歙县萧江经多年发展，后成为当地一大姓氏，人丁兴旺。其中长子董的第10代千六公，于南宋淳祐年间（1241~1252年），举家迁歙南芳坑。关于千六公迁芳坑原因，据《芳坑江氏宗谱》载：千六公名斗，字应枢。淳祐年间（1241~1252年），曾在芳坑设馆教书。因衢饶一带发生水灾，流民草寇常在其老家出没，烧杀抢掠，致使居家不安，于是将家眷暂迁芳坑，在蒙童馆内依馆而居，后与芳坑一户很有势力的金家有了结交，金氏以女配其子，缘此千六公便做出了举家定居芳坑的决定，千六公因此也成为芳坑江氏始祖。

（二）江氏业茶经历

经过一代代的生息繁衍，入明以后，随徽商逐渐兴起，芳坑江氏家族不再满足于教童馆的微薄收入。从明中叶起，江氏开始带着包袱雨伞，走出芳坑，走进了茫茫商海，成为徽商队伍中的一员。据《萧江氏家谱》载，萧江氏最早生意是做到今浙江兰溪西北地区的，其人是芳坑江氏第24世江天稳。江天稳，生于明万历六年（1578年），卒于明天启七年（1627年），由此推算，他经商时间大约在明万历中后期。江天稳走出芳坑，为后来江家氏族的观念转变带了好头。譬如天稳之孙江可涧，生于清顺治十六年（1650年），卒于清康熙五十一年（1712年），其传承祖业，在坑口赤土岭肩挑人担，走贩于乡村间。再如可涧之子江梦梧，生于清康熙三十六年（1697年），卒于清乾隆八年（1743年），同样继承父业，经商贸易，使生意有所发展。梦梧生二子，长子叫起焕，生于清康熙十一年（1733年），卒于清乾隆四十一年（1776年），其贩运茶叶泛海辽东，经历十年，由锦州至北京，陆路到家，开创了江氏茶叶贸易。次子叫起辉，生于清乾隆二年（1737年），卒于清嘉庆四年（1799年），其在本地赤土岭经营茶叶，业茶之外还经营酒店。至清乾隆年间（1736～1795年），江氏茶业初见规模，形成一定基础。纵观其成长历程，从经营方向看，江氏经商主要靠山吃山，以丰富茶叶资源为主打；从经营地域看，江氏茶商北起辽东、锦州、北京，南至上海、广州和长江南北诸省，甚至远销海外；从经营方式来看，其涉收购、加工、运销三环节，形成完整产业链。乃至多年后，江氏茶业达到鼎盛，涌现出不少茶商大鳄，其中起辉之孙江有科，以及有科之孙江明恒，最有影响。同时，在数代江氏人影响下，芳坑人也视外出经商为发家致富的绝佳途径，纷纷仿效。此后，史料中有关芳坑经商者，也就屡见不鲜了。

芳坑茶商最有名望者，当为江有科和其孙江明恒。其中，江有科，生于清乾隆五十七年（1792年），卒于清咸丰三年（1854年），字静溪；其子江文缵，生于清道光元年（1821年），卒于清同治元年（1862年），字绍周。父子连手，就地采购茶叶，经加工制作后运往广州，转销外洋。早期，江有科与儿子江文缵，在芳坑以江氏宗祠和自家住屋作门庄，另在漳潭租赁厅屋数间作分庄。他们从茶农手中收购毛茶，制成级别不同茶品，装入锡罐密封，再用彩画板箱包装运广东。其茶每箱30～40斤不等，每年产量200多担。从徽州运茶往广州，迢迢千里，十分艰难。据传运量最多一次，是五口通商后的道光二十六年（1846年），江祥泰茶号耗资8000多银圆，收购3万多斤茶叶，加工成箱后，由江文缵押运去广州外销。他先在歙县篁墩挂号，再运茶上溯新安江至屯溪。

在屯溪查验完税，雇船运至黟县渔亭，再翻越31公里山间小路到祁门。3万多斤茶叶，需雇挑夫三四百人，挑茶队伍绵延数百米，浩浩荡荡，场面十分壮观。从祁门再雇驳船、竹筏至江西饶州；从饶州改雇三板七仓船两只、六仓船一只，再运至赣州。赣州完税后，换乘安驳船六只，运抵南安。在南安再雇数百名挑夫、保镖，翻越巍峨险峻的大庾岭，进入广东南雄。从南雄换水路，经韶关抵达终点广州。全程1500多公里，途经550多个村镇、关卡，历时近两月，终抵目的地。沿途除面对急流险滩、崇山峻岭的自然险阻外，还要打点贪婪官员、勒索河霸，更要提防随时出没的盗匪。然一路顺达，风险全无。由此可见，其时江氏家族营茶经验，可谓炉火纯青。

据资料推算，到清道光中叶，芳坑江氏茶商的茶叶外销，已不是小打小闹，而是走向规模性经营阶段，成为炙手可热的商家。积攒家财万贯，有科便回芳坑大兴土木，建成两大院落，楼房高耸，雕梁画栋，取名静远堂，至今犹存。不幸的是，清咸丰元年（1851年）后，太平天国战事起，有科父子贩茶入粤道路中断，生意从此衰落。咸丰四年（1854年）五月，江有科于无奈中带两房姨太太自广州返回芳坑老家，自此一病不起，不久与世长辞。此后，江文缵继续从事茶叶贸易，同治元年（1862年），在押运茶叶外销途中，不幸发病，客死异乡。次年，其夫人汪氏亦病故，留下15岁的儿子江明恒，依傍两位姨祖母生活，不仅茶叶生意被迫停顿，且不得不靠变卖田园、抵押家产度日。

使江氏家族茶业起死回生，再度复兴者，是有科之孙江明恒。江明恒，字耀华，生于清道光二十八年（1848年），卒于民国十五年（1926年），自幼家道中落，但他聪明伶俐，弱冠后以字行世，经年累月，乃至耀华老成为名头，远近皆知。耀华的业茶之路，颇为坎坷。他先在屯溪一家茶号当佣工，执掌司秤一职。其聪明悟性和勤恳态度，深为老板赏识，很快升为账房先生。管账数年，小有积攒，耀华便离开茶号，自立经商。他起初在苏州拙政园附近开一小茶铺，铺名恒大。同治六年（1867年）夏季的一天，江苏巡抚李鸿章微服来到拙政园，见旁边恒大茶铺，整洁素雅，便进店小憩。耀华见来客举止不凡，于是使出浑身解数，殷勤接待，大博对方好感。当李鸿章问及茶叶行情时，耀华更是应答如流。李鸿章暗自惊喜，看出是可造之才，有心助力栽培，当即将耀华介绍给时为上海茶叶大亨的谦顺安茶栈老板唐翘卿。

茶栈是介于洋庄茶号和外国洋行之间的中介机构，不但负责对洋庄茶等级价格的把关，且行使放贷之责。谦顺安老板广东人唐翘卿，堪称大名鼎鼎，其开拓业务也正需与徽州茶商建立联系，今见李大人介绍江耀华前来，当然捧为上宾。耀华本性聪明，在唐翘卿的关照下，年方20岁的他很快从一个本小利薄的茶贩，一跃而为谦顺安茶栈红人，时间不久，茶栈便将放贷款事务，大多交耀华办理。耀华果然不负期望，件件办得圆满，短短几年间，后来居上，频频升迁，很快积下第一桶金。其时正逢徽州茶大肆走红，耀华看准时机，回到家乡，开起茶号。他经营茶号大都采用合资和贷资形式，而谦顺安老板唐翘卿便是其主要投资者。据史料载，从光绪二十五年（1899年）两家订立《庚子合约》来看，唐翘卿股本为4000两，江耀华股本为2000两，二人合资经营的谦顺昌茶号，若股本不足营运，还由唐翘卿提供贷款。耀华充分用此资金优势，将事业做得很大。从目前所存文书档案看，仅营茶机构名称，就有萃声和、永盛、源茂、萃馨和、永兴祥、永盛怡记、福生和、张鼎盛、德裕隆、福顺和、谦顺昌、谦恒泰、永义公、合兴祥、泰兴祥、德声和、萃声和、启源、裕丰祥等。这些茶号大多设在徽州洋庄茶集散中心屯溪，整体规模颇大，职工多达数百至千余人。其集收购、加工、运销于一体，每年收购茶叶，少则数万斤，最多达20多万斤，经营规模远超其父其祖，洋庄本庄兼营，内销外销并举，规模之大，业务之巨，名望之响，为当时其他茶商所难及。据现存文书看，仅清光绪二十八年（1902年），谦顺安茶栈为谦顺昌茶号代销茶叶，一单的成交量就达2176件，重92833斤，价银37716.6两。至于茶号收购网点，则是遍布徽州各地，甚至有少数远设浙江境内。如光绪二十八年（1902年）文书载，庄点就有24处，耀华由此一跃而为徽州茶商大鳄。

除茶叶生意外，江耀华还与其他行业有商业往来。从目前所存文书档案看，其所涉行业有油行、米铺、布行、漆店，以及中西药、托运寄存、代购箱箬等；所涉范围有上海、苏州、无锡、兰溪等地。至于这些行业规模多大，以及具体经营情况如何，因史料缺乏，不便妄自推测。然有一点可以肯定，即滴水折射阳光，徽商称雄商界300余年，芳坑江氏茶商于其中当为辉煌的一笔。

据胡武林《徽州茶经》载，江耀华不追求享受，生活简朴。其外出经商，随身只带一伙食箱，打开抽屉，里有小型风炉、锅碗米盐等。只要捡拾废柴，即可烧饭。如此低调人品，恰是徽商遗风。

二 关于江耀华文书档案的故事

芳坑江氏自耀华逝后，星移斗转，岁月变迁，经数代繁衍，约至20世纪90年代，后人中有一名江怡桐者，在歙县文物局工作。某日，其整理祖居老宅，无意间在楼梯下角落发现一只箱子。打开看，满满一箱竟全是祖上文书档案，密密麻麻，经他一层层打开，发现全是祖上江耀华辈经商的原始记录，有账簿单据、合同契约，来往信札等，记录详细清晰、门类完整。江怡稠稍作整理，足足有5000多件，时间跨越三百多年。这些原始记录本足以佐证昔日江氏家族数代经商的辉煌。怡桐文物意识颇强，深知此为祖传之宝，殊为珍贵，于是精心保管，妥为珍存。然其有3个子女，均当求学关口，因家计窘迫，迫于无奈，为供子女上学，必须筹措经费，他想到那批文书档案，经反复思考，毅然拿起电话，拨通歙县档案局，告知愿出售家中部分祖传经商文书，以解资金之急。歙县档案局长汪利，反应敏捷，当即约见怡桐，见所售文书，无论内容，抑或品相，均属一般，于是顺藤摸瓜，深入询问，很快弄清此批文书，大头在后，眼前所见，仅为冰山一角。汪局长立马将此事报告于市档案局。市档案局长刘文开，虽为行伍出身，见事也超前，当即叮嘱歙局，设法全部买下这批文书档案。然遭怡桐婉拒。理由是目前正在逐件整理，待弄清全部内容再说。后经双方多次磋商，最终在1999年黄山市档案局以1000元买下怡桐愿售部分，数百件，这批文书时间跨度为明万历三年（1575年）至民国三十八年（1949年），内容涉及土地契约、账簿、信函、票据等诸多门类。这也是当时市局一次性征集一个家族数量最多、门类最齐全的档案资料。临别局长巧设理由，借走怡桐手中新编《江氏族谱》一套，旨在方便后来联系。随后，刘文开局长亲自动手，就徽州江氏来源和徽州茶事历史展开研究。经艰苦摸索，最终搞清此江属于萧江派系，以及江耀华业茶背景，从而更懂此批文书档案之价，遂立下志在必得之决心。

再说江怡桐自《江氏族谱》被借后，如鲠在喉，始终牵挂，不时索要。多次无果后，又央求自己所熟悉的市直部门某领导出面，要求归还。市档案局见此状况，深知其爱心之切。同时获悉，其为供子女读书，近期已将祖传档案售出部分，然所售东西均为信札封皮、请柬名片之类，而内芯信文，以及各种账本之类，并未外售，由此看出其于文书感情，不但十分钟爱，且惜字如金，看来不会轻易出手。为此，市县档案局考虑，既然初心难成，留有遗憾，然也为文书保留有望，感到欣慰。如今良苦用心虽无果，但估计那批文书暂也无虞，于是决定改变策略：答应归还《江氏族谱》，同时提出想对文书进行扫描的要求。主意拿定，经与江怡桐商量，果然如愿。很快歙局愿望便落到实处，一举获得江耀华文书档案扫描件，共3000余件。事后，为妥善保管起见，歙局又先人一着，专门买来一套5节的铁皮档案箱，赠给江怡桐，同时叮嘱，务必要保存好这批文书档案。此为徽州茶商经营之证，价值连城，万不可毁坏和流失。怡桐当然点头承诺。至此江家、歙县和黄山市档案局，为保护这批文书档案，所生故事，成为佳话。2016年，黄山市档案局审时度势，经努力争取，将徽州茶商研究列为国家重点档案保护与研究项目，决定以《徽州历史档案与文化丛书》的形式编辑出版，江氏家族文书档案再次走进人们视野，引起关注。

自江耀华文书档案浮出世面后，很快引起史学界和徽学界关注，数年间，先后有北京、上海、香港等多地学者专家慕名而来，或提出查阅，或要求拍照，或意欲购买，各有目的，各提要求，但均被江家巧妙应付过去，并未使文书档案丝毫受损。其中笔者郑建新也曾经历一事，且记入自己的《玩茶年纪》中，乃至今日记忆犹新：那是2011年2月下旬，一位美国哥伦比亚大学姓刘的学生打来电话，说自己目前正在撰写太平天国与中国茶事方面的论文，看过不少我写的茶书，并问到我电话，其现在安徽，很想专程来黄山，与我见面，了解徽州茶情况，问我答应与否？我接此电话，虽感突兀，然考虑人家既为茶事而来，岂有推却之理，当即爽快答应。因为这是责任，不为自己，而是为徽州茶，甚至是为中国茶，营造一个国际性宣传推介机会，岂不是乐事。电话那头的美国刘，听我回复，大为高兴，说自己明天下午约三四点到黄山，网订的是如家酒店，届时等我。同时告知在芜湖找不到我出版的茶书，在黄山市可以买到吗？我回复：书店有一部分，但不全有，另祁红和松萝茶书我送你吧！他连声道谢。次日傍晚，我安排好晚餐，美国客人准时来到。这是位二十出头后生，瘦长个，儒雅风，见面我们互换名片后，其以半生熟中文与我交谈。经交流，知他是美国哥伦比亚大学历史系研究中国近代史的博士生，目前正在撰写论文，题目是“鸦片战争对中国茶叶的影响”。同时告诉我，其父母均是中国台湾人，自己在美国出生，因研究中国近代史，近年才学中文。并说他发现徽州茶很奇特，尤其鸦片战争后，发展迅猛，很想研究一番，去年11月曾来过黄山，这是第二次。上次去过歙县，说是访着江耀华后代，这是很有意义的个案，这次还将再找江家后代，且还要去祁门，了解有关祁红的历史，同时，问我有哪些第一手资料等？我拉其入席，说先吃饭再说，约半小时后，晚餐正酣，美国刘说，已与江家后人说好，今晚就要去看其祖上留下的史料。我很惊讶，考虑去歙路远，其路况陌生，夜晚不便，建议改日。未料他说已打听到江家后人住在屯溪某小区，随则问我那小区怎走，并说是自己想买江家资料，江家人说要付钱，问我大概付多少钱呢？我感觉惊诧，深知一地史料，一旦挪移，价值便大打折扣，然又不好直说，于是建议他尽可能拍照或复印，再不行就手抄。他一劲儿点头应允。随后，我送他到十字路口，帮他叫上出租车，临分手约定，明日8点半，我们再碰面。次日早，我带上《祁门红茶》《松萝茶》书，以及祁红礼茶，在晨雾中驾车赶到黎阳如家酒店，敲开他房门。他刚刚起床，睡眼蒙眬，头发凌乱，我看不便久留。有关购买江家文书一事，也就不好打听。递他茶书和茶品，告知有事尽管打我电话，尔后话别。他说五月份还来，我再次表态：可通过邮件先联系，欢迎再来。3个月后，他果然如约再至，这次是直奔市档案局查阅徽州茶资料，我帮其联系市档案局刘局长。刘局表态，不但欢迎，且一定热情接待，请我放心等。我及时将此消息转告于他，他说自己前去即可，再三感谢等。后因我忙于公务，无暇再顾。一直到5月14日，突然收到他的短信：

老师们，同学们，你们好！我是美国的刘，现在上海，今天就要离开中国了。时间真是过得太快了！非常感谢你们今年给我的珍贵帮助，在我未来发表的写作（文章），肯定会指出我在国内的研究完全是归功于你们。我出国以后手机没有效了，所以如要与我联系的话，请给我发个邮件……如你们有机会来美国纽约，非常欢迎您找我，我会尽量提供帮助。好，先讲到这里，以后继续联系吧！刘。

第八章　江耀华文书档案解剖

一　经济类商业文书

如果说，徽州茶商文书档案可为镜用的话，那么现存《吴炽甫账簿文书》，多为定量性质经济档案。其日常生意往来的流水账目，映照出吴炽甫其人，叱咤商场，运筹帷幄，长袖善舞，驰骋经济领域堪称达人，是徽商儒而好贾的最好例证。

江耀华文书则属另一类。其所遗文书档案，大体可分为两类：一是商业性生意往来文书；一是经商感悟的心得体会。其中商业性生意往来文书，无疑属经济类档案，细研其中内容，其商业经营中几乎每一笔账目单据、来往信函、合同文本的原始文书档案，都完整保存，品相之完好，涉及面之广，实为罕见。不但内容丰富庞杂，且数据翔实，叙述完整，甚至文字也工整端庄，折射出江耀华打拼商场、弄潮江湖的光辉，彰显出其为游刃有余的大家。仅歙县档案局所存3000余扫描件而言，也多为经济类文书，其中以茶业为主，其他为辅。现择其中重要的700余件，分为收支往来、合同票据及其他商业来往信函3类，列表如下：

附表：江耀华经济类文书

1.收支账目类[1]

序号	商号	责任者	题名
1	萃声和	□□□	萃声和（源兴隆、新隆泰茶号货款收支账折）
2	永盛	□□□	便登（永盛号记述立顺、永大等茶号货品登记折）
3	源茂	□□□	源茂（成品茶、装箱登记折）
4	萃馨和	□□□	磅折（锦隆行、协和行等茶号茶叶品名数量登记账折）
5	永兴祥茶号	□□□	永兴祥茶号顺风吉利（运成品数量、途中支用）折
6	永盛怡记茶号	□□□	永盛怡记宝号凭付银洋折
7	永兴祥	□□□	永兴祥茶号（各洋行磅码价格）磅码折
8	吴美利茶行	□□□	吴美利茶行代谦顺昌宝号收购茶叶账折
9	永兴祥茶号、永隆祥茶号	□□□	两号产品、行李、账折
10	福生和号	□□□	福生和茶号（成品、行里、日程）折
11	谦泰恒茶号	□□□	（运输）后帮支用账折
12	永兴祥茶号、永隆祥茶号	□□□	永兴祥永隆祥茶号售茶数目
13	永隆祥茶号	□□□	永隆祥茶号产品数量运输账折
14	永盛怡记	□□□	上箱茶总永盛怡记（茶叶成品数量）折
15	福祥泰	□□□	收支账目录
16	恒大有油行	□□□	堆金积玉（恒大有油行盈亏盘存账折）
17		□□□	收支洋总（茶叶运输）账折
18	元芳洋行怡记	□□□	元芳洋行怡记首帮磅折茶叶成品数量
19	永盛怡记	□□□	永盛怡记头帮（茶叶产品）上箱总折
20		江耀华	江耀华便登来往便记折（到江西制红茶途中支用及部分通讯录）
21	同孚洋行	□□□	同孚洋行贰帮（茶叶成品数量）过磅折
22	源昌隆	毕霞轩	源昌隆号霞手抄来沽茶（出售）大总目折
23	福华春茶号	□□□	福华春茶号成品茶数量折
24	德昌祥	□□□	草单（收购毛茶地区与数量）

[1] 根据黄山市和歙县档案局（馆）收藏的民国年间《江耀华档案》整理。

序号	商号	责任者	题名
25		□□□	徽河至上洋用账（茶产品运输账）
26	永兴祥	□□□	永兴祥接售茶数
27	张鼎盛	□□□	张鼎盛买给公道洋行首帮过磅总（茶叶产品）折
28	合兴祥恒记	□□□	合兴祥恒记捷足先得（茶产品数量估价）
29	德号	□□□	德号花色箱额（茶叶产品数量）折
30	公平茶号、晋号	□□□	晋号（产品数量估售价格）折
31	永义公茶号	□□□	永义公茶号洋庄大总（成本、出售、收支）账折
32	隆号	□□□	隆号（收购）毛茶总账折
33	瑞昌洋行	□□□	瑞昌洋行过磅头帮（茶叶）账折
34	江祥泰茶号	□□□	江祥泰茶号经办茶总（运输到广州）账折
35	德裕隆茶号	□□□	德裕隆茶号洋庄进支总结账折
36	谦泰恒茶号	□□□	谦泰恒茶号向致祥宝（钱）庄借银（收付）账折
37	谦顺昌茶号	□□□	谦顺昌茶号（产品数量、运输支用）茶色账折
38	合兴祥茶号	□□□	合兴祥茶号顺风快利（运输支用）账折
39		□□□	京庄（茶叶）收支洋总账折
40	谦顺昌	□□□	谦顺昌号洋庄清总（茶叶）
41	张永盛茶号	□□□	张永盛茶号京庄码单
42		□□□	茶叶成品账折
43	张鼎盛号	□□□	张鼎盛茶号产品数量请引单折
44	福新和茶号	□□□	福新和茶号茶总誊清（茶行收支）账折
45	春生祥茶号	□□□	春生祥茶号收支账折
46	晋号	□□□	晋号毛茶合总
47	福华春茶号	□□□	箱茶花色（品种数量）账折
48	张鼎盛茶号	□□□	立首帮收支总（运输、出售）账折
49	谦泰恒茶号	□□□	谦泰恒茶号磅码二册（茶叶成品数量）折
50	福华春茶号	□□□	福华春茶号二帮快利（成品运输）账折
51	永盛怡记	□□□	永盛怡记茶号上箱号码（成品数量）账折
52	怡记	□□□	怡记茶号上箱成品号单（数量）账折
53	永盛怡记茶号	□□□	永盛怡记（成品茶）请引单账折

序号	商号	责任者	题名
54		□□□	合兴祥收之桑榆（茶叶产品、数量、买物）账折
55	谦泰恒茶号	□□□	谦泰恒磅码（产品数量）账折
56	永号	□□□	毛茶堆（毛茶收购）账册
57	恒顺安记茶号	□□□	恒顺安记茶号（收支盈亏）账折
58		江耀华	江耀华（关于红茶制售）笔记折
59	裕丰祥茶号	□□□	裕丰祥各项便记折
60	福生和茶号	江耀华	茶总誊清
61		江耀华	茶总誊清账折
62		江耀华	茶总誊清账折
63		江耀华	茶总誊清账折
64	福生和号	江耀华	茶总誊清账折
65	福生和号	江耀华	茶总誊清账折
66	福生和号	江耀华	茶总誊清账折
67	福生和号	江耀华	福生和号茶总誊清账折
68	福生和号	江耀华	福生和号茶总誊清
69	福生和号	江耀华	大总账折
70		江耀华	绿茶总登账折
71	谦顺昌	江耀华	进收支银总账折
72	万康宝庄	□□□	谦泰恒茶号向万康宝庄借钱账折
73	怡丰裕号	□□□	汉口怡丰裕盘存账折
74	启源杭庄	□□□	启源杭庄洋庄合总（茶叶）
75	谦泰恒茶号	江耀华	谦泰恒茶号恒足（伙食费账册）
76		江耀华	江耀华收支总登（账册）
77		江耀华	江耀华往来暂登（账册）
78		江耀华	江耀华来往便登（账册）
79		江耀华	江耀华来往便登
80	晋德两茶号	江耀华	立晋德两茶号洋庄大总（账册）
81	江祥泰	江绍周	江祥泰茶号进广腾清账册
82	江祥泰茶号	江绍周	江祥泰茶号进广腾清账册
83		江绍周	经办茶总账簿册
84	江祥泰	江绍周	江祥泰箱茶进广腾清账册
85	萃馨和	江耀华	萃馨和毛茶合总

序号	商号	责任者	题名
86	谦顺安茶栈	江耀华	谦顺安茶收付银总
87	永兴祥	江耀华	永兴祥茶号沪江总登账
88	谦泰恒茶号	江耀华	光谦泰恒茶号银洋钱总（账册）
89	合兴祥茶号	江耀华	合兴祥茶号沪江统登（账册）
90	张鼎盛号	江耀华	张鼎盛茶号流水账册
91		江耀华	收进号毛茶总账
92	春生祥茶号	江耀华	春生祥茶号毛茶合总成品总账册
93	永义公茶号	江耀华	永义公茶号外柜流水（账册）
94	福华春茶号	江耀华	福华春茶号统登（账册）
95	德裕隆茶号	江耀华	德裕隆茶号抱统登（账册）
96	永盛怡记	江耀华	永盛怡记茶簿
97	谦泰恒茶号	江耀华	谦泰恒茶号各友辛资（工资）
98	谦泰恒	□□□	谦泰恒号茶叶收购账册
99		洪巨成	京片茶装船账

2.合同票据及其他类

序号	商号	责任者	题名
1	谦顺昌茶号	江耀华	江耀华谦顺安合股开谦顺安茶号合同
2		江耀华等6人	江耀华等六人在苏州开裕泰恒米铺合同及协议
3	永盛怡记	韩兴茂	韩兴茂装运永盛怡记茶叶船及捐票
4	谦泰恒茶号	万康庄	万康庄付银票
5	永盛怡记茶号	韩兴茂	韩兴茂为永盛怡记运茶船票
6	张鼎盛茶号	沈赞公	沈赞公为张鼎盛茶号过塘船费票
7	福生和茶号	王公茂	王公茂为福生和茶号运茶船票
8	张鼎盛	洪巨成	张鼎盛运茶船票
9	张鼎盛	洪巨成	洪巨成为张鼎盛运茶船票
10		□□□	洪巨成为张鼎盛运茶船票
11	张鼎盛	韩兴茂	韩兴茂为张鼎盛运茶船票账单
12	张鼎盛	洪巨成	洪巨成致张鼎盛运茶船票
13	张鼎盛	沈庆云	沈庆云致鼎盛号运京庄篓茶船票
14	张鼎盛茶号	邱二房	邱二房船票
15	张鼎盛	□□□	邱二房为张鼎盛运茶船票

序号	商号	责任者	题名
16	福生和茶号	□□□	韩大典行运福生和号茶船票
17	福生和茶号	□□□	韩大典行运福生和号茶船票
18	谦顺昌茶号	曹泰来行	曹泰来船行为谦顺昌运茶船票
19	谦顺昌茶号	沈庆云行	沈庆云为谦晨昌运茶船票
20	徽宁思恭堂	□□□	张鼎盛茶捐票
21	果育堂、仁济堂	□□□	果育、仁济堂收芝源宝号茶捐收票
22	思恭堂	□□□	徽宁思恭堂芝源宝号茶捐收票
23		□□□	永盛怡茶叶验引票
24	怡记	□□□	贰帮磅折（怡记第二次发送元芳洋行茶叶品种、数量登记折）
25	永兴祥茶号、永隆祥茶号	□□□	日记、便记折
26	源大茶号	□□□	源大茶箱数总折
27	鼎盛茶号	□□□	鼎盛宝号银洋折
28	鼎盛茶号	□□□	鼎盛茶号茶箱花色总单折
29		江耀华	宁州各路红茶道（里程地名）折
30	德馨和	□□□	德馨和茶号二批花式（品种数量）单
31		□□□	江祥泰起茶账单
32	江祥泰	信益	信益为江祥泰起茶单
33	江祥泰	信益	信益为江祥泰起茶码子单之四
34	江祥泰	信益	信益为江祥泰起茶码子单之三
35	江祥泰	信益	信益为江祥泰起茶码子单之二
36	江祥泰	信益	信益为江祥泰起茶单
37	江祥泰	信益	信益为江祥泰起茶码子单
38		信益	茶账单
39		信益	信益为江祥泰收茶码子单
40	江祥泰	信益	信益为江祥泰收茶码子单
41	江祥泰	信益	信益收江祥泰茶码子单
42	谦泰恒茶号	万康庄	万康钱庄收谦泰恒银洋账单
43	谦顺昌茶号	□□□	谦顺昌茶号运茶途中支用账单
44	谦泰恒茶号	谦栈	谦栈致谦泰恒茶价单
45	张鼎盛茶号	晋源	晋源为售张鼎盛茶号付洋账单
46		沈赞公	沈赞公为张鼎盛运茶过塘账
47	启源茶号	□□□	宝盛祥买物发票

序号	商号	责任者	题名
48		□□□	茶叶收购行程账单
49	谦顺昌	宁尧三	代售茶数量体格账单
50	源茂宝号	姚元美	姚元美代源茂号售茶账单
51	福华春茶号	□□□	报税账单
52	谦顺昌	□□□	谦顺昌茶号茶叶数量单
53		福华春	福华春茶单
54		姚元美	姚元美代售源茂宝号茶账单
55	周裕丰茶栈	□□□	周裕丰栈售鼎盛号茶清单
56	春生祥茶号	□□□	茶罐发票
57	春生祥茶号	信益	信益账单
58	永盛怡记	江裕昌	江裕昌收到永盛怡茶号茶叶数量清单
59	江祥泰	信益	信益起茶单
60	福华春	□□□	福华春茶账单
61	德馨和	□□□	德馨和茶账单
62	启源茶号	□□□	第六号提款单
63	启源茶号	□□□	第十三号提款单
64	启源茶号	□□□	第十四号提款单
65	张鼎盛宝号	□□□	鼎盛宝号茶叶、账务往来清单
66	启源茶号	□□□	第十二号提款单之二
67	永源茶号	□□□	第拾号提款单
68	谦慎安	□□□	谦慎安茶栈为鼎盛茶号支付各项捐税费用账单
69	谦慎安	□□□	谦慎安茶栈为鼎盛茶号支付各项捐税费用账单
70	江裕昌茶栈	□□□	江裕昌茶栈为鼎盛宝号支付各项捐税费用账单
71	晋号	□□□	晋号大帮（春茶）报税茶叶成品账单
72	江裕昌茶栈	□□□	江裕昌茶栈为鼎盛号支付各项捐税费用账单
73	福生和宝号	□□□	福生和宝号为支付茶叶运输过塘费账单
74	鼎盛宝号	□□□	鼎盛宝号为支付茶叶运输过塘费之账单
75	福生和宝号	□□□	福生和宝号支付茶叶运输、过塘等费税之账单
76	永盛怡茶行	□□□	永盛怡茶行支付茶叶过塘运输费税之账单
77	张永盛茶行	□□□	张永盛茶行支付茶叶过塘运输费税之账单

序号	商号	责任者	题名
78	张鼎盛茶行	□□□	张鼎盛茶行支付茶叶过塘运输费税之账单
79	永盛怡茶行	□□□	永盛怡茶行支付茶叶过塘运输税费之账单
80	永盛怡茶行	□□□	永盛怡茶行支付茶叶过塘运输税费之账单
81	永盛怡茶行	□□□	永怡茶行支付茶叶过塘运输税费之账单
82	乾泰昌街记	□□□	乾泰昌街记茶叶货行发票
83	德馨宝号、永盛宝号	□□□	德馨、永盛宝号运茶过塘费用之账单
84	鼎泰源茶号	□□□	鼎泰源茶号票据
85	江裕昌号	□□□	江裕昌号为永盛怡记宝号销售茶叶账目清单
86	江裕昌号	□□□	江裕昌为鼎盛宝号销售茶叶之账目清单
87	晋昌祥号	□□□	晋昌祥号茶叶清单
88	晋昌祥号	□□□	晋昌祥号茶引清单
89	晋昌祥号	□□□	晋昌社号茶叶销售引单
90	谦顺昌号	□□□	谦顺昌宝号茶叶账目清单
91	晋昌祥号	□□□	晋昌祥号茶引清单
92	江裕昌号	□□□	江裕昌为永盛怡宝号销售茶叶的账目清单
93	江裕昌号	□□□	江裕昌号为永盛怡记宝号销售茶叶账目清单
94	江裕昌号	□□□	江裕昌号为永盛怡记宝号销售茶叶账目清单
95	永兴祥茶号	□□□	永兴祥茶号茶行单
96	永隆祥茶号	□□□	永隆祥茶号花式单
97	德馨和号	□□□	德馨和号茶叶清单
98	福生和茶号	□□□	福生和茶号报税清单
99	江祥泰茶号	信益号	信益买江祥泰号单
100	协茂广记	□□□	协茂广记为鼎盛号售琼记洋行茶叶成交单
101	永泰源茶栈	□□□	永泰源茶栈代福生和茶号售给同孚洋行茶叶成交单
102	德兴和茶号	胡善卿	胡善卿收到江耀华配股银洋收据
103		□□□	永盛怡茶叶验引票
104	协泰和茶号	宋瑞廷	宋瑞廷向江耀华借银据
105	江裕昌	□□□	江裕昌号代鼎盛宝号售茶给公立洋行成交单
106	江裕昌	□□□	江裕昌号代永盛怡记卖茶给元芳洋行成交单
107	协茂广记	□□□	协茂广记为张鼎盛宝号售茶成单

3.商业来往信函类

序号	信函联系人	信函联系事宜
1	汪衔章	汪衔章为运输茶叶成品事致江耀华函
2	鲍慎仪	鲍慎仪为谋求茶号职务事致江耀华函
3	汪衔章	汪衔章为置茶号用品致江耀华函
4	汪衔章	为寄存行李事致集兴茶宝号函
5	许□斋	许□斋为询问茶产品收购事致江耀华函
6	张冠千	张冠千为询问茶务及买东西致江耀华函
7	朱兆福	朱兆福为卖茶事致江耀华函
8	吴仲恺	吴仲恺为茶叶驳运事致江耀华函
9	胡树堂	胡德新茶号胡树堂为采办茶子事致江耀华函
10	胡善卿	遂安胡善卿为茶叶销售事致江耀华函
11	孙惟三	孙惟三为吉祥茶号借款事致江耀华函
12	□□□	德兴和茶号为茶价询问行程置办材料事致江耀华函
13	余秋芳	余秋芳为发运茶叶请求办物、买米事致江耀华函
14	余月棠	余月棠为发送茶箱事致江耀华函
15	余龙田	余永春茶号余龙田为报告茶箱数量，贷款事致江耀华函
16	维勤	维勤为茶箱报装事致江耀华函
17	余秋芳	余富春茶号余秋芳为发运三角片四担事致江耀华函
18	汪翼文	汪翼文为代收购茶叶事致江耀华函
19	姚善钦	姚顺泰茶号姚善钦为运送茶叶付交船费事致江耀华函
20	□□□	和永茶号为代购茶子事致谦顺昌江耀华函
21	江倬云	江倬云为售茶寄茶事致江耀华函
22	曹保年	曹保年为卖茶运茶事致江耀华函
23	张羽仪	张羽仪为茶市行程，家务事致江耀华函
24	宋曙昭	宋曙昭为祁门红茶信息事致江耀华函
25	程树堂	程树堂为茶箱已发运出事致江耀华函
26	吴守堪	吴守堪为招揽茶叶从杭运申业务事致江耀华函
27	吴仲恺	吴仲恺为茶叶报关运申事致江耀华函
28	姚宗复	姚宗复为付欠款，茶号事务致江耀华函
29	程石泉	程石泉为估茶、托买茶朴事致江耀华函
30	□□□	汪步青为茶号运申出卖事致江耀华函
31	姚宗复	姚宗复为茶叶加工茶号安排致江耀华函

序号	信函联系人	信函联系事宜
32	程松云	程松云为茶栈经江耀华付遂安恒顺等号银洋往来，茶市行程事致江耀华函
33	李鲁卿	李鲁卿为茶产品数量，运输出售个体方案探讨事致江耀华函
34	胡殿臣	胡殿臣为购运销售茶子事致江耀华函
35	程济川	程济川为托转孙桂夫遂并箱茶报关运申事致江耀华函
36	唐翘卿	唐翘卿为置办茶锅迟误事致江耀华函
37	□□□	程松云为上海谦顺安茶栈转告行程，产品出售估价致江耀华函
38	□□□	早毕鹤鸣为恳托推荐茶号由购代的茶叶事致江耀华函
39	柯彩芝	柯彩芝转达并询问茶市收售行程事致江耀华函
40	吴芸夫	吴芸夫为收到茶箱158件，支付银一千两事致江耀华缄
41	徐秉衡	制小节秉（徐秉衡）为茶叶行程事致江耀华函
42	朱兆福	朱兆福为请江等筹一万两凭公批明昭准开设茶号事并外洋茶叶销路情况致江耀华函
43	唐伯莹	唐伯莹为托代办茶子事致江耀华函
44	毕体之	毕体之为聘股做茶之举介绍人员致江耀华函
45	胡善钦	胡善卿为托代办茶箱板方盖，并汇报本号产品数致江耀华函
46	江韫山	江韫山为寄运茶子事致江耀华函
47	汪道宗	汪道宗为绿茶大为气象欣然有起色托买物件事致江耀华函
48	徐秉衡	徐秉衡为托售茶叶、茶子事致江耀华函
49	□□□	森栈为询问茶箱招牌事致江耀华函
50	张三祥	张三祥为自屯运茶到咸坪时的沿途情况致江耀华函
51	源新隆	源新隆为绿茶行程事致馥声祥宝号受卿仁翁函
52	胡善卿	胡善卿为复询茶叶行程事致江耀华函
53	□□□	工资初五日张时来为报告贤源菜地每担茶价事致江耀华函
54	□□□	柯彩芝为茶叶收购事致江耀华函
55	汪学文	林茂昌号汪学文为茶箱装运事致江耀华函
56	□□□	李邦焘为关于收茶事致江耀华函
57	□□□	陈德坚为茶叶运输事致江耀华函
58	□□□	张德润为茶叶市场疲软举步维艰事致江耀华函
59	□□□	毕鹤鸣为恳托代售茶朴三角杆末事致江耀华函
60	吴仲恺	吴仲恺为茶叶运申事致江耀华函
61	江鉴湖	上海江鉴湖为出售茶子，售茶等事致江耀华函
62	徐秉衡	徐秉衡为申估茶寄物具帖申谢吊唁事致江耀华函

序号	信函联系人	信函联系事宜
63	□□□	吴仲恺为招揽茶叶由杭驳运上海事致江耀华函
64	鲍隽	鲍隽（慎仪）为搭伴茶船致金陵加乡试事致江耀华函
65	张三祥	张三祥为程前星在运茶途中生病事致江耀华函
66	张汉先	张汉先为售茶事致江耀华函
67	汪云昭	汪云昭为收下茶叶数百担，借款事致江耀华、程松云函
68	汪晋卿	汪晋卿为托运寄存行李事致谦顺安茶栈江耀华函
69	洪际唐	洪际唐为收到茶箱并规元事致江耀华函
70	程树堂	程树堂为发运茶箱事致江耀华函
71	毕体之	毕体之为源昌隆茶号账目售茶事致江耀华函
72	罗馨浦	罗馨浦为收到英洋、茶叶运申事致鲍慎仪函
73	柯彩芝	柯彩芝为茶叶开秤事致江耀华函
74	孙惟三	孙惟三为茶叶上海行程出售情况事致江耀华函
75	程树堂	程树堂为摧运茶叶事致江耀华函
76	蒋静山	蒋静山为收茶事致江耀华函
77	葛韵清	葛韵清为茶叶不能两栈分沽事致江耀华函
78	查启明	查启明为运茶沽茶事致江耀华函
79	姚德和	姚德和为沽茶事致江耀华函
80	桂如恒	同德馨茶号桂如恒为茶箱板投入股份事致江耀华函
81	胡善卿	德兴和茶号胡善卿为售茶事致江耀华函
82	张德润	张德润为茶叶行程不好，出售无能事致江耀华函
83	朱兆福	朱兆福为代售徽茶朴九袋账目致江耀华函
84	程济川	程济川自杭寄屯为运茶账目事致江耀华函
85	张维贤	常熟张维贤为茶、油行程事致江耀华函
86	胡哲明	胡哲明为德声和售茶事致江耀华函
87	□□□	本栈（谦顺安）为售茶事宜致江耀华函
88	胡哲明	胡哲明为本栈沽出茶事致江耀华函（附行程单三页）
89	胡哲明	胡哲明为沽茶事宜致江耀华函
90	□□□	源新隆为转送牌号单、行程单事致江耀华函
91	本栈	本栈托招揽生意，当时茶叶行程事致江耀华函
92	邓步洲	邓步洲为报告上海绿茶出口行程招揽生意事致江耀华函
93	吕贤松	吕贤松为询问屯溪茶业行程茶由贵栈出售事致江耀华函
94	程政和	程政和为托询附源馨隆茶号合股之茶沽清否事致江耀华函

序号	信函联系人	信函联系事宜
95	江倬云	江宗汉（江倬云）为脱销茶末、茶杆、还借款事致江耀华函
96	姚元美号	姚元美号为代售茶叶事致源茂号函
97	□□□	和济茶号为置办茶箱内用箬皮事致江耀华函
98	洪惟周	洪惟周为茶叶产品数量事致江耀华函
99	葛韵清	葛韵清为代办箱箬、茶栈沽茶事致江耀华函
100	谢静和	谢静和为恳代运售运茶叶事致江耀华函
101	余履安	余履安为运茶事致江耀华函
102	叶禹山	叶禹山为茶叶出卖事致江耀华缄
103	王有良	王有良为送茶袋办茶价目事致江耀华函
104	俞尊五	俞尊五为运茶途中沿途平安事致江耀华函
105	洪斌彩	问政山洪斌彩为黄山方村茶价、收茶情况事致江耀华函
106	江清泉	江清泉为申市估茶价由汉运申税费事致江耀华函
107	张明德	张明德为托代帮忙出售茶叶事致江耀华函
108	仁昌生	仁昌生和记为谦泰恒茶箱受湿事致慕之函
109	□□□	关于估出茶价事致南春耀翁函
110	柯振廷	柯振廷为米店招聘股东、茶业形势致江耀华函
111	□□□	胡哲明为茶栈代德馨和与洋行谋盘事（议价）致江耀华函
112	仁昌生	和记茶栈为保险及水渍茶箱事致招商总局函
113	某茶栈	某茶栈关于沽茶价事致江耀华函
114	□□□	洪佩文为茶箱平安抵杭事致江耀华函
115	吴寿卿	吴寿卿为账目、押帮运茶等事致江耀华函
116	吴寿卿	吴寿卿为茶价停止收购事致江耀华函
117	吴寿卿	吴寿卿为准备茶叶发运事致江耀华函
118	胡寿山	为送茶样请定制法事致江耀华信
119	□□□	吴守堪为报告茶叶平安抵申事致江耀华函
120	□□□	吴芸夫为售茶事茶价事致江耀华函
121	吴芸夫	吴芸夫为力谋茶价事致江耀华函
122	朱兆福	朱兆福为汉口红茶行程询问筹划徽州茶务致毕霞轩函
123	江再法	江耀华为家务、茶业行程事致江润之函
124	葛韵清	葛韵清为茶价、茶叶加工、运输事致江耀华函
125	罗迎东	罗迎东为发往渔梁茶箱托借款请引事致江耀华函
126	孙惟三	孙惟三为托代料理沉湿茶箱事致

序号	信函联系人	信函联系事宜
127	张新之	张新之为茶价事烦一劳玉趾代办为婉言事致江耀华函
128	孙惟三	惟吉祥茶号孙惟三为茶完工准径宝栈投售事致江耀华函
129	□□□	德兴和茶号为汇款事致江耀华函
130	吴守堪	为春和永号茶叶报关运申事致江耀华函
131	□□□	朱蕴山为代办货物事、茶市行程事致江耀华函
132	江永和	江永和分号为收购毛峰支付垫款事致江耀华函
133	吴守堪	吴守堪为茶箱驳运事致江耀华函
134	吕贤松	吕贤松为运茶到谦顺安茶栈询问行程事致江耀华函
135	□□□	为茶叶行程致源福茶号函
136	□□□	源新隆委江耀华代办茶栈事务事致吏铨函
137	□□□	洪会卿为今年茶市败坏事致江耀庭函
138	胡善卿	胡善卿为茶叶生意亏折事询问江耀华函
139	胡善卿	胡善卿为收取茶行股本事致江耀华函
140	查启明	查启明为收茶三十余担叨借规元一千两事致江耀华函
141	徐雨田	徐雨田恳求代收拾抢救湿茶事致江耀华函
142	许益三	许益三为报告平水货开盘屯溪茶市行程照盘存货事致江耀华函
143	吕华辉	吕华辉为售茶事致江耀华、鲍慎仪函
144	余斗轩	余斗轩为售茶收购夏茶事宜致江耀华函
145	朱兆福	朱兆福为各茶行运茶代永记茶栈推荐业务事致江耀华函并上海开盘情况
146	吕贤松	吕贤松为茶叶由太平发运购物事致江耀华、鲍慎仪函
147	罗迎东	罗迎东为报告运茶情况询问上海行程事致江耀华函
148	许云章	许云章为上海售茶汇款事宜致谦顺安函
149	□□□	怡泰昌行为茶叶驳运事致江耀华函
150	孙惟三	孙惟三为售茶、筹借二百两事致江耀华函
151	□□□	为询问茶锅事致江耀华、程松云函
152	庄吉云	歙县庄吉云为告知春茶行情致江耀华（屯溪黎阳谦顺昌宝号）的函
153	罗迎东	罗迎东为茶叶均堆起程请引事致江耀华函
154	余龙田	余龙田为春茶宝栈获利、子茶收购借兑规元一千五百两事致江耀华函
155	郑文耀	源茂昌茶栈郑文耀为恳尊号茶帮顾事致江耀华函

序号	信函联系人	信函联系事宜
156	胡明辉	胡明辉为托办春茶细子贰担事致江耀华函
157	谦泰恒	谦顺安为谦泰恒支付沽茶费用单二张
158	张冠千	怡祥号茶庄为茶叶收购价格事并寄足色宝五只事致张冠千函
159	程松	港口舟次寄芳坑程松致江耀华为收足茶号柴炭事寄江耀华函
160	□□□	茶行致江耀华为改茶叶字号（品种）事
161	李鲁卿	李鲁卿为上海售茶事宜致江耀华
162	汪熙和	汪熙和为茶叶行程、出售方案改变制法适合洋人择事致江耀华函
163	李鲁卿	李鲁卿为出售茶叶具体事宜致江耀华函
164	吴仲恺	吴仲恺为报引运申茶叶、森源、森泰之货舞弊报关事致江耀华函
165	李鲁卿	李鲁卿为售茶事宜致江耀华函
166	李鲁卿	李鲁卿为售茶事宜致江耀华函
167	李鲁卿	李鲁卿为售茶事宜、代买物事致江耀华函
168	程松云	程松云为徽茶运沪、沪地茶市行程事致江耀华函
169	李鲁卿	李鲁卿为售制茶事宜致江耀文、翼元的函
170	李鲁卿	李鲁卿为屯市茶号存货、上海售茶事宜致江耀华函
171	李鲁卿	为运茶售茶事宜致江耀华函
172	李鲁卿	李鲁卿为屯溪茶市情况、上海出售事宜致江耀华函
173	李鲁卿	李鲁卿为运茶出售事宜致江耀华函
174	程松云	“二十八号书致”程松云为收购毛茶及各号用款事致江耀华函
175	程松云	程松云为茶叶收购加工、茶栈销售事致江耀华函
176	程松云	程松云为上海茶栈收购茶叶行程事致江耀华函
177	程松云	为上海茶栈收购茶叶行程事致江耀华函
178	程松云	程松云为徽茶到申、上海各栈行程致江耀华函
179	程松云	程松云为本栈（谦顺安）沽出茶价事致江耀华函
180	程松云	程松云为本栈（谦顺安）估出茶价事致江耀华函
181	程松云	程松云为收到各号箱茶上海估出行程致江耀华函
182	程松云	程松云为茶箱到沪、本栈沽出行程致江耀华函
183	卓镜澄	为上海茶市行程事致江耀华函
184	程松云	程松云为谦顺昌箱茶到申、谦顺安茶栈，上海各栈沽价情况致江耀华函
185	程松云	程松云为上海茶市行程事致江耀华函

序号	信函联系人	信函联系事宜
186	卓镜澄	卓镜澄为外洋茶叶行程事致江耀华函
187	程树堂	程树堂为茶叶已如数报关装运事致江耀华函
188	江耀华	江耀华为申地茶价今年生意获利询问油行好否事致江润之函
189	江耀华	江耀华为上海售茶价格出洋货数太少以致稍呆、油行进出谨慎事致江润之函
190	张椿	张椿为借洋、寄带茶叶、瓜洲兵差不断事致江耀华函
191	张献廷	张献廷为茶箱报关事致江耀华函
192	李邦泰	李邦泰为售茶事致震廷函
193	余龙田	余龙田为茶叶抵申询问上洋信札事致江耀华函
194	余秋芳	余秋芳为发上茶叶三角事致江耀华函
195	夏辅仁	夏辅仁为茶袋、茶叶产量事致江耀华函
196	□□□	江倬云为送上茶朴末、码单事致江耀华函
197	金桂岩	金桂岩为运售红茶事致江耀华函
198	朱兆福	朱兆福为壹千五百两股本、茶叶行程致江耀华函
199	王鉴明	王鉴明为湿浸茶叶事致江耀华函
200	江倬云	江倬云为坑口庄采办茶叶事致江耀华函
201	张德操	张德操为薛坑口收买子茶事致江耀华函
202	张澍滋	张澍滋为茶叶上海行程事致江耀华函
203	张肇福	张肇福致江耀华为茶叶经营事之信函
204	张春煦	张春煦致江耀华为生意往来事之信函
205	张春煦	张春煦致江耀华为生意往来事之信函
206	汪荣泽	乾泰丰茶号汪荣泽致江耀华为茶务付借款事之信函
207	鲍慎仪	鲍慎仪致江耀华为茶务账目求荐事之信函
208	吴仲恺	吴仲恺致江耀华为茶叶由杭至申报关往来事之信函
209	葛韵清	葛韵清为运茶致屯事致江耀华函
210	胡哲明	胡哲明为申市茶叶积滞致意各号勿贪收事致江耀华函
211	□石泉	石泉为茶叶运到上海并托买物事致江耀华函
212	胡哲明	胡哲明为上海沽茶事致江耀华函
213	程樨圃	程樨圃为收到洋代购箱箬转交衣服事复江耀华函
214	江耀华	江耀华为绿茶生意询问粮油行程事致江业修函
215	渭良	渭良为茶业行程、茶务具体事宜致毕霞轩函
216	王一新	王一新为茶号具体事宜借款等事致毕霞轩函

序号	信函联系人	信函联系事宜
217	许云章	许云章为茶叶将运到，敢烦关照事致谦顺安坐屯庄执事先生函
218	胡善卿	胡善卿为茶号产品抵申望转告申市行程，绿茶出洋事致江耀华函
219	查启明	婺北山杭查启明为蒙与谦顺安茶栈合伙，滴借规银一千两，询问日俄战争事致江耀华函
220	朱兆福	朱兆福据增大洋行外国来信分析国内外茶市行租致江耀华函
221	毕成甫	毕成甫为还借款、代收出售茶号物件款事致江耀华函
222	程雾廷	程雾廷为托办茶朴事询问屯市行程、北路水荒事致江耀华函
223	□□□	屯溪吴萃廷为寄奉茶朴、修麻将牌事致江耀华函
224	张心如 汪子良	恒顺安记茶号张心如、汪子良为代办三角，至屯托代办物事致江耀华函
225	张心如 汪子良	恒顺安记茶号张心如、汪子良为付厘局报捐款向耀华借银一千两事致江耀华函
226	唐吉轩	上海谦顺安唐吉轩为外国茶叶行程、战争局势、谦顺昌本庄邀功请赏耀入股事致江耀华函
227	汪翼文	汪翼文为代友人荐到江耀华新开茶号做工事致江耀华函
228	方辛初	方辛初为付还茶行股本亏耗款事致江耀华函
229	鲍慎仪	鲍慎仪为舍亲搭伴运茶船云杭事致江耀华函
230	□□□	源新隆茶栈为转告行程事致江耀华函
231	王以让	王以让不茶市行程托代劝勉小儿事致江耀华函
232	张世恩	张世恩为茶箱到申、申地售茶划汇事致江耀华函
233	王公茂	王公茂为茶运费事致江耀华函
234	□□□	婺城谦顺隆为茶叶收购事致江耀华函、鲍慎仪函
235	查启明	查启明为收茶价格、茶叶由溪口发运屯溪事致江耀华函
236	余永春	余永春为茶叶收购情况等事致江耀华函
237	余斗轩	余斗轩为茶叶收购事致江耀华函
238	胡善卿	为介绍王汉廷到谦顺昌卖茶事致江耀华函
239	仰宗宏	仰宗宏为押运茶叶赵杭途中事致江耀华函
240	惠增	惠增为告诉收拣茶数量询问发运何处事致鲍慎仪、江耀华函
241	姚顺泰	姚顺泰为自渔梁到屯溪十五担毛茶由谦顺昌结付运费事致谦顺昌函
242	徐秉衡	徐秉衡为代敝友程君推荐买茶事致江耀华函

序号	信函联系人	信函联系事宜
243	徐秉衡	徐秉衡为推荐程君贩茶事致江耀华函
244	□□□	源新隆茶栈为转达行程事致永义公号江耀华函（附行程单一张）
245	□□□	源新隆茶栈为汉口红茶、洋商行程致永义公江耀华函
246	余斗轩	余斗轩为汇报收购茶叶情况代办茶箱事致江耀华函
247	余龙田	余龙田为托买洋靛事致谦顺安茶栈江耀华函
248	方康侯	方康侯为恒兴祥茶号借银一千两事致江耀华函
249	程樨圃	程樨圃为荐一内账缺，代办箱箬事致江耀华函
250	鲍济和	鲍济和为凭信取汇洋事致永泰源茶栈江耀华函
251	朱兆福	朱兆福为往淳、遂收茶，筹款事致江耀华函
252	孙惟三	孙惟三为箱茶托运事致江耀华函
253	胡善卿	胡善卿为茶运致上海托鼎力照应出售事致江耀华函
254	刘维勤	刘维勤为在烟村收购茶叶事致江耀华函
255	□□□	清怡昌祥茶号为茶叶产品加工事致程松云函
256	吴溶伯	吴溶伯为装运箱茶拾一日屯溪出发二十一日到申其运输途中驳运事致江耀华函
257	江昌谷	江昌毅为合伙经营茶业、缓付股金代为收茶事致江耀华函
258	汪翼文	屯溪汪翼文为红茶、托购物事致江耀华函
259	张维贤	张维贤为红绿茶盈亏空、油、米、布行程致江耀华函
260	张汉川	歙南黄备张汉川为代收茶叶事派人相助事致江耀华函
261	□□□	懋昌行为茶价、送茶样品事致江耀华函
262	程元方	幸口程元芳为收购发送茶叶事致江耀华函
263	叶讨饭	薛坑口叶讨饭为送上茶筛事致江耀华函
264	□□□	森盛恒栈为售茶到栈事致江耀华便条
265	鲍慎仪	鲍慎仪为百昌洋行倒闭生意掣肘、茶号行止未卜、谷价下跌事致江耀华函
266	□□□	源兴隆茶栈为茶叶洁与天祥事致江耀华函
267	吴萃廷	屯溪吴萃廷为置办中西药、茶栈失火、尊号货凑此机关可遇善价事致江耀华函
268	程霁廷	程霁廷为托代售茶事致江耀华函
269	张前星	张前星为恳代荐上海做茶司事致江耀华函
270	赵润生	赵润生为茶价事致隆泰昌栈内江耀华先生函
271	□□□	□□□为茶叶由森盛恒分售事致恳岳父程松云维持情谊

序号	信函联系人	信函联系事宜
272	□□□	上海江裕昌江清泉为汉口红茶、英美俄各国开价、收购、商讨收购毛茶方案事致江耀华、张冠千等函
273	胡善卿	胡善卿为茶叶行程、制作具体事宜致江耀华函
274	冯渭良	屯溪源昌隆茶号冯渭良为茶号往来致江耀华函
275	余龙田	遂安邑余永春号余龙田为箱茶投到宝栈事致江耀华函
276	汪翼文	汪翼文为茶号人事安排致江耀华函
277	鲍慎仪	屯溪鲍慎仪为茶栈租用房屋事致江耀华函
278	刘维翰	刘维翰为茶叶运输一路平安事致江耀华函
279	朱兆福	朱兆福为源昌隆茶号股金事致江耀华函
280	余斗轩	余斗轩为茶号加工事宜致江耀华函
281	余秋芳	遂安余富春茶号余秋芳为茶叶售出、愿后帮不致走谱，托代买物事致江耀华函
282	吴寿卿	吴寿卿为存板出售、发送出售茶叶事致江耀华函
283	陈宝仂	陈宝仂自屯为将合肥在婺东做绿茶洋装事致江耀华函
284	胡善卿	遂安胡善卿为茶箱发运上海询问上海行程，代为极力攀沽事致谦顺安江耀华函
285	□□□	为水渍茶无法认赔事致江耀华函
286	葛韵清	葛韵清为托办箬叶事致江耀华函
287	江韫山	江韫山为运茶叶到申事致江耀华函
288	夏鸣远	鸣远为茶箱运输情况事致江耀华函
289	叶迪庵	叶迪庵为箱茶发运沽出事致江耀华函
290	叶迪庵	叶迪庵为红茶派收股份事致江耀华函
291	江守城	南源口江守城为售茶事致江耀华函
292	江宗汉（江倬云）	江宗汉为售茶托买物事致江耀华函
293	□□□	□□□为茶号家伙事致江耀华函
294	江耀华	江耀华致仲楷为茶叶生意往来事之信函
295	江耀华	江耀华致胡殿臣为茶务店务往来事之信函
296	江昌谷	江昌谷致江耀华为茶叶经营往来事之信函
297	江赞廷	江赞廷致江耀华为茶叶价格事之信函
298	吴守堪	吴守堪致江耀华为茶叶经营往来事之信函
299	姚禹三	姚禹三致江耀华为水路运茶事之信函

序号	信函联系人	信函联系事宜
300	张献廷	张献廷致江耀华为请示茶叶价格事之信函
301	朱良玉	朱良玉致张冠千为茶叶运输事之信函
302	张椿	张椿致江耀华为茶叶牙厘局厘卡（税务机构）等事之信函
303	叶禹山	叶禹山致江耀华为茶叶生意往来之信函
304	张春煦	张春煦致江耀华为茶务家务事之信函
305	祁含采	祁含采致江耀华为求江代销茶叶事之信函
306	□□□	源兴隆栈致江耀华为茶叶价格事之信函
307	张德润	张德润致江耀华为茶市行情及杂务事之信函
308	姚钰奎	姚钰奎致江耀华为茶事之信函
309	张三祥	张三祥致江耀华为茶叶运输事之信函
310	姚禹三	姚禹三致江耀华为茶叶运输事之信函
311	张献廷	张献廷致江耀华为茶运途中被盗抢事之信函
312	方辛初	方辛初致江耀华为茶叶运输耽搁事之信函
313	刘维翰	刘维翰致江耀华为茶叶运输事之信函
314	邓步洲	邓步洲致江耀华致为茶叶市场价格事之信函
315	张吉钧	张吉钧致江耀华为茶务往来等事之信函
316	张树滋	张树滋致江耀华为茶账往来交涉事之信函
317	张树滋	张树滋致江耀华为茶务诉讼事之信函
318	汪春华	汪春华为收到茶袋，明春致屯事致江耀华函
319	张德骥	张德骥为上海沽茶致耀华函
320	张羽仪	张羽仪为与人合伙制茶资金请江耀华查注谦顺安往来账目事致江耀华函
321	查启明	山坑查启明为茶叶运发，借银二千两事致江耀华函
322	江倬云	坑口江倬云为装运茶叶至屯溪事侄江耀华函
323	宁琴堂	宁琴堂为茶箱装船发运事致江耀华函
324	叶禹山	叶禹山为箱茶报装运沪事致江耀华函
325	俞碧溪	俞碧溪为茶叶加工求助五百两银事致江耀华函
326	张羽仪	张羽仪为茶号账务纠纷致江耀华函
327	王一新	王一新为茶号账目事致江耀华函
328	张羽仪	张羽仪为售茶账目纠纷托江耀华致问求证于谦顺安栈程松云致江耀华函
329	姚禹三	姚禹三为茶叶运途拥挤事致江耀华函
330	张春煦	张春煦为请贵物、售茶结束、驾临一叙事致江耀华函

序号	信函联系人	信函联系事宜
331	毕殿芬	毕殿芬为上海茶市场行情况致江耀华函
332	汪梦花	汪梦花为张立斋行中司事粮米昂贵、询问茶叶价格致岳父江耀华函
333	江绅玉	江绅玉为茶叶行情不置办莲子、借款事致江润之函
334	江文瑛	江文瑛为毛茶收购价格情况程松云返回婺源处理茶号事件致江耀华函
335	江集五	江集五为来信收到顺桃婚事、茶号开号事致江润之函
336	江绅玉	江绅玉致江耀华为茶务往来事之信函
337	江文瑛	江文瑛致江耀华为茶务往来事之信函
338	王怀瑀	王怀瑀为办茶事、各地茶叶行程致江耀华函
339	张维贤	张维贤为茶叶获利、代办物件事致江耀华函
340	汪养之	汪养之为代买漆、为护顺询问茶号工资、修屋事致江耀华函
341	江耀华	江耀华为殿臣病危、茶行情况、油行业务致江润之函
342	江耀华	江耀华为各处店号往来、茶行定货多金、裕泰恒米店有存货、粮食涨价、油料涨价、亦事顺利事致殿臣、润之函
343	江耀华	江耀华为苏行具体业务、顺桃结婚、今年茶价好等事致江润之函
344	江耀华	江耀华为茶事结束、谦顺安栈客帮用银未收请、五世结婚、殿臣家务、绿茶生意较好事致江润之函
345	江耀华	江耀华为到江西义宁州做红茶事致江润之函
346	江耀华	江耀华为做红茶去江西路辛苦、油行事务致江润之函
347	江耀华	江耀华为油行油价、屯茶行事致江润之函
348	江耀华	江耀华为苏州油行具体业务注意事项茶叶出售情况致江润之函
349	江耀华	江耀华为新屋规格，运茶至杭、屯溪一带天旱各处求雨事致江润之函
350	江耀华	江耀华为新屋规格模、材料采办、茶号加工情况、借出各处款项收来备用，契约他人取赎、旱炎等事致江润之函
351	江耀华	江耀华为荤油销场价目欠佳，河道干枯茶叶难运，沪地茶叶市行情致江润之函
352	江元溶（江泽之）	江元溶为绿茶出售事致父母亲函
353	江耀华	江耀华杭号事结束，茶叶生意因外洋战事纷纷银根更紧，经手者更苦不堪

序号	信函联系人	信函联系事宜
354	江耀华	江耀华为兰屋事，收茶事致江润之函
355	江耀华	江耀华为今年绿茶生意洋人运价过紧以致蚀本，在店各事努力向前，寄物事致江润之函
356	江耀华	江耀华为寄茶朴，询昆山油栈何人经手事致江润之函
357	江耀华	父亲江耀华为上屯进茶号，家内平安，嘱润妥善保养病体
358	江耀华	侄男江耀华为屯溪各路茶叶行情不好、生意难望获利事致江业修叔函
359	江耀华	父江耀华为茶号事物、油行市场、家务致江润之函
360	江耀华	父江耀华为茶行、茶价、徽歙制茶情况，寄钱事致江润之函
361	江耀华	父江耀华为售茶，嘱往兰溪调度江上发事致江润之函
362	江耀华	父江耀华为里坑口里茶号茶已云申，两号之售价欠佳致江润之函
363	江耀华	江耀华为办年货、上好出生婆媳和睦、茶叶有三分余利致江润之函
364	江耀华	父江耀华为置贩莲子、茶叶加工完竣、买兰腿事致江润之函
365	江耀华夫人张氏	母亲张氏为嘱顺桃在店勤学向前、父亲茶叶盈利事致江润之函
366	江耀华	父江耀华为买火腿、运茶650件致申出售、劝勉顺桃勤学事致江润之函
367	江耀华	父江耀华为茶行忙碌、劝勉努力工作学习事致江润之函
368	江耀华	父江耀华为买茶油、茶叶脱售获利等事兰溪增瑞、顺瑞、顺桃生意事致江润之函
369	江耀华	父江耀华为今年绿茶由平稳、洋人跑马后起色、均多获利事致江润之函
370	江耀华	父江耀华为茶行具体业务、茶价、买物事致江润之函
371	江耀华	父江耀华为油行业务、各处红账、租定茶号用屋事致江润之函
372	江耀华夫人张氏	母亲为汝父为售茶往申、劝勉工作、学习事致江顺桃、江顺祥函
373	江耀华	父江耀华为收到托带英洋、屯新创茶号事致江润之函
374	江耀华	父江耀华为茶叶出售、寄物事致江润之函
375	江耀华	父江耀华为运茶时被窃去银洋、茶市行程致江润之函
376	江耀华	父江耀华为在上海售茶各品种价格致江润之函

序号	信函联系人	信函联系事宜
377	江耀华	父江耀华为信收到，今年售茶情况询问茶油行情况致江润之函
378	江耀华	父江耀华为茶叶销售、叔父江灿章于七月十九日丑时病逝及送丧礼事致江润之函
379	江耀华	父江耀华为教子、茶叶行情、德瑞叔娶亲劝勉等事致江润之函
380	江耀华	父江耀华为上海茶叶出售情况，苏行告借应酬切切不可事致江润之函
381	江耀华	父江耀华为金瑞病逝，茶叶运申过磅售价事致儿江润之函
382	江耀华	父江耀华为运茶行、买物事致儿子江润之、江泽之函
383	江耀华	江耀华为上发生意、豆价、油价、竖屋、杭州做红茶情况致江润之函
384	江耀华	江耀华为申茶价低、心情不好、劝勉勤学事致江润之函
385	江耀华	江耀华为收茶价高、获利难、询问茶油行情况致江润之函
386	江耀华	江耀华为上海茶价、顺祥之病致叔父江灿章函
387	江耀华	江耀华为殿臣病况、谦顺昌茶号搬迁、屯溪水灾、增瑞婚礼（抢亲）、楠瑞勿赌、徽地米价、油茶价格事致江润之函
388	江耀华	江耀华为茶叶生意不好而脑闷、洋人乱杀价目、行程见疲、家中办物事致江润之函
389	江耀华	江耀华为上发疾病、大婚、顺菊生病、今租梓云屋开茶号事致江润之函
390	江耀华	江耀华为今年绿茶、洋人开盘、反复难以预料、为收茶、制茶事致江润之函
391	江耀华	江耀华为无锡生意停手、茶叶获利、顺桃往兰溪、谷租收齐致江润之函
392	江耀华	江耀华为汪梦花病故、买砖、胡翰臣移洋开店、毅翁（姚毅权）告湖州茶叶开盘致江润之函
393	江耀华	江耀华为茶叶行情及原因致江润之函
394	江耀华	江耀华为九江、汉口茶叶生意状况致江润之函
395	江耀华	江耀华为徽州茶市行情及家务之事致江润之函
396	江耀华	江耀华致江泽之为茶叶销售、运输及价格事之信函
397	江耀华	江耀华为合兴祥园工（茶号）申地售茶价格事致儿江泽之函
398	江耀华	江耀华为在申安好、售茶价格、寄物、张澍滋汇款事致儿江润泽之函
399	江耀华	江耀华为家中安好、献廷往苏、苏申物价、连科返里、茶行亏本、询问新居建造事致江泽之函

序号	信函联系人	信函联系事宜
400	江耀华	江耀华为油行业务、新屋工程事、售茶价不好事致江泽之函
401	江耀华	江耀华为促写回信、荣和生意、收租、上海茶价事致江泽之函
402	江耀华	江耀华为开设谦泰恒茶号、平水茶到申洋人还价不过七折、三祥运茶致申、家中做屋事致江泽之函
403	江耀华	江耀华为查询信函收到否、祠堂画灯、屯茶行价格事致江泽之函
404	江耀华	江耀华为寿发出生、茶行生意到屯经办茶号、“永义公”油茶价格事致江泽之函
405	江耀华	江耀华为茶号事、家务、小孩事致江泽之函
406	江耀华	江耀华致妻子张氏为九月十二日顺兰女儿在苏州顺产一女、上海茶叶行情不佳等事函
407	江耀华	江耀华致妻子张氏为劝女儿顺爱守节、家姐不测、昆甫姐夫痢疾病重、谷租催讨、绿茶亏本等事函
408	江耀华	江耀华致妻张氏为昆甫姐夫因病仙逝、上海茶已售罄可动身回家事函
409	江元浈	江元浈为苏州茶叶行程致江耀华函
410	江元浈	江元浈为收到托买茶朴及先知中秋节返家之事致父亲江耀华之信函
411	江元浈	江元浈为红茶生意好、苏行裕泰恒店业务情况致江耀华函
412	江元浈（江润之）	江元浈为外感康复、茶叶获利、苏昆油栈事致江耀华函
413	江元浈（江润之）	江元浈为学生之缺不易图谋、荤油行程、询问茶号事致江耀华函
414	江润之	江润之为茶叶收到绿茶、荤油行程致江耀华函
415	江楠瑞	江楠瑞为安抵苏州收购茶朴事致江耀华函
416	胡文梁	胡文梁询问售茶、家中和谐、割稻事致岳母函
417	江元浈	江元浈为寄衣服、父亲在申售茶情况致母亲函
418	江润之	江元浈为询问茶叶出售情况油市不佳致江耀华函
419	江润之	江润之为茶叶开盘事致父亲江耀华函
420	江润之	江润之为茶叶纳税事致父亲江耀华函
421	江元浈	江元浈为赴昆栈生意、绿茶价好事致父亲江耀华函
422	吴树棠	南源口吴树棠为汇款、茶叶收购、出售事致胡殿臣函

序号	信函联系人	信函联系事宜
423	江润之	江润之为家内一切安好、询问茶号情况、何时回家事致江耀华函
424	江元湞（江润之）	江润之为苏州、无锡油行事务、裕泰恒米铺营业情况、今年茶号开设何处事致江耀华函
425	江元湞（江润之）	江元湞为出售茶朴、油行盈亏、常栈股份共6，本行3，润之2，欲叫桃弟来苏、方政修病故、寄物、寄红账单事致江耀华函
426	江元湞（江润之）	江元湞为延玉偕上发抵苏、茶叶市场欠佳、询问家乡收成、寄物事致江耀华函
427	江元湞（江润之）	江润之为探问油、茶沽卖情况致江耀华函
428	江润之	江润之为上海茶市行程之好、杭栈事务、坑口米价致江耀华函
429	江润之	江润之为翰兄抵苏、汇款、父亲押茶、弟媳生女事致江泽之函
430	江润之	江润之为茶叶、油行行程、何培金金暂洋行事致江耀华函
431	江润之	江润之为江耀华抵沪、绿茶行程欠佳致江耀华函
432	江元湞	江润之售茶朴、苏油行业务、徐秉衡嘱买之箬叶、苏地难脱事致江耀华函
433	江润之	芳坑江润之为坑口茶市行程致屯江耀华函
434	江元湞	为油行、茶号行程致江耀华函
435	胡殿臣	胡殿臣为家眷平安抵苏、岳父（江耀华）汉口售红茶未脱清事致江耀华夫人函
436	江元湞	江元湞为托代买自用茶朴事致江耀华函
437	江元湞	江元湞为江耀华到九江采办红茶、油行业务致江耀华函
438	江元湞	江元湞为油行业务、茶行事致江耀华函
439	江元湞	江润之为寄物、苏行业务、茶号情况、吉祥栈店情况致江耀华函
440	张德润	张德润为茶号装修、带物、荷茶叶生长事致江耀华函
441	江元溶	江元溶为油、茶、市场致江耀华函
442	江元溶	江元溶为带物、询问茶叶行程、大方荷茶售清事致江耀华函
443	江颐瑞	江颐瑞为徽地冬粮歉收、询问售茶事致江耀华函
444	江元溶	江元溶为寄物、询问茶叶运申脱清否致江耀华函
445	胡殿臣	胡殿臣为岳父茶脱手、油行销售业务事致岳父江耀华函

序号	信函联系人	信函联系事宜
446	胡殿臣	胡殿臣为绿茶市场、带售茶权室致岳父江耀华函
447	胡殿臣	胡殿臣为岳父押茶抵申、小女夭亡、望劝慰其妻事致岳母函
448	江元湞	江元湞为采办莲子、茶叶获利、大小平安事致父亲江耀华函
449	胡殿臣	胡殿臣为家务事劝慰岳父母、茶叶、荤油行程事致江耀华函
450	胡修栋（胡殿臣）	胡修栋为收到西洋参、茶叶行程好、无锡油栈事务致江耀华函
451	胡殿臣	胡殿臣为油行事务、绿茶获利、询问来信事致江耀华函
452	张维贤	张维贤为茶价获利、殿臣逝世致唁江耀华函
453	胡殿臣	胡殿臣自苏州为熙春茶得善价而沽、托代买鞋事致岳父江耀华函
454	胡殿臣	胡殿臣为收售茶子、姑苏收取汇款事致江耀华函
455	胡殿臣	胡殿臣为茶价不佳、油行事务致江耀华函
456	胡殿臣	胡殿臣为代售茶叶、汇洋进出、买物、荤油行程事致岳父江耀华函
457	胡殿臣	胡殿臣致江耀华为茶叶经营及家务往来事之信函
458	胡殿臣	胡殿臣致江耀华为茶、油生意事之信函
459	胡文梁（胡殿臣）	胡文梁致岳父（江耀华）为茶叶生意往来事之信函
460	胡文梁（胡殿臣）	胡文梁（胡殿臣）致岳父（江耀华）为猪油、茶事商品运输事之信函
461	江楠瑞	江楠瑞为苏地茶叶、荤油价格恒大有油行事致江耀华函
462	江楠瑞	江楠瑞为油、茶行程，四嫂生子致贺事致江耀华函
463	胡殿臣	胡殿臣为观瑞收茶、借款托程用光写扇事致江耀华函
464	江颐瑞	江颐瑞为兰溪生意行情、本城、西门、街口开茶叶、漆店事致江耀华函
465	江颐瑞	江颐瑞为寄茶袋、顺菊看坐福寿病、托买物事致江耀华函
466	江颐瑞	江颐瑞为你父亲已经进茶号托办物事致江润之函
467	方辛初	方辛初为汇款油行、茶行市场行程事致江润之函
468	李鲁卿	李鲁卿为茶叶行情销售之事致江润之的函
469	江润之	江润之为江头设立学堂捐、父亲进茶号、油行业务、汇款事致江泽之函

序号	信函联系人	信函联系事宜
470	李鲁卿	知弟李鲁卿为上海茶栈出售祥商绿茶行程、商讨、出售品种和价格致上海江耀华函
471	李鲁卿	李鲁卿为上海茶栈出售祥商绿茶行程、商讨、出售品种和价格事致上海江耀华函
472	李鲁卿	李鲁卿为请即刻到屯安排茶号事、慰病事致江耀华函
473	李鲁卿	李鲁卿为上海茶栈出售洋商绿茶行程、商讨出售品种和价格致上海江耀华函
474	李鲁卿	弟李鲁卿为索讨张冠千合伙营茶事情欠款事致江耀华函
475	李鲁卿	李鲁卿为上海茶栈出售洋商绿茶行程、商讨出售品种和价格事致上海江耀华函
476	李鲁卿	李鲁卿为上海茶栈出售洋商绿茶行程、商讨出售品种一价值事致上海江耀华函
477	李鲁卿	李鲁卿为上海茶栈出售洋商绿茶行程、商讨出售品种和价格致上海江耀华函
478	李鲁卿	李鲁卿为上海茶栈出售洋商绿茶行程、商讨出售品种和价格事致上海江耀华函
479	李鲁卿	弟李鲁卿为上海茶栈出售洋商绿茶行程、商讨出售品种和价格致上海江耀华函
480	李鲁卿	李鲁卿为上海茶栈出售洋商绿茶行程、商讨出售品种和价格事致上海江耀华函
481	李鲁卿	李鲁卿为上海茶栈出售洋商绿茶行程、商讨出售品种和价格事致上海江耀华函
482	李鲁卿	李鲁卿为上海茶栈出售洋商绿茶行程、商讨出售品种和价格事致上海江耀华函
483	李鲁卿	李鲁卿为拜年、赴九江做红茶人员工作安排事致江耀华函
484	李鲁卿	李鲁卿为上海茶栈出售洋商绿茶行程、商讨出售品种和价格事致上海江耀华函
485	李鲁卿	李鲁卿为上海茶栈出售祥商绿茶行程、商讨出售品种和价格事致上海江耀华函
486	李鲁卿	李鲁卿为上海茶栈出售洋商绿茶行程、商讨出售品种和价格事致上海江耀华函
487	李鲁卿	知弟李鲁卿为上海茶栈出售洋商绿茶行程、商讨出售品种和价格事致上海江耀华函
488	张羽仪	后姻弟张羽仪为询问茶叶出售情况事致江耀华函

序号	信函联系人	信函联系事宜
489	李鲁卿	李鲁卿为上海茶栈出售洋商绿茶行程、商讨出售品种和价格致上海江耀华函
490	李鲁卿	李鲁卿为上海茶栈出售洋商绿茶行程、商讨出售品种和价格事致上海江耀华函
491	李鲁卿	李鲁卿为上海茶栈出售洋商绿茶行程、商讨出售品种和价格致上海江耀华函
492	李鲁卿	李鲁卿为上海茶栈出售洋商绿茶行程、商讨出售品种和价格事致上海江耀华函
493	李鲁卿	李鲁卿为上海茶栈出售洋商绿茶行程、商讨出售品种和价格事致上海江耀华函
494	李鲁卿	李鲁卿为上海茶栈出售洋商绿茶行程、商讨出售品种和价格致上海江耀华函
495	李鲁卿	李鲁卿为上海茶栈出售洋商绿茶行程、商讨出售品种和价格事致上海江耀华函
496	李鲁卿	李鲁卿为上海茶栈出售洋商绿茶行程、商讨出售品种和价格事致上海江耀华函
497	李鲁卿	李鲁卿为上海茶栈出售洋商绿茶行程、商讨出售品种和价格事致上海江耀华函
498	李鲁卿	李鲁卿为上海茶栈出售洋商绿茶行程、商讨出售品种和价格致上海江耀华函
499	李鲁卿	李鲁卿为上海茶栈出售洋商绿茶行程、商讨出售品种和价格致上海江耀华函
500	李鲁卿	李鲁卿为上海茶栈出售洋商绿茶行程、商讨出售品种和价格事致上海江耀华函
501	李鲁卿	李鲁卿为上海茶栈出售洋商绿茶行程、商讨出售品种和价格事致上海江耀华函
502	李鲁卿	李鲁卿为上海茶栈出售洋商绿茶行程、商讨出售品种和价格事致上海江耀华函
503	李鲁卿	李鲁卿为上海茶栈出售洋商绿茶行程、商讨出售品种和价格致上海江耀华函
504	李鲁卿	李鲁卿为上海茶栈出售洋商绿茶行程、商讨出售品种和价格致上海江耀华函
505	李鲁卿	李鲁卿为上海茶栈出售洋商绿茶行程、商讨出售品种和价格致上海江耀华函
506	李鲁卿	李鲁卿为上海茶栈出售洋商绿茶行程、商讨出售品种和价格致上海江耀华函

序号	信函联系人	信函联系事宜
507	李鲁卿	李鲁卿为上海茶栈出售洋商绿茶行程、商讨出售品种和价格致上海江耀华函
508	李鲁卿	李鲁卿为上海茶栈出售洋商绿茶行程、商讨出售品种和价格事致上海江耀华函
509	李鲁卿	李鲁卿为上海茶栈出售洋商绿茶行程、商讨出售品种和价格致上海江耀华函
510	李鲁卿	李鲁卿为上海茶栈出售洋商绿茶行程、商讨出售品种和价格致上海江耀华函
511	李鲁卿	李鲁卿为上海茶栈出售洋商绿茶行程、商讨出售品种和价格致上海江耀华函
512	李鲁卿	李鲁卿为上海茶栈出售洋商绿茶行程、商讨出售品种和价格致上海江耀华函
513	李鲁卿	李鲁卿为上海茶栈出售洋商绿茶行程、商讨出售品种和价格致上海江耀华函
514	李鲁卿	李鲁卿为上海茶栈出售洋商绿茶行程、商讨出售品种和价格事致上海江耀华函
515	李鲁卿	李鲁卿为上海茶栈出售洋商绿茶行程、商讨出售品种和价格事致上海江耀华函
516	李鲁卿	李鲁卿为上海茶栈出售洋商绿茶行程、商讨出售品种和价格事致上海江耀华函
517	李鲁卿	李鲁卿为上海茶栈出售洋商绿茶行程、商讨出售品种和价格事致上海江耀华函
518	李鲁卿	李鲁卿为上海茶栈出售洋商绿茶行程、商讨出售品种和价格事致上海江耀华函
519	李鲁卿	李鲁卿为上海茶栈出售洋商绿茶行程、商讨出售品种和价格事致上海江耀华函
520	李鲁卿	李鲁卿为上海茶栈出售洋商绿茶行程、商讨出售品种和价格事致上海江耀华函
521	李鲁卿	李鲁卿为上海茶栈出售洋商绿茶行程、商讨出售品种和价格事致上海江耀华函
522	李鲁卿	李鲁卿为上海茶栈出售洋商绿茶行程、商讨出售品种和价格事致上海江耀华函
523	李鲁卿	李鲁卿为上海茶栈出售洋商绿茶行程、商讨出售品种和价格事致上海江耀华函
524	李鲁卿	李鲁卿为上海茶栈出售洋商绿茶行程、商讨出售品种和价格事致上海江耀华函

序号	信函联系人	信函联系事宜
525	李鲁卿	李鲁卿为上海茶栈出售洋商绿茶行程、商讨出售品种和价格事致上海江耀华函
526	李鲁卿	李鲁卿为上海茶栈出售洋商绿茶行程、商讨出售品种和价格事致上海江耀华函
527	李鲁卿	李鲁卿为上海茶栈出售洋商绿茶行程、商讨出售品种和价格事致上海江耀华函
528	李鲁卿	李鲁卿为上海茶栈出售洋商绿茶行程、商讨出售品种和价格事致上海江耀华函
529	李鲁卿	李鲁卿为上海茶栈出售洋商绿茶行程、商讨出售品种和价格事致上海江耀华函
530	李鲁卿	李鲁卿为上海茶栈出售洋商绿茶行程、商讨出售品种和价格事致上海江耀华函
531	李鲁卿	李鲁卿为租用号层事请江耀华即坐轿到屯溪事致江耀华函
532	李鲁卿	李鲁卿为上海茶栈出售洋商绿茶行程、商讨出售品种和价格事致上海江耀华函
533	李鲁卿	李鲁卿为上海茶栈出售洋商绿茶行程、商讨出售品种和价格事致上海江耀华函
534	李鲁卿	李鲁卿为上海茶栈出售洋商绿茶行程、商讨出售品种和价格事致上海江耀华函
535	李鲁卿	李鲁卿为上海茶栈出售洋商绿茶行程、商讨出售品种和价格事致上海江耀华函
536	李鲁卿	李鲁卿为上海茶栈出售洋商绿茶行程、商讨出售品种和价格事致上海江耀华函
537	李鲁卿	李鲁卿为上海茶栈出售洋商绿茶行程、商讨出售品种和价格事致上海江耀华函
538	江怡祥	江怡祥为茶到上海伊人不开屯号茶叶收购事致张冠千函
539	□□□	为茶叶抽捐、威坪停捐退银缴票、到沪取回护照事致张守瓮函
540	毕霞轩	毕霞轩为拜年、旧岁茶叶情好、托照家务事
541	毕霞轩	毕霞轩为茶号账结算事故致江耀华函
542	姚宗复	姚宗复为划款、借款茶行结束工作致江耀华函
543	李鲁卿	李鲁卿为上海售茶事致江耀华函
544	江耀华	江耀华为茶行、茶叶市场事致某某函
545	唐翘卿	唐翘卿为茶子、福州、温州、茶叶收购数量致江耀华函
546	江耀华	江耀华为运茶途中报销等事致李鲁卿函
547	江文缵	江文缵为制茶、劝父带家眷回徽、家庭债务事致江有科函

序号	信函联系人	信函联系事宜
548	江绍周	江绍周为秀兰母女未返徽、惦念广地妾和女儿、茶叶夷商通于上海不能来广、问候事致妾秀兰函
549	江文缵（绍周）	江绍周为收到信、茶叶本价、运茶去广、王仲山舅公病故事致江有科函
550	毕成甫	毕成甫自坑口寄屯江耀华为寄物、茶出售获利、小麦行程事致江耀华函
551	姚宗复	姚宗复为筹款开支、茶号善后事宜致江耀华函
552	毕霞轩	毕霞轩为茶号具体业务事致江耀华函
553	唐翘卿	唐翘卿为茶子事致江耀华函
554	唐翘卿	唐翘卿为寄汇款票根、茶叶采办事致程松云函
555	胡殿臣	胡殿臣为茶子生意事致江耀华函

上述700余件经济类商业文书中，收支往来类主要是江耀华与各商家生意流水账，举凡成本、出售、收支等均有记录，可见细腻至极和管理水平之高。账目所记内容，不但毛茶和成品茶并举，红茶与绿茶兼营。且除以徽州为主要产地外，业务范围甚至扩展到江西等地。同时所涉茶庄、茶栈颇多，其中诸如锦隆、协和洋行均为赫赫有名大家，折射出江耀华营商能力的超凡之光。合同票据及其他类中，涉及茶号、茶栈及个人均有，账目内容含码单、船票、银票、提款、捐票、税单，以及合同等，主题是票据，记录是痕迹，反映是规章，彰显江耀华的日常经营秩序井井有条，管理丝丝入扣，有条不紊。商业来往信函类文书内容更丰富，信函联系人中既有客方发来的信件，也有主家江耀华发出的信件，来往酬答，尽在其中。尤其来函者，既有名不见经传的普通商贾，也有同为乡亲的徽州茶商诸如洪斌彩等，更有大名鼎鼎的乃至在中国茶史上都有一席之地的粤人老板唐翘卿，从中可见，江耀华交往之广泛，上至达官贵人，下接平民小贩。就信函内容看，茶无疑为第一主题，举凡收购、加工、贩运、出售、行情等尽在其中。然除却茶以外，其他行业也有涉及，诸如江耀华等六人在苏州开裕泰恒米铺合同及协议、徐

秉衡为申估茶寄物具帖申谢吊唁事致江耀华函、吴仲恺为招揽茶叶由杭驳运上海事致江耀华函、汪晋卿为托运寄存行李事致谦顺安茶栈江耀华函、柯振廷为米店招聘股东致江耀华函、程榉圃为收到洋代购箱箬转交衣服事复江耀华函、屯溪吴萃廷为置办中西药、茶栈失火、尊号货凑此机关可遇善价事致江耀华函、江耀华为苏州油行具体业务注意事项茶叶出售情况致江润之函等，表面看商讨业务，深层次是商业伙伴间情感交流，是相互间信任，折射出商业战场间亲兄弟明算账的经济情分，以及互帮互助，共享共赢的利益关系。

二 文学类文书

徽商是儒商，江耀华更是典型。他是经商大家，经年累月，打拼商场，不说家财万贯，至少事业有成，且同时也是书卷气十足的文人雅士。其在经商生涯中，除勤于记录经济类文书以外，且善于学习和总结经验，举凡经历和所涉过程，以及感悟心得，想到手到笔到，便留下文字记录，日积月累，集腋成裘，聚沙成塔，留下许多珍贵记录，形成一手史料，殊为珍贵。据不完全统计，江耀华一生所留文学类茶事文书颇多，除却流失的以外，市面现存的有《徽州至广州路程札记》一册，详记运茶旅途所经过的500余处城镇村庄的风情风俗、距离、交通、关卡、安全，以及所需费用等详细情况；《接洽外商札记》一本，专记外国语言、度量衡、交往礼节、生活风俗，以及亲身体验等；《勤写免问札记》一册，详记与谦顺安、新隆泰、森盛恒、洪昌隆、洪源永、天宝祥、万和隆、溶安、谦慎安、江裕昌等茶庄、茶栈交往事务。同时还撰有《江湖备要》《做茶节略》《买茶节略》《行情节略》和《洋庄茶总眷清册》《产业增添册》等文书，既载业茶技艺，花色名目，也描绘茶人生活，表达喜怒哀乐，字里行间，不啻一幅茶乡市井图，生动逼真，活灵活现，展现其时社会风貌，为后人研究徽州茶商，留下极为宝贵的文化遗产。这些感性文书，可视为定性文书档案，堪称徽商儒而好贾的最佳典范。下面披露的《屯绿做茶节略》《茶事竹枝词》，分别从屯绿加工技艺、茶区风情角度，展示其时茶事风貌，两篇佳作不但叙事完整、思路清晰，且语言通俗、文采斐然。二者生动文风，反映出作者贾而好儒的文学造诣，已非一般水准，完全是大家风范。

民国年间屯绿遗址

待运屯绿

清末拣场场景

江耀华所撰《屯绿做茶节略》，详尽叙述了清末民国时期的屯绿制作技艺，其中尤其是精制技艺的六道工序：一、焙炒。将毛茶置于热锅三次，初为毛火，次为足火，装箱时再补火；二、筛分。分别有抖筛、撩筛、分筛之别，按筛径大小共有10多号，技术要求极高；三、簸撼。将茶叶置于篾盘，由茶师借助风力，上下撼动，将轻者扬弃；四、拣剔。由女工将茶叶中的杂物、茶梗、粗叶等择除；五、适当作色。以米汤等原料做适当添补，以弥补茶叶外观老嫩不齐和色泽不匀等缺陷。但高档茶一般不用此法；六、均堆包装。将同一等级不同批次茶叶混合搅拌，以统一品质，装入茶箱，即可外运。此文工序完整，技艺娴熟，叙事细腻，堪称屯绿技艺教科书范本。具体内容，摘要如下。

毛火（题目编者加，下同）

毛茶叶进号出小伙（婺曰拖潮渗，休、歙曰出小伙）。每锅1.85公斤（松萝秤三斤或二斤半不等），香头二支半或三支不等。毛茶初下锅，嘱焙茶者锒风抖去酸热之气，香至八分或一支为止。再不可锒风。宜要用勤轻之手，反杩车转摩焙，将火平倒，焙至半支香。

灶头把作摸锅始至香头两支七八分，打板摩样起锅，必然颜色漂亮青绿，而且紧结不碎。所进庄之毛茶，不可以堆秘龛，本来青绿有被秘作热变为红黄之虞，恐壤坏卤门，宜赶快收火装箱秘罐为要。

筛法

毛茶起锅，用四号筛或细三号筛过筛，筛下分别称三号毛茶、二号毛茶；筛上分别称大三号毛茶、大二号毛茶。亦可筛去下节，再分号头自四、五、六、七、八、九、十粗、细铁砂筛，各号分清，统皆上扇。将二、三号之毛茶统上撼，分作三处撼清：其撼里为正熙，撼口出者为撼户生熙，候扇取毛珠，再拣熙春；撼簸口前地下之茶畚起，候后分筛。大二、三号茶下锅，名曰出乌尖。又上热撼，撼里为副熙，撼户统为次熙；撼前地下者为次松皮。各项撼净再拣净拖风下靛。此正货之靛略重些。将撼里之正熙分筛大二、三号，上扇取正口，取毛统珠，须淋去毛珠尾，做拣正熙。毛珠统上板拣籽、梗、石灰丁，再下锅摩二三支香。珠坯起锅，分筛上扇，分出正副熙圆珠。团头淋去长身，入靠珠之生副熙内同拣。其正副珠茶，又上板拣去黄蒲蒂头，下锅拖风七八支香不等，下靛看茶身，分轻重合宜。

看各项熟茶白板，黄漂白色有绒头者为高。此是火头手头皆足，可以下靛，即时开文武火，摩一支香或八分，再打板摩样，看取配靛之深浅、冷熟不均。既嘱焓茶者，将各锅冷热配搭扯打匀堆，和摩半支香，再打板取样。看取好者起锅，次者仍要摩焓。若看白样板，有等青漂白色者，此是有手无火，即嘱其开火再摩，赶二板下靛。若是白板，上有等黄乌暗色者，此是有火无手亦不取，即嘱盖火，赶摩三四板下靛，均要配冷热深浅匀堆合宜，看板起锅。若见闻焦气味者，定然暗黄紫色，此茶必焦，宜留神小心；鼻喷闻之倘气息有焦味，即将此茶起锅，筛去焦末，将上架发拣，焦茶若干照价赔偿。然此茶拣去焦茶后，若其本身尚好，颜色不变，无焦气味者，仍入本身正货匀堆。若是拣去焦茶，本身色场已变，兼有焦味红卤者，切不可放入本身正货匀堆，宁可放入副货堆内，以免拖累正货卤门。此系灶头把作之重任，宜要留神小心，不可徇私情也。

扇法

将各风扇所扇各号筛头之毛货，有二样扇法：一曰破肚扇，一曰剥皮扇。其破肚扇，大二、三、四、五号各号毛茶，皆要切筛上扇，头遍扇出皮茶、尖片、次松、松萝之数另放，候后再剥皮扇，脱出皮茶尖片等，再将正、子口上扇，脱出副熙，又将正口上扇，脱出正熙，而正口又上扇，取毛珠；子口为靠珠生熙，正口即是毛珠坯。其毛珠坯，再上扇分出正、副圆珠，切筛抖去筛脚，条直者候取正、副熙，而正副珠坯拣去籽梗，再下锅摩二三支香起锅。分筛过斗上扇，取正、副圆珠，切筛团头，淋抖做净，再拣去黄蒲、扁块、蒂，下锅拖风。其剥皮扇，大二、三、四、五号之毛茶，将各号皆要切筛上扇，头一遍子口出尖片，二遍子口出皮茶，三遍子口出次松，四遍子口出松萝、生皮，五遍子口出副熙，六遍子口出正熙，七遍子口出娥眉熙，八遍子口出毛熙圆珠，九遍子口出毛副圆珠，十遍子口正宝珠。而正口仍归正圆珠堆内，同切筛团头摩抖，淋出条直之茶归于生熙内拣。其筛上之抖头正圓珠，再拣去黄蒲、蒂头、籽梗，一遍拣净。不摩珠坯即拖风戉器，起锅打出筛脚雨，候后统做。筛脚雨其筛上之熟正圆珠、副圆珠，之大二、三、四、五号切筛，抖出条子、蒂头，做净装箱过秤，上号薄候匀堆。但五号正副圆珠拖风起锅，用细五号或五号筛撩头，入五号正副圆珠匀堆。而筛底之正副圆珠，归于细五号之正副芝珠，仍要上扇，子口归于副、次芝珠。

撼法

将软硬撼盘，休、歙曰簸米，手法宜乎均匀。撼盘出口略用微力高些，茶宜轻落，免走正货。车转平服跳滩，收戂滚跌攥夹出户，感前宜将撼内之正货，又将出户之副货，并戂前地下之次货，三项拟看软硬毛净。此是为撼者心思眼力手法配裁，并嘱摩尖锅之人不可懒手，不准火头过大，尤恐焦紅叶张卤门皆变。亦不可用蛮力凿碎，所有芽杪，皆被□钝断折，不能秀气。如此暗中弊端，是为撼者时刻留心照应。宜用溦微之火，嘱焓之人，宜手头轻些，保惜茶品质香卤门为主。比系为撼之人之责任也。将各号之货起锅，筛去筛脚，再上撼簸，撼净分清正副雨装箱，贴箱竿某庄某号某茶候抖拣。其起锅之筛脚雨，归人毛茶各号，毛货之筛脚雨同做。

拣法

拣场看拣秤架之人，心须正气为主，不可与妇女谈笑搅舞，恐生是非口舌。进出之秤，必要上两处校准。如收秤上少秤，欠数即要上板摩来及地下排来补数。如补不足，即要照数赔偿，计钱若干批票标名，将钱并票，穿挂在秤架上，以警将来偷窃之弊。

其收秤之人，务宜仔细看朴，并看净卤子，以免掉包。但发秤之人，畚茶宜用双手轻抄，畚入秤箕，以免茶叶断碎矣。若用一只手，畚茶撞箕及硬茶船蛮畚，其茶必碎甚多，大有亏损矣。拣场发货。拣择各号各样毛货茶名，看拣先生及发秤之人、收秤之人，应叮嘱拣茶之妇女，要拣出之朴。其正熙宜拣出二黄条、黄蒲、扁块、黄朴、蒂、黄腿、籽梗。其正熙之拣朴，切筛脚上扇复拣。副熙宜拣出黄蒲、黄腿、黄扁块、老黄条、蒂头、籽梗。其副熙之朴，切筛脚复拣；生松宜拣出老黄片、朴梗。但生松之朴，宜拣出金黄片、老木梗、人生皮。皮茶匀堆拖风。其正圆珠，宜拣出黄蒲、扁块、籽、蒂、梗。正圆珠之朴，宜切筛去脚，再复拣副圆珠。所切筛之筛脚雨，归于毛茶之毛雨内同做。其副圆珠、熙圆珠，宜拣老黄蒲、黄扁块、蒂。此副、熙圆珠之朴入皮珠、松皮之数。其正宝珠、正芝珠，宜拣出籽、黄丁、梗、黄扁块、二黄蒲、石灰。此二号之朴，复拣副芝珠、次芝珠。其副芝珠，宜拣出籽梗、老黄丁、黄扁块、石灰丁。此朴入熙圆珠、皮珠、松皮之数。其正娥眉，宜拣出二青条、黄腿、黄硬筋梗、蒂，共朴候撼，再取做拣第二遍。其雨前、生雨，宜拣出黄条、黄腿、梗蒂。其朴候撼取拣熙雨。其熙雨，宜出黄腿、黄硬筋、蒂梗。其朴入常雨，宜拣出老黄金片、金黄腿、老梗。其皮雨，宜拣出老黄金片、老梗。

着色法

不论各项之拖风货，香头若干，至香头仍有二支香未点时，宜打盘摩板看样，取其火、手头俱到，呈黄漂白，亦有绒头者下靛，看茶身分正货净配洋靛。但二号货并副货，配洋靛、熟石膏或滑石（二比八或三比七），配研均匀，配量合宜而下，用靛匙畚靛，要随锅边沿拖撒而下，不致糊在茶握缝内，吃紧摩散不开，名曰“黄雀屎”，触眼可厌。下靛之时，嘱焙茶之人，即时开火，轻手赶快反摩，如此不至颜色花搭，必然漂亮，亦有绒头光彩之色也。摩靛半支香，再复打板配样，靛之色场深浅、花搭、冷熟不匀，宜扯配搭，锅内伴匀均堆。头板已下靛之茶，焙至香头末支剩余七八分香之数，即摩板看取起锅。如是看白板样，手头火头皆未到冷白者，此系乎无火；乌黄者，此系有火无手，亦皆不取。嘱焙茶之人，冷者开火，热者盖火，再看白板上有红黄之色者，即至鼻头嗅喷气色焦味若何？如是真焦味末身，必红卤门，即时起锅将末筛去，另放不要。而将本身之货，铺洁净石板地下摊晾，以退火焦之气。再拣去焦茶若干，并焦末及拣工计钱若干，言明赔偿。倘本身正货焦茶甚多，而水门香味俱变红黄之卤者，切不可仍归本身之正货，务宜降入副次货堆内，以免拖累正货之卤门矣。再头板取下靛之后，灶头即摸锅看火，催焙茶之人赶二板，将头之白板青板样，杩一把做样，照比二板似样起锅。如有顽皮懒焙者，即任其拖延而除伊香头，或有恨气开火，用力舂打磨□焦碎者，即照价赔偿为主。但灶头及副手，不可徇情，务要时时刻刻留心，防之为要。

包装法

老火筛场，预先将箱罐摇净，以免内藏粗细生熟泛茶等物。摇清看过，方可装净熟之茶。用箬皮剪好掩口为要。摇罐各茶司，无论风扇、抖筛、摩尖、撼簸、拣场、秤架、焓茶、淋筛场，以及上箱匀堆装箱之人，经手摇罐，必须双手捧捏上下罐角，平摇出宿茶，其罐不伤，而且经用。四柱条直，罐口不伤，不致断折损坏。若双手捏罐腰间而摇，其罐腰柱即烂，此罐易破不经用也。装茶之时，嫡要紧先看过罐内无有宿茶，并箱桶内亦无有宿茶，方可装茶。以免生熟宿泛，粗细混乱，夹杂之虞，此事各人务宜留心至紧切要。各茶司及淋抖筛者，所经手装茶，手掌指头宜用暗力挺直，浮按指下之茶。装箱之法又紧，且而不碎。如若手掌指头呆用硬力，蛮触装紧，不但罐口易破，且而茶叶受伤粉碎矣。此事虽是节内，究竟是大节也。驮有罐装茶之箱，必须用右手指头钳箱口角，左手托箱底，用力上肩。罐口宜朝上，平驮上堆。码上宜四角封合平正，不可歪斜。若是将有罐装之茶之箱，横驮上肩，罐口朝后切不宜，恐其茶叶撒泼下地，兼之装茶之时，罐外箱口夹层，含藏茶叶，亦皆撒出矣。如此横驮之把作及淋筛等人，匀谓逞能作巧，不准横驮宜乎禁之。

要诀

各花色之茶若拖风，婺曰打小伙，休、歙曰拖风。每锅净茶，以松萝秤三斤点香头下锅。正熙七八支香；副熙六七支香；松皮皆五支香；正宝珠九支香；副宝珠、生芝珠皆系八支香。此圆珠系磨过珠坯者，是以拖风即少香一支。若是生做未曾磨过珠坯者，拖风即要多香头一二支，亦要看火色身分如何。正娥眉九支香；生雨八支香；熙雨六支香之则；常雨、皮雨皆系五支香。看身分而配香头，嘱焓炒茶之人，总宜勤轻双手反摩茶叶。焓正、副之货，灶头及副手，必宜摸锅，看火冷热合宜。每锅茶要摸锅看火二三遍，方保无焦碎之虞。

……

其香头每天只作点香十八支。亦有每天作点十六支香者，此香棒，较十八支香者略硬些，挪扯十六支、十八支，皆是一样。早晏预先配某茶应香头几支，香头配搭茶下锅，一日几锅该香若干。如尴尬不配香头者，即加香头或欠香头，临时变通，以免天晴落雨，早晏不一也。将拖风各项次熟货起锅，如是正生熙、副熙，起锅先筛去筛脚雨，候后分筛，上扇取正、副珠雨。而本身之正副熙，分筛各号熟淋抖出条直者，装箱过秤贴箱竿上号薄候匀堆。其正副熙熟淋出之抖头，又要复做切筛团头上扇，正口取正圆珠、副圆珠，子口取熙圆珠、皮珠，又子口取副熙、松萝之类，看货身分卤子取料，不能划一。全靠在为熟货风扇之，伶俐精细，见景生情。再与管号先生及把作头看过参酌定，毋论粗细正副之货，皆要由熟货风扇之经制，此可谓要紧剑门，不可懒收拾、省工夫，聊表过门，此即糟蹋正货，且而正副之货，毛净不清。

若是拣场上发来之净货，必须未下锅之先，为把作灶头及老火风扇，并焓锅副手过眼看过，如是净方可下锅；如是毛即打回复拣，拣净再驮来下锅。此易亦便之事，若不精细看过，毛净下锅，收焓起锅，再讲拣毛已迟，即与拣场无涉。此系把作灶头及熟货扇之人，不看毛净之过也。若再熟货复拣，仍要补火。又加拣、火二遍，断折细碎，而茶更吃亏矣。而焓各号珠雨，毋论各项下锅拖风之货，皆如是看过取做之法也。其拖风副熙拣朴之松萝起锅，宜打去筛脚雨，此雨另立，候后分取常雨、皮雨之类。而筛上松萝内有黄蒲果、扁块，此等之货，宜取做熙珠、皮珠之类。其皮珠内所有各项之拣朴，及熟松萝皮内，同取出之抖头皮珠，色场深浅花搭不一，宜将各号深浅拌和匀堆，下锅打滚补火二支香头，略热些，再配加些许之靛而配合之，色场匀净耳。

各项正副熟货内，及各项熟筛脚内，所是上风扇扇过取出之正副货，或上拣复拣过之熟货，皆有风潮，毋论正副熙内取出抖头之副圆珠、熙圆珠、松萝；生皮内取出抖头之皮珠；各项熟筛脚雨内取出之正副熙、正副圆珠、正副芝珠、正副雨前，种种取出之熟货上架，皆经过扇拣，有二处风潮，皆要下锅打滚补火二三支香头不等。看身分色场深浅不一，宜略加少许之靛以配，合颜色匀净之，故合宜不致花搭受泛矣。且而下架之正副货，皆不必补火，而取出上中下架各项副货所扇者，未经拣，皆不必补火；取出做净者，即装箱过秤上号薄候匀堆。

将拖风各项珠雨熟货起锅，毋论某号头之筛上，必须比某号再粗一号之筛，撩去筛顶上之粗头，免有别样生熟粗细之茶，及锅面上茶巴斗内夹藏杂宿之茶，混在其内，必须用粗一号之筛过砻，方可稳妥，收焓清净撩出之头，或拣或撼再拣，或仍入本身匀堆，或入伊次一号匀堆，看之身分而裁，取料入堆可也。此是老火筛场上之人，切不可懒惰贪省工夫，不撩头、不过细看。恐有粗杂生熟不匀之茶，混在其内，不可不防也。次系把作及老火风扇并筛场上之人责任也，亦是同号各样花色之茶，毛净好歹，皎洁皆在此一举，可谓过此一大关键，衙门好歹定事之处，而管号者亦要时常照应酌料。

将同号内之茶，毋论生熟毛净之货，堆放各处过夜，必须要盖好。倘遇有风暴雨天气，务要着打杂把作及抖筛之人，切要细寻看漏，不可大意。所是过夜之茶，不论风扇、拣场、撼场、筛场、锅场等处，各人经手堆放者，各人收拾盖好，以免推卸，各司其事。

将各花色之末头，为熟货风扇者，宜预先将各项之末头，各堆另放扇净，以备各堆上箱过秤掺和配用，以免临渴掘井，措手不及矣。上箱老火，婺曰上大伙，休、歙曰上老火。各匀堆之茶下锅，但灶头及副手，宜要摸锅冷热板起锅，正货打焓二支香上箱，副货一支半香。将茶倒在大球盘内拌和小匀堆，再过细末板筛，筛去绒末，倒在砠箱内，另掺些本身之末头，半斤或拾两、十二两为止，不可多掺。再看大匀堆本身之茶粗条接骨，下身不重稍微多掺点。如看本身大堆细碎，只可少掺些为妙，嫌之脱裤不接。此末头较准每箱若干，或用碗或用小船亦可，装放砠箱茶内同称，上秤过好每箱斤两若干，装箱分口之成功也。其砠箱轻重配定，以好令用。但早朝午后，宜复过秤校准，恐有轻重不一，如掌秤记之。将匀堆场内量茶之人，宜将大堆上之茶，横爬一路，和拌小均堆，更加匀净。脚底经常扫，免脚踏之茶叶碎伤，锅头轮数酌裁加减量之可也。

江耀华所写的36首《茶事竹枝词》，是以其业茶的亲身经历，用徽州俚语撰写而成。主题反映的是清末民国间徽州茶叶生产加二和市井社会场景。该文以屯溪茶景为总领，叙事顺序从茶叶上市、放贷、收购，到加工、拣茶、取引等，情节完整，场面系统，层次周到。其中描写人物繁多，有茶号老板、螺丝小贩、账房先生、制茶男工、拣茶女辈、制罐工匠等，笔触所到，形象生动，栩栩如生；其文叙事细致入微，情感丰富，既写老板呕心，也写小贩沥血；既写女童辛酸，也写妇家劳累；既写老妇抱怨，也写娼妓勾客；既写学徒艰难，也写茶师辛苦。同时融情感于文，寓褒贬于事，字里行间，立场分明。如厌恶茶行瞎张罗、批评小题大做的送礼、同情女工求拣位、体谅学徒之辛劳。总之，整篇《茶事竹枝词》人物形象活灵活现，社会风貌栩栩如生，茶情风俗丰富多彩，客观地反映了其时纷繁万象的茶事社会，且文字通俗，文笔生动，文采斐然，生动感人，为茶风习俗真实写照，犹如一幅屯绿茶市图长卷，弥足珍贵。

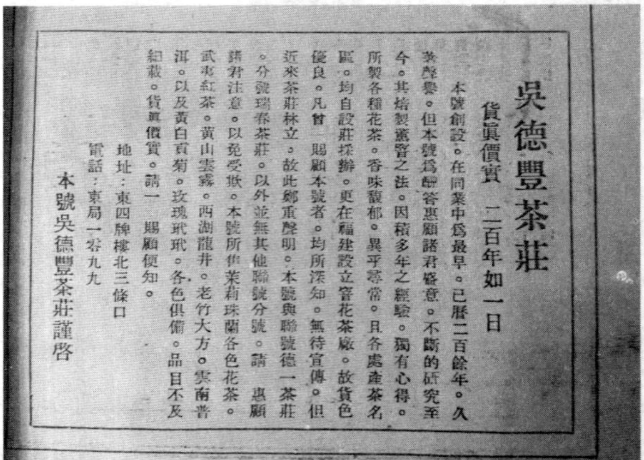

茶庄广告

运茶码头

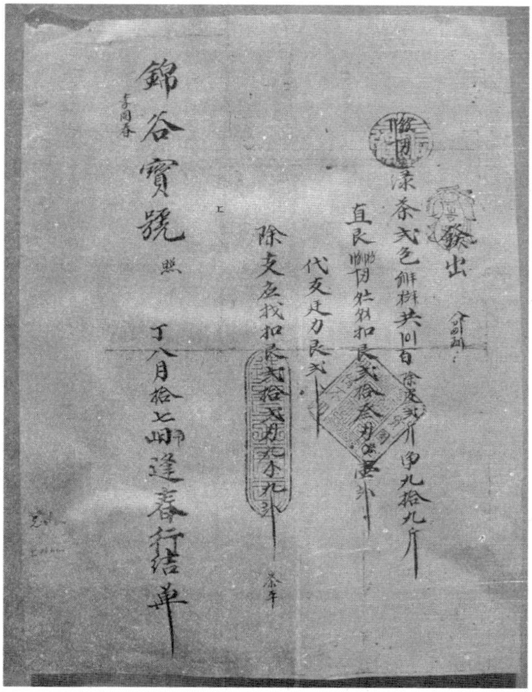

錦谷寶號 照

丁八月拾七日 逢春行结单

运茶凭单

附:《茶事竹枝词》

1.新安土物尽堪夸，摘了春茶摘子茶。最是屯溪商贾集，年年算得小繁华。

2.茶行事事瞎张罗，巴结茶商获利多。闻有几家新客到，一时都想吃天鹅。

3.大字门条贴两边，万年红纸换新鲜。茶行茶号分明写，好等完工算佣钱。

4.高墙广厦甚堂皇，斟酌锅场与拣场。每到新年才过了，竹工砖匠一齐忙。

5.有钱老板总辉煌，一半徽商半客商。别有螺蛳难脱壳，也拖水脚做洋庄。

6.声名莫是怕招摇？不算谦恭不算骄。进号已经三百担，对人还说莫多挑。

7.隔宵奉命出山庄，收拾银钱几担装。折本赚钱浑不管，既厘回佣且叨光。

8.纷纷买客乱如麻，辨别名境总不差。为要价低偏放价，嫩头都抢本园茶。

9.账簿高高一大堆，大家都是为求财。钱庄刚做分厘去，又见行官送样来。

10.各邑厘金各邑完，似防盗贼有巡栏。局中不问江西宝，发脚先愁请引难。

11.结队成群讨引来，粉红黛绿逞人才。声声来把先生叫，缠得先生解不开。

12.争明论暗肆咆哮，坐了编成莫混淆。还是旧年原板好，学他燕子各归巢。

13.提携小女当嬉游，预备朝来接早筹。为要人前充大囡，未干雏发已梳头。

14.自古才能有短长，一兵何碍吃双粮。出名好手知多少，夹引年年带几张。

15.梳头要趁未明天，夫婿情多泥短眠。今日早茶拼误了，太阳晒到枕头边。

16.老妇婆婆剧可哀，回轮日打两三回。惹她当面喃喃骂，侬也曾经年少来。

17.么事娼家也拣茶？不缘钓客肯来么！歪腔小曲低声唱，四季相思翦翦花。

18.欲断人声此刻无，怒持相骂笑相呼。耳边别有呜呜响，瞎子先生扯二胡。

19.六幅湘裙带水拖，凄凉一曲雨花中。晚来打阵归宜早，摔得明朝吃冷茶。

20.学上茶门第一遭，越因生手越辛劳。可怜已是归家晚，偏要教侬扫地毛。

21.一斤情得七文钱，积少成多有几年。忙煞裁缝银匠店，请工上门打时妍。

22.先生收拣本无私，公道还防有怨闻。若把拣场方好屋，此公算是大宗师。

23.尖毛秤架两边分，四两何妨当半斤。玉手纤纤亲授受，面前小立也销魂。

24.打印先生两眼忙，终朝销受粉花香。可怜日暮群芳散，夜夜孤眠白板床。

25.管锅司务最轩昂，吆喝高声意气扬。火候十分看仔细，一天烧得几根香。

26.辛勤最悯焓茶工，汗染衣衫半截红。曲背弯腰双手摸，前身应是摸鱼翁。

27.粗细茶筛次第排，撼盘风扇是区侪。头帮要紧工须赶，场上新添冷饭筛。

28.连日辛劳焙夜茶，三更犹是未归家。明朝有约来须早，宜把工钱逐睡魔。

29.打杂支更兼挑水，最低茶使最零星。无能只好研洋靛，乳钵纱筛手不停。

30.粥饭三餐过一天，庖人不肯换新鲜。笑他不管酸卤味，只算灰洋并粪钱。

31.专门包揽做茶箱，上案曾经闹一场。交易总须随客便，而今切莫再齐行。

32.几张洋铅开店铺，焊成锡罐费工夫。世人莫道情如纸，力薄还须纸裱糊。

33.看看佳节近端阳，鸭子腌鱼送礼忙。越是小题偏大做，挽求情面荐船行。

34.管事心焦日夜催，几家闻已打官堆。要知夺彩关时运，赶早何曾定发财。

35.除去包皮算净茶，码单配好不争差。若还补引须先补，免被沿途卡勇讹。

36.几家花色几多箱，三七还兼二五装。划子轻飘萝鸟革，写船最好是鸳鸯。

第九章　茶业在战火中跌落

一　外力打压和战争摧残

遍览国内外专家研究学术成果，举凡论及徽州茶业衰落，基本持时间始于清道光时期以后的观点。这些观点既有丰富的史实论据，又有缜密的逻辑推理，固然十分正确。然笔者认为，此结论因所涉岁月时间过于漫长，推论显得宽泛宏观。仿佛徽州茶商很早就患病在身，却不去积极救治，任其肆意蔓延，直至病入膏肓而亡，令人感觉论述不够过瘾，总觉得其中当有致命原因，更值得深究剖析。

实事求是说，业经数百年发展而来的徽州茶业，至清道光时期（1821～1850年），尤其五口通商后，虽有病患上身，然实力仍强盛，非受强大外力的突然打击，当不至于遽然衰落。徽州茶业在后来彻底衰落，究其原因，笔者认为当有两个方面：既有冰冻三尺逐渐滑落的间接原因，更有来势凶猛的战争摧残的直接原因。具体说：一、战前外力打压致其身患伤病，埋下衰落伏笔；二、战争直接摧残，可谓导火线，引发潜伏病根，致其快速跌落。

（一）战前因外力打压致身患伤病

中国茶叶自1842年《南京条约》签订后，受国际茶市的拉动，由于外输迅猛增长，刺激国内生产畸形发展。其中1840～1870年为垄断世界茶坛时期；1871～1890年为发展巅峰时期，其中1886年达到高潮。1890年以后，印度、锡兰（斯里兰卡）产茶成为常态，世界茶叶贸易格局改变，中国茶业逐渐衰退，徽州茶业也不例外，在外力的打压下，开始滑坡，且每况日下。

首先，在时局判断上，清政府见事缓、反应慢，当属埋下伏笔。早在清同治九年（1870年）前后，印度茶、日本茶在英美茶市就渐占强势，中国茶开始出现衰退拐点。但由于销俄砖茶仍在增长，华茶出口仍维持十多年繁荣表象。正是由于这种表面的增长，未引起清政府和业茶者的重视，以致延误挽救时机，直至光绪二十年（1894年）后，红茶出口锐减，人们才普遍意识到中国茶出现危机。然此时的清政府已处于风雨飘摇之中，心有余而力不足，即使觉醒也为时已晚。既然朝廷如此迟钝，徽州茶商即使有所反应，也是枉然。

其次，在茶类品种上，徽州绿茶开始受敌。受利益驱动，英国自其殖民地的印度产茶后，很快便着手对国际茶叶市场进行有意识地操纵。他们极力贬低中国茶，对中国茶叶进行多方阻碍。《中国茶叶外销史》载："1890年后，受英国宣传作用，美国人口密集区域，对绿茶的嗜好，为红茶所替代，茶叶贸易遂大变动，随后输入英国殖民地出产的红茶，更助于宣传广告和游行运动，使中国绿茶销路大受打击，这种新茶（指印度红茶）渐次普及。"在此背景下，首当其冲是屯溪绿茶出口受到威胁。

再次，在制茶技术上，徽州茶业受到威胁。同治十一年（1872年），印度人William Jackson发明红茶加工揉捻机，首开机械制茶先河，两年后，印度人Edward Money又发明了茶叶干燥机。茶叶加工机械化极大提高了茶叶生产效率，降低了生产成本，且提升茶叶品质。茶叶科学技术的研制领先和应用推广，是印度茶叶获胜的基本因素，乃至他们的茶叶在国际市场上具有较强竞争力。相比之下，徽州传统手工制茶本来效率就低，生产成本相对较高；加之缺乏科学手段管控，茶叶质量稳定性欠缺，致使逐渐在国际茶市日趋丧失竞争优势，渐显被挤出市场之态，在所难免。

还有洋商极力打压，也是原因之一。如民国四年（1915年）夏，著名教育家蔡元培考察徽州茶叶，感受颇深。其在日记中叹道：若论茶业现况之盛衰，则一般茶商类多疲茶可怜之色，虽表面上勉强支撑，而实则十九亏折。其故缘茶市以洋商为主体，开盘定价，皆须听命于洋商，往往大批运往上海或汉口。当其去时，莫不欢欣鼓舞，冀得善价而归，及其入市定价，欲争论则无发言之权，欲不售遂绝后来之路，惟有垂首长吁以返耳。故最苦者为茶商，而种茶之户，利尚不薄。盖茶商日多，向茶户竞买草茶，于是草茶价涨，而成本愈重，亏折愈大。然此茶户之利，宁可久恃者。一旦茶商仆而茶户之命与之俱绝耳。

（二）战争摧残致茶业断崖式的跌落

本章题目叫“茶业在战火中跌落”，说的是徽州茶业衰落主题。严格说，将徽州茶业的衰落完全归结于战火，貌似不甚公允。因为任何一桩重大历史事件，从起始发展，到滑坡衰败，必定有错综复杂的主观和客观原因，需要漫长时间逐步演变，则当属一个日积月累、潜移默化的过程，绝非一朝一夕瞬间遽变，兀地跌落。然话又说回来，残酷战争是摧毁一切武器，不但破坏人们正常的生产生活秩序，甚至就连人类也可使其在一夜间灭亡。查阅史籍，类似事例，古往今来，不胜枚举，何况区区几片徽州茶叶。尽管徽州茶业在战前早已患病在身，然正常生产仍能维持，而导致其断崖式跌落，而非渐进式的衰落，根本原因则完全是破坏稳定时局秩序的战争，才是真正的罪魁祸首。有关这方面的真切事例，数不胜数。如第一次世界大战后，欧洲各国经济遭受沉重打击，对外贸易锐减。徽州洋庄茶外销受阻，茶农组织自救，如祁门组建茶户公司，自产自运自销，盈亏按量分摊。然受此影响，祁红出口仍急剧下降。如据1921年1月4日《申报》载：

> 华茶之销行国外者，市面日见衰颓，竟有一落千丈之势。昨日某茶商谈及茶业凋敝情形，为记如下。自俄国内乱起后，华茶销路日少，较之欧战未发生以前，红茶不过十成之一二，绿茶不过十成之三四。经营洋庄之各茶栈及茶号，苦不堪言，停业者已过半数……目前祁门茶栈曾在茶业会馆开会集议，决定停办祁茶一年。

如果说，上述战争对徽州茶业影响，还不完全致命。那么1937年日寇发动七七事变，引发抗日战争全面爆发，则是置一部分徽州茶叶于死地的命穴。如著名老字号汪裕泰在上海的第一、第二、第三、第四茶庄及外地分店纷纷关闭。再如创制于明末清初的祁门安茶，历经几百年发展壮大，到民国二十一年（1932年）尚有47家茶号生产，年产量2000担以上。然抗战一夜间爆发，安茶生产遽然停止，从此泥牛入海，再无踪迹。直至半个多世纪后的1983年，受港商呼唤，经多年摸索，到1992年才姗姗复产。其间多少沧桑，难以述说。为此，2015年台海出版社出版的《寻找回来的安茶》书中叹道：

小小一片叶，命运连世界。1937年，抗战爆发，时局动荡，香港、南洋被日军占领，皖南也处于战火包围之中，安茶运路中断，销售无着，随则停产，乃至从此偃旗息鼓，销声匿迹，逐渐淡出人们视野，沉睡难醒。

类似事例，俯拾皆是，不胜枚举。抗战结束后，接踵而至又是第二次国内战争，枪林弹雨，战火纷飞，茶农无力种茶，茶工无心制茶，茶商无法销茶，由此导致徽州茶业一落千丈，以一息之气，苟延残喘，勉强支撑，再难雄起。据2010年版《黄山市志》载：抗日战争爆发后，茶叶销路受阻，茶市疲俏，茶价波动，茶农弃茶种粮，茶园荒芜，1949年市域茶园只有169899亩。相对于民国二十五年（1936年）的30.65万亩，面积减少几近一半。

二 国内时局混乱和苛政

再从中国自身找原因。五口通商时期，我国时局不稳，战事连绵，如太平天国战争、军阀混战、匪患等，局面混乱不堪，使正常贸易时遇风险。同时，茶叶对外贸易格局改变，各种利益关系重新调整，政府为维持局面，不断增加苛捐杂税，造成关卡林立，再加地方趁机敲诈勒索，经济环境极差，茶农茶商不堪重负，导致茶业经济效益每况愈下，日积月累，渐入深渊。

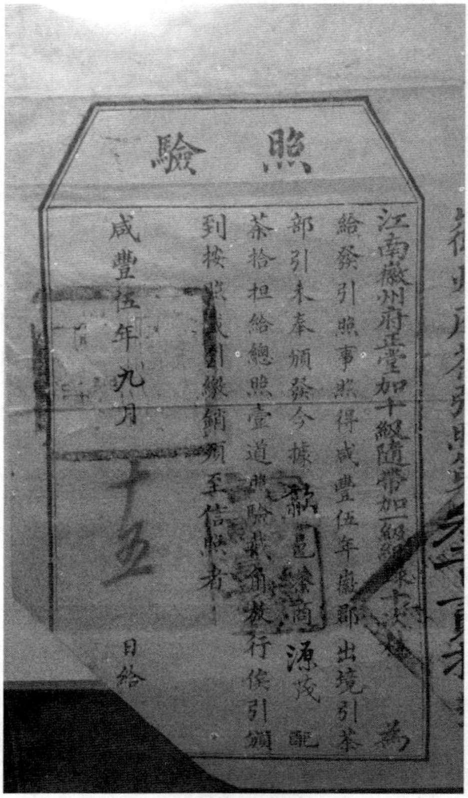

照驗

江南徽州府正堂加十級隨帶加一級紀錄十次　為
給發引照事照得咸豐伍年歙縣出境引茶
部引未奉頒發今據歙邑茶商　源茂　配
茶拾担給總照壹道照驗　行俟引頒
到按照　繳銷須至信照者
咸豐伍年九月　十五　日給

裁角的茶引

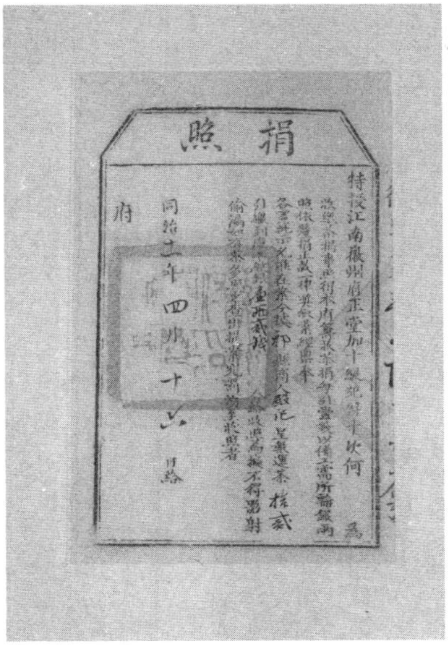

捐照

特授江南徽州府正堂加十级纪录十次何 为

同治十二年四月十六日给

府

茶捐票据

今日屯溪老街

（一）局势不稳的影响

首先，五口通商后，原先唯一的广州口岸，逐渐被上海、汉口等多地口岸所替代，原先皖南通往广东的专用商道逐渐失去作用，大量脚夫随之失业，社会随之震动。如清代官员黄赞汤在一篇奏疏说到：

奏为外国就抚港口新开，江西广东沿途船户、挑夫亟宜严加弹压，以靖地方恭折奏祈圣鉴事……臣查外国所需内地货物，惟福建黑茶、安徽绿茶、浙江湖丝三项最大，每年出口价值至四千余万两之多。其中脚费约计二千余万两。当初并归广东贸易，路运值昂。按价起课，帑项不至于少亏，而穷民亦藉于糊口。今闻江苏闽浙港口分开，一切客商，势必舍远就近，黑茶往福州、绿茶往上海、湖丝往宁波，较之前赴广东者，脚费既轻，价值减半，江广两省穷民将无所借以为生计。臣籍隶西江，界连东粤，稔知江西之广信、南安，广东之南雄、韶州，沿途船户、挑夫借此营生者不下数千万人，广东省藉洋务营生者不下数万万人。若各货俱于近地贸易，则各处挑运穷民一旦失业，衣食无资，必将聚而为盗。

事实上，十年后的太平天国运动，之所以能在江南区域大面积发展，其与各地船夫脚夫因大量失业，生活无着而参加不无关联。如祁门西路陈狮子积极为太平军带路攻入祁城，即为例子。

其次，太平天国战事对徽州茶业打击更大。战乱不仅对徽州本地产生巨大破坏力，徽商活动最活跃的长江中下游地区，财货及资本遭受巨大损失。长达十几年的兵燹，致徽商积近百年心血打造的各种长途贩运根据地，几至丧失殆尽。如入粤路线受阻，阊江水运失去商道功能，业茶广州的江绍周在给妻子的信中叹道：今年所做之茶，意想往广，公私两便，不料长毛扰阻，江西路途不通……所有婺源之茶均不能来粤；再如本书第七章所叙歙南芳坑江氏茶商江有科父子，因太平天国战事起，贩茶入粤道路中断，生意开始衰落。咸丰四年（1854年）五月，返回老家，自此一病不起，不久与世长辞。其子江文缵虽继续从事茶叶贸易，然同治元年（1862年），在贩茶外销途中，不幸发病，也客死异乡。还有更多徽商因通外地的道路受阻，迫于无奈，只好将原先遍布长沙、汉口、苏州、上海等地的商务，陆续收缩至家乡，其中胡适家族则是最好例证。胡家经商数代，到其祖父胡奎熙时发展到最盛，在江苏、上海等地，拥有四座茶号、一个茶庄、一个杂货店，以及一个徽菜馆。太平天国起事后，茶号接连毁于战火，其中一叫茂春的茶号，被毁又建，建好又毁，反复至少四次，缘此胡家人才不得不收歇回家。徽州自古因高山阻隔，向来很少遇战祸，但却成为太平军与清兵激烈争夺地带，曾国藩驻师祁门，更纵兵大掠，致使全郡窖藏为之一空。

再次，国内政局不稳，导致匪患丛生，致使徽州茶业频频受创，也是原因之一。如民国十八年（1929年）3月31日，东至匪徒朱老五率部100余人，进发徽州，越大赤岭，中午抵祁门县历口镇。时值红茶登场，商务颇盛。然商店老板见其军至，纷纷关门逃避。朱老五寻人不着，令部下择高门大户纵火焚烧。由于火势蔓延，历口镇20余家商店、茶号尽被烧毁。午后，朱部至小路口，祁门县府派代表前往谈判，表示愿意送5万～10万元茶仪，请其绕过县城，朱拒绝。祁门县长、公安局长等闻讯逃遁。4月1日，朱部进入祁城，焚烧县署、公安局及王永顺木器厂，同时没收了洪源永茶栈的大量现金作为军需。打劫祁门后，4月4日，攻克屯溪，两天后焚烧屯溪东镇、西镇、河街三大商业中心，随后渡河到阳湖，抓捕茶商吴荣寿未着，焚毁吴宅。事后统计，屯溪一劫，茶界精华，尽化灰烬，损失达300万以上。当日离屯途经休宁龙湾、溪口等地，再次烧杀，龙湾商号烧10余家，溪口纵火，130多商家遭灾。4

月11日，攻入婺源县城，再克茶商。14日，朱部遇国民党军攻击，扰茶事件方告结束。类似事例，又如民国二十二年（1933年）11月25日《新安月刊》载：

> 婺、祁两邑月迭传匪警，而尤以婺源上坦损失为巨。匪众来去自由，所谓追击，殆等欢送而已！宁能俘一匪一贼哉！……茶市为吾徽农村一大收成。当新叶登场时，茶贩麇集，皆身怀重资，尤为匪人所瞩目。最近之祁邑四郊多垒，匪氛条起者多以此，而婺源上坦案，闻亦为孙姓家藏收茶现款故。犹忆当年朱匪屯溪至浩劫，正亦茶市盛时，非无因也。

此外，还有自然灾害侵蚀。如屯溪致中和和瑞春祥茶号，民国三十年（1941年）后，先后遇水灾、火灾，元气大伤，其中瑞春祥关门歇业，致中和仅剩17担茶叶资本。

（二）苛捐杂税的重负

五口通商后，中国茶叶外销本为英美等国茶商机构垄断，致本国商家获取的利润大为降低。同时我国外贸制度与发达国家间差距极大，整个茶叶市场体制机制很不完善，茶农茶商获利甚微。而政府却不时施加各种赋税，无形中加大业茶者负担，从而导致整个中国茶业逐渐下滑。徽州作为重点产区，更是难逃其劫。

清代实行茶引制度，茶商根据外运茶量多少向官方缴纳引税。同治年间（1862～1874年），每引不过分厘。太平天国起事后，朝廷为解军饷之急，于咸丰三年（1853年）开征厘金，徽州名为皖南茶厘局管辖，其实此项税费几乎专为徽州而设，开始时税厘较轻。同治元年（1862年），两江总督曾国藩奏准茶引新章，每引由100斤改为120斤，每引征缴正项银、公费银、捐银、厘金银共计2两4钱8分，茶农茶商不堪重负，乃至出现“十商九困”局面，到光绪十年（1884年）后，皖南茶叶亏本达到三四成至五六成不等，几至难以维持。如光绪十一年（1885年），两江总督曾国藩道：皖南田少山多，民以茶为生，商以茶为业，一旦课重难支，商民生路具困，岂第课税无出，及丁漕等项，亦难征收，实于国计民生，大有关系。然朝廷并不理会，光绪二十年（1894年），中日甲午战争爆发，每引再加捐三钱六分，引起地方不满，后迫于舆论，拨出八千余两捐银做教育经费。再加昂贵运费等开支，茶农茶商叫苦连天。如本书第五章《吴炽甫账簿》载，光绪二十一年（1895年），其运茶6000斤，收购加工成本共244.044元。该批茶由屯溪运宁波，经宁波海运至天津，各种运输费用开支共506.205元。运抵天津的茶叶，总成本达750.249元，其中运输成本占67.47%，茶叶价格已被推高3.25倍。如此贩运成本，严重超过生产加工之和，几至触目惊心程度，同时税费如此苛重，地方官员为保一方安宁，不得不冒杀头之险，频频向朝廷呈报奏折，请求减轻。如休宁县官方奏道：

吴敬思观察以壬午岁（1882年）奉制府檄，来屯溪督办皖南茶厘局务。吉尝过后，聆其言论，挹其丰采，私衷佩服。窃谓此当代经济才也，今春制府以部议增重茶税，改厘为课，特命视察核复一切。吉家世业茶，深知利弊，以为现在荼业已成强弩末，商人疲累，若再加赋，是速其歇业也。非徒无益，而又害之，遂偕众商联名缕□，观察俯纳，兴论□考覆，本来指陈得失。上请于制府，准其照旧，并已专折具奏观察，之所以曲体商情，当可谓至详且尽矣。

徽地山多田少，十室九商，兵燹之后，仅赖茶业一线生机。虽比年以来，频见折耗，然莫不兢兢，以世守其业为重。今得观察此请，将使凡业此当庶者长守而勿坠也。仁人之言其利薄哉，而观察之为当代经济才，于此之略见一斑焉尔。光绪十有一年岁次乙酉季（1885年）夏月海阳汪禹谨跋。

清末如此，进入民国后，先是军阀混战，继而抗日战争，后是解放战争，战火连绵。为维持时局，保证政府开支，各种苛捐杂税，百出其途，无以复加。民国元年（1912年），茶引改回每引100斤。民国十二年（1923年），祁门历时八年的请裁重复设立的厘金卡成功，民众刻碑志庆。民国二十年（1931年），安徽省裁减厘金，改征营业税、特产税，并实行首县制，歙县为徽州府首县。次年，为反对不合理税制，歙县、休宁数百名茶工到歙县政府请愿。民国三十一年（1942年）后，营业税、特产税分别改为茶税、茶捐。此后茶捐苛税繁多，教育有捐，保安队有捐，防务有捐，兵差有捐，善后有捐，电话有捐，一地有一地之捐，甚至超过正税，名目繁杂，不胜记述。加之各地假造民意，托名愿捐，欺凌百姓。致使茶农茶商沦为最底羔羊，任人宰割，供人牺牲，宛如刀俎，引颈待戮，千疮百孔，毫无出头之日。

三 茶商自身局限和短视

五口通商，给徽州茶业带来外销机遇，同时也带来激烈竞争。大河奔涌，泥沙俱下，受利益驱动，少数不良商家，开始以粗制滥造、掺假造假等欺诈手段参与竞争，各种不法行为频频出现，严重败坏徽州茶叶名望，迫使正直人士不得不出面拯救。如清末程雨亭整治阴光茶就是例子。

茶亭古道

民国茶听

祁门安茶印模

凡事皆有因果。所谓阴光茶，实为屯绿中不该出现的花色品种。追溯其起源，是清同治年间（1862～1874年）后，屯绿在国际茶市的强健势头开始下滑。为挽救颓势，部分不法商贩忽发奇想，洋人喝茶重外形，我等何不在茶色上做做文章。经反复试验，他们果真找到作弊办法，这就是在做茶时只要掺和白蜡或滑石粉，茶色则可变深变绿变亮，其色黝然而幽，其光炯然而凝，名之曰阴光。此茶一经问世，因看相颇好，于是外商纷出高价抢购，而货真价实的本色屯绿，售价反居其下。由此一传十，十传百，商家纷纷效仿，恶性循环，越演越烈。乃至伪劣茶充斥整个市场，不法商贩大获暴利，而诚信商家反被讥笑为愚蠢、不开窍。其中当然也有逼良从娼者，譬如本书第八章中所介绍的江耀华文学类文书档案《屯绿做茶节略》中，就有类似记述。阴光茶初上市，洋人不知原委，爱其新奇，纷纷抢购，以致阴光茶因此大出风头。

"阴光之茶，胥由粉饰，藏之隔年色无不退，味无不变，香无不散，食之何怪乎受病。"纸包火终必败露，洋人因食茶得病，终于知道中国茶叶出了问题。然他们难究其详，于是一棍子打死，惊呼"华茶皆不可食"，甚至出台法规，如美国做出决案：所有外国茶船到口岸，一律要经茶师验核，方准进口，否则退回本国。此项决案全称叫《美国禁止粗劣茶新例十二条》。

积弊一日不去，茶务难望起色。中国正直有良知的官员开始着手整治。其中皖南茶厘局程雨亭则是典范。

程雨亭，浙江绍兴人，光绪二十三年（1897年）春来徽州任职。所谓茶厘局是一个茶政管理机构，首要宗旨是征捐稽税，然当他得知阴光茶给徽州茶带来巨大影响时，毅然挺身而出，经过深入调查，得出结论：同治以前，焙制绿茶，不过略用洋靛着色，洋人嗜购，无碍销路。光绪初年，始有阴光名目，靛色以外，又加滑石白蜡等粉，矫揉窨成，茶色光泽，斤两益赢。原因找到，他决定连同官场积弊，拿出狠招，同时整顿，实施打击：

一是整肃吏治。当时厘局“向有需索经过茶船之弊”“验票之分卡，名为稽查偷漏，徒索验费，而于公无甚裨益”，“司事巡勇，至各商号称箱点验，不免零星小费”，针对如此勒索敲诈现状，雨亭拟定章程，规定各号之茶只走一个关卡查验，“此外一概豁免，以归简易”，并“申儆再三，不准向商号毫厘私索，及纷忧酒食等事”。茶号办理通行手续，“职道皆切实面谕，唯恐或有蒙蔽”。

二是整治牌号。茶业兴，茶号兴，而“奸侩往往以劣茶冒老商牌号”，雨亭采用办理印照的办法，规定“每号领照以后，准其永远专利，公家一切捐项，十年以内，均不科派”，“每届成箱请引之时，由局派员秉公抽查，如茶箱内外，牌号不符，由茶业公所公议示罚”。

三是规范采制。鉴于当时茶市竞争激烈，洋商以种种借口，退盘割价，过磅破箱，雨亭出公告，下指令，要求茶农早摘嫩摘，生叶“不得以柴炭熏焙”，制茶“务当用锅焙炒，以保真色香味”。同时大力倡导各地要采用机器制茶，痛改从前以手足搓制之旧习。

四是通知守法茶号联名写信给上海各洋行，建议他们购买茶叶时，不要被阴光迷惑，而要注重本色。同时他也采取了紧急措施，以公函形式，通知各国的驻京公使，以及总税务司和外洋口岸：自光绪二十四年（1898年）为始，凡各国洋商，来沪购运绿茶，秉公抽提，各该号茶商，均以化学试验，如再验有滑石白蜡等粉，渲染欺伪各弊，即将该号箱茶，全数充公严罚。同时将此公函通知，抄发到全国产茶省份，由此怪诞的阴光茶才告结束。

程雨亭在特殊历史时期，谱写了特殊的历史断章，无疑属有功之臣。其着力整顿徽州茶务的《整饬皖茶文牍》已载入《中国历代茶叶史料选辑》史册，处理阴光茶事件，也暂告结束。然少数茶商使假掺杂、不讲商德的行径，给徽州茶业所带来的负面影响，却是惨重而长远。其不但致徽州茶商整体信誉受损，声望大打折扣。尤其阴光茶这种不良技艺，从此一直蔓延开去，从未绝迹，乃至百余年后的今天，有极少数商家仍在使用。

结　论

浮梁歙州，万国来求。徽州私营茶商起始于唐，历经宋元明清和民国，至中华人民共和国成立后，在20世纪50年代工商业社会主义改造中消失，到70年代末改革开放，又重新崛起，时跨几近2000年。关山苍苍、岁月泱泱，其发展历程坎坷曲折，发展道路波澜壮阔，由此构成长达千年的徽州茶业。尤其清道光年间五口通商后，外销井喷，产量激增，更呈畸形发展。祁红屯绿迅猛崛起，茶号茶商异常繁荣，徽州茶业发展为有史以来的巅峰阶段，谱写出空前绝后的华章，以致出现不少经商枭雄巨贾。其中吴炽甫、江耀华则是最具典型的杰出代表，正是这些茶商巨贾的顽强拼搏，打造出徽州茶业波澜壮阔的销售市场，推动徽州茶业蓬勃发展，彪炳史册，千古留名。

回望近代以来，徽州茶业的跌宕历程，总结其发展特点，撇开徽商经历的总体规律不说，仅就茶商而言，丰富物产是兴业基础，五口通商是雄起机遇，顽强拼搏是崛起动力，战火纷飞是摧残外因，苛捐杂税是挫伤内力，计划体制是消失根本，改革开放是重起动力，缘此徽州茶业才有起伏跌宕、波澜壮阔的篇章。

一 兴之道

徽州有茶由来已久，唐宋时代产饼茶，万国来求；明清时期出松萝，一飞冲天。至此徽州茶叶成为享誉全国的名品，打下坚实雄厚的物质基础。

万安古镇茶风如缕

祁门茶业改良场平里遗址

清道光二十二年（1842年），《南京条约》签订，五口通商，大批洋商蜂拥而入。在国际茶市强力需求的拉动下，晚清的中国茶市空前繁荣，华茶生产和出口，呈跳跃式发展，至清同治十二年（1886年）达到历史最高峰。在此大背景下，徽州茶商凭借难得的市场机遇，依赖徽州茶产丰厚的地理优势，通过自身的顽强努力拼搏，乘势而上，迅猛崛起，一跃而使茶业成为徽商经营的产业首位，且达到峰巅，空前绝后，彪炳史册。

分析近代徽州茶业快速崛起的具体原因，其直接动力不外乎天时、地利、人和三个方面。就天时而言，清末的五口通商可谓天降良机。徽州茶业自清康熙间朝廷开放口岸起，经营多在广州，期间徽州茶商积累了丰富的外销经验，生产加工技巧娴熟，贸易业务炉火纯青。五口通商后，随着上海、汉口等外销口岸增多，这些娴熟技艺和外销经验，大派用场，迅速发酵和放大，很快使徽州茶销量大增，从而带动徽州茶产量大幅增长。据《徽州茶经》载：清嘉庆间（约1810年），徽州年产茶叶不到600万斤，到民国二年（1913年）六县产茶达1550万斤，占皖南茶产77%，再到民国三十年（1941年）攀升至顶峰，达1820万斤。也就是说，百余年徽州茶叶产量递增了两倍，从而使徽商原有的盐、茶、木、典的四大主业调整位置，茶业从第二位跃升至第一位。就地利而言，徽州茶业具有两大优势，一是山高水长的产区优势，历来茶叶质量上乘，备受市场青睐；二是水路交通发达，通江达海，外运方便。五口通商后，随外销茶贸易中心从广州转到上海、汉口等地后，徽州茶商凭借自身茶质优渥，无与伦比的优势，依靠新安江水路和阊江水路运路缩短，成本降低的便利，使绿茶迅速在屯溪集结，红茶快速在祁门崛起，红绿兼营，形成规模可观的洋庄茶，大肆外销，同时内销并举，八方出击，很快赢得市场，占领销售高地，使徽州茶名扬天下。就人和而言，徽商历有宗亲互携，乡邻结伙，以及吃苦耐劳、顽强不息的特点，再加多年积累的经商经验，鏖战商场，本就得心应手，游刃有余。五口通商的机遇来临，对他们而言，不啻是行业的战略转移。在此期间，徽州茶商迅猛成长，不但涌现出吴炽甫、江耀华等一批业茶枭雄，同时名家巨号也快速增加，出现吴裕泰、张一元、汪裕泰、胡日顺、忠信昌等一批著名商号。尤其是歙休茶商在屯溪集结，致使屯绿取代松萝，横空出世，名商更是辈出不穷。如2012年《休宁县志》载：清咸丰年间，屯溪镇有余德昌等4家茶号，各制眉茶千百箱，遥运香港，畅销海外。到民国八年（1919年），《安徽省重要农产品制造业调查》载，休宁经营制茶业的商号，开设于屯溪镇及近郊长干塝、柏树下有36家；民国十九年（1930年），有茶号103家。一业兴，百业兴，因屯绿而起的产业链条向上下游延伸，锡罐业、箱栈业、篾篓业、旅馆业、运输业、餐饮业、娱乐业等多元产业也相继兴起，乃至《清史稿·地理志》给屯溪定位是：茶务都会，由此谱写中国茶史传奇，不可一世。正如其时问世的《中西纪事》所言：徽商岁至粤东，以茶商致富者不少，而自五口既开，则六县之民，无不家家蓄艾，户户当垆，赢者既操三倍之贾，绌者亦集众腋之裘。较之壬寅以前，何翅倍蓰耶。

二 衰之因

鸦片战争彻底动摇了清王朝的根基。随着中国种茶制茶技术不断外流，约在同治九年（1870年）前后，在英美茶市上，印度、斯里兰卡、日本茶开始出现强势，华茶即显现从增长至衰退的拐点。到光绪间（1875~1908年），华茶加工方式落后、成本相对较高等劣势更为凸显，质量和价格在国际市场渐失竞争优势，地位开始下降。具体表现：首先是洋商抑价。洋商利用茶叶色香味有一定保质期的特性，有意为难华商，压低茶价，使华茶在国际市场份额日减。如向以销售祁门安茶为著的南海县，据宣统《南海县志》载：茶叶从前为出口货大宗，现在出口之数，历年递减。光绪十八年（1892年）出口尚有六万五千担，至二十八年（1902年），出口不过二万四千担。盖西人多向锡兰、印度购茶，以其价廉也。前后仅距十年，销数之锐减已如是，中国茶业之失败，亦大略可观矣。其次是舆论攻击。如日本为争夺中国绿茶市场，专门摄制华茶不卫生制茶的电影，与自己机械卫生制茶对比，到处放映，大肆宣传中国绿茶缺少维他命丙和蛋白质等，力使消费者对华茶失去信心，以大造其理应退出市场之趋势。

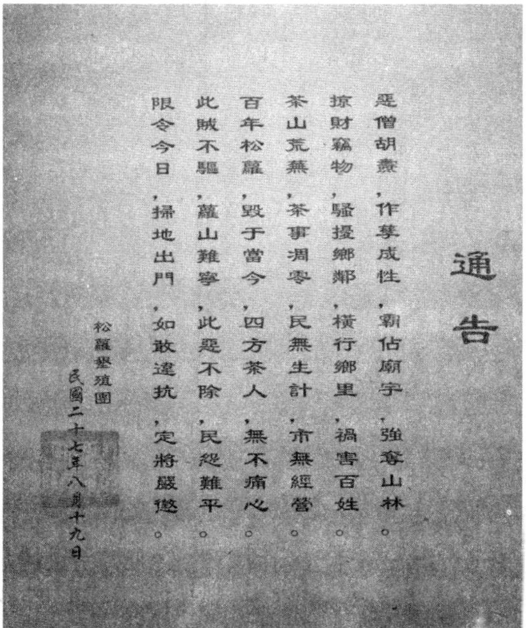
通告

惡僧胡壽，作孽成性，霸佔廟宇，強奪山林。
掠財竊物，騷擾鄉鄰，橫行鄉里，禍害百姓。
茶山荒蕪，茶事凋零，民無生計，市無經營。
百年松蘿，毀于當今，四方茶人，無不痛心。
此賊不驅，蘿山難寧，此惡不除，民怨難平。
限令今日，掃地出門，如敢違抗，定將嚴懲。

松蘿墾殖團
民國二十七年八月十九日

松萝垦殖团通告

大河奔涌，泥沙俱下。无奈之下，中国少数茶商以劣充好，粗制滥造等事件也不断发生。如清光绪末年，徽州阴光茶就是一例。时任皖南茶厘局的程雨亭经调查后认为："同治以前，焙制绿茶，不过略用洋靛着色，洋人嗜购，无碍销路。光绪初年，始有阴光名目，靛色以外，又加滑石白蜡等粉，矫揉窨成，茶色光泽，斤两益赢。""阴光之茶，胥由粉饰，藏之隔年色无不退，味无不变，香无不散，食之何怪乎受病。"此茶初上市，洋人不知原委，爱其新奇，纷纷抢购，且放高价，而真色之茶，售价反居其下。久而久之，原形毕露，老外开始制裁。如购买屯绿较多的美国突作决案：所有外国茶船到口岸，一律要经茶师验核，方准进口，否则退回本国。这项决案的全称叫《美国禁止粗劣茶新例十二条》，理由就是进口茶叶"拣择不清，食者致疾"。鉴此，徽州主政者虽着手奋力整治，肃吏治、理牌号、规范采制，同时通知各国驻京公使和总税务司和外洋口岸，"自光绪二十四年（1898年）为始，凡各国洋商，来沪购运绿茶，秉公抽提，各该号茶商，均以化学试验。如再验有滑石白蜡等粉，渲染欺伪各弊，即将该号箱茶，全数充公严罚。"并将此通知抄发到全国产茶省份。与此同时，部分茶商茶号也联名写信给上海各洋行，建议他们购买茶叶时，不要被阴光迷惑，而要注重本色。由此，怪诞的阴光茶才告结束。然面对华茶每况愈下的大势，少数茶商短视自私的弊病，也是造成徽州茶业滑坡和衰败原因之一。

徽州茶业的衰落，还有一重要原因，即被严酷的苛捐杂税所击垮。咸丰元年（1851年），太平天国战争爆发，社会开始动荡。在内忧外患情势下，外强中干的清政府无力重视茶业兴衰，且因军费开支庞大、财政匮乏等原因，强行在茶区开征各种苛捐杂税，以解危机。据清光绪四年（1879年）《重修安徽通志》载：按自兵燹后，创设厘局，征收茶税，一时未有定章。同治元年，两江总督曾国藩颁定新章，每茶一百二十为一引，每引缴正项银三钱，公费银三分，捐银八钱，厘银九钱五分，给发三联引票、捐票、厘票，准将捐项银两，照筹饷例，一律请奖，各属茶局派员，会同地方官办理。二年，每引加捐银四钱。五年，署两江总督李鸿章裁去引捐厘三票，改用落地税票，以归简便。每引仍共完银二两四钱八分，于内划出一两二钱，准作捐项请奖。也就是说，徽州茶商在遭受太平天国战争重创的同时，伤口尚在流血，朝廷则雪上加霜地开征引捐厘三银，且年年加码，越收越多。同治元年（1862年）每引总计纳银二两零八分，五年增至二两四钱八分。再至光绪十一年（1885年），据《请免加茶课疏》载：每引计收税银七两二钱，加以出口洋税，合计每引厘税即须十两二钱。短短23年间，税负增加几近五倍。如此重负，茶商苦不堪言，无形中导致茶叶生产，乃至整个社会稳定秩序，均受影响。鉴此，厘金创造发明者曾国藩本人也深感危机，不得不亲自向朝廷撰写奏章，请求减免：茶厘关系军饷，若勉强加增，商力不支，势必纷纷歇业。斯时靡但不能裕饷，转失一指之饷项，殊无以副部臣开源节流之意。合无仰恳天恩，俯念皖南茶商情形困苦，仍照旧章按引完纳二两八分，作为落地税定额。进入民国，前期茶课每百斤征税二元二角五分：本省征税二元，洋庄茶每百斤征洋一元一角余。后改为千分之五的营业税，另加教育、防务、慈善等附加捐、临时特捐等。如民国二十二年（1933年），屯溪箱捐为每箱2角，其他附税，计有教育、保安队、公会、公安局，及各种慈善事业等，每箱2角3分。此外还有各种临时捐款未计。时间推移，捐税越多，年年叠加的苛捐杂税，致茶商十困九亏，茶业发展从何谈起。

如果说，外强的打压，国内的苛政，以及徽州茶商自身不足，属于间接性原因，还不足以导致徽州茶业瞬间滑落的话，那么动荡的时局，尤其是残酷的战争，则是直接导致徽州茶业断崖式衰败的直接动因。进入民国后，国内政局动荡不定，战火连绵不绝，致使徽州茶业生产秩序很不稳定，茶商日子勉为其难。1914年第一次世界大战爆发，给徽州洋庄茶带来打击不小，而1937年爆发的抗日战争，以及随后爆发的第二次世界大战，给徽州茶业带来的则是灭顶之灾，随着销路的中断，商家断售，市场萧条，带来的局面是茶价大跌，茶农弃植，茶行倒闭，茶号顿减，乃至破产。据史料载：民国二十八年（1939年），屯溪镇茶号剩87家，全徽州茶叶产量为15.6万担，至民国三十八年（1949年），全徽州茶叶产量下降至4.5万担，尽管相比于清末，产量略增，然利润大幅下降。而茶园仅为169899亩。相对于民国二十五年（1936年）的30.65万亩，面积几近减少一半。曾经繁盛局面逐成明日黄花，风光不再。

三 复兴之路

清代是中国封建社会时代的最后朝代，也是中国茶业从传统走向近现代的重要时期。其时，徽州茶商面对茶价急下，销路日塞，茶园荒芜，茶商破产，整体衰落的局面，许多有识之士在感到茫然和无措的同时，从失落中寻找原因，几经思考，认识到唯有奋起改革和重整，才是自我解救途径。于是他们与政府联手，开始了实业救国的改革发展之路。清宣统元年（1909年）七月，徽州在屯溪举办第一次规模较大的地方产品博览会，茶商积极参与，会上评出奖牌81项，其中茶叶获奖近10项。同年，由俞燮等人发起，改组屯溪茶业公所为徽州茶务总会，旨在促进徽州茶业快速发展。次年（1910年），徽州乙种农业学堂，又名崇正学堂创办，其中不乏茶业专业。民国四年（1915年），农商部选祁门平里创立模范种茶场，“开中茶以来未有的创举”，茶商大力支持。此所一直延续至今，被后人誉为中国近代茶业之摇篮，地位至高无上。民国七年（1918年），茶商俞燮在屯溪高枧开办茶务讲习所，传播茶叶科技知识，推广茶业改良。民国十四年（1925年），农商部祁门茶业实验场开办制茶讲习会，徽州茶叶技术培训开始。民国二十一年（1932年）11月，吴觉农只身来到徽州祁门，执掌安徽省立茶业改良场，两年后，该场改由全国经济委员会实业部和安徽省政府合组管理，更名为祁门茶业改良场，同时江西修水茶业改良场并入，谱写近代徽州茶叶复兴新篇章。次年，为打破中间垄断，实行贸易革新，吴觉农在祁门平里创办茶叶运销合作社，此为中国茶叶产销合作之始。后推广于全国，不久因政局不稳而半途夭折。是年，祁门茶业改良场购进揉捻机、干燥机和蒸茶机数台，徽州机械制茶自此始。民国二十四年（1935年），全国经济委员会农业处在皖、浙、赣、湘、闽、滇、鄂、川等地征集茶树地方良种，培植于祁门茶业改良场平里茶园，同时开办合作制茶训练班。次年始，此班被作为常规活动长期坚持。是年，吴觉农、胡浩川在祁编著《中国茶业复兴计划》一书，由上海商务印书馆出版；祁门茶业改良场引进德国克虏伯大型揉捻机、解块筛分机、干茶筛分机、干燥机、日产干燥机、台湾产双动揉捻机和手动烘干机，加大机械制茶力度。民国二十五年（1936年），冯绍裘来徽州，主持祁红采摘夏茶试验项目，并以机械制茶成功，在沪市夺茶价顶盘，轰动一时。是年春，在全国茶叶技术讨论会上，安徽代表主张祁红统制统销，4月在安庆成立皖赣红茶运销委员会，专营安徽、江西两省外销红茶。民国二十六年（1937年）5月31日，中国茶叶公司首先开盘，购本年徽州等地外销茶，于6月1日晚装船运欧洲，创近代中国茶叶自主贸易先例。抗战爆发后，民国二十七年（1938年）8月，皖赣红茶运销委员会在屯溪成立办事处，办理屯绿箱茶贷款及箱茶统购统销。同年，为争取物资、加强抗战、增强金融、安定农村、改进茶叶、扩张外销，安徽省茶叶管理处在屯溪成立，茶商欢欣鼓舞。民国二十八年（1939年），屯溪建立茶业改良场（今实验茶场前身），茶商大力支持。同年，安徽省茶叶管理处会同财政部贸易委员会安徽办事处、祁门茶业改良场创办《茶声》半月刊，刊址设屯溪交通路49号，徽州成为安徽茶叶行政中心，地位大大提升。是年，徽州产茶38.46万担，为历史最高水平，其中祁红产量占全国红茶产量三分之一。尽管茶商奋力拼搏，但美好心愿难敌颓废局势。由于社会制度落后，以及局势动荡不安，徽州茶业一蹶不振，到1949年，徽州茶园面积不足17万亩，产量近5万担，茶商陷入困境，产业奄奄一息，滑入自清以来的最低谷。

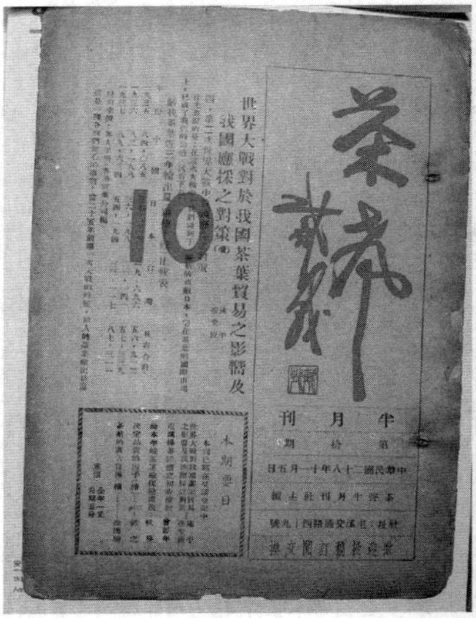

《茶声》杂志

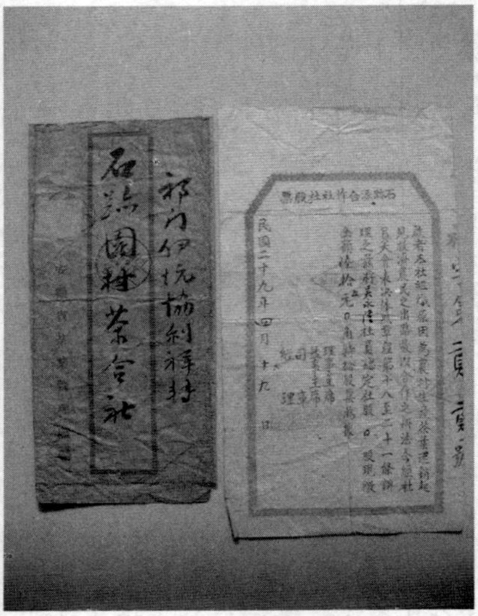

民国祁红合作社股票

新中国成立后，从1954年至1956年年底，国家采取和平赎买政策，实行对资本主义工商业的社会主义改造，大体经历个别企业的公私合营和全行业公私合营两个阶段。徽州茶商积极响应，大力支持。如1954年，歙县取消个体茶商收购茶叶，改由商业局所属农副产品收购站委托基层供销社统一收购，茶商积极配合。同年，国营屯溪茶厂成立，著名茶商怡新祥与另7家茶企，合资转办公私合营祁门瓷土厂。1956年，屯溪老街致中和改为瑞春祥，后又改为正源茶庄，成为此街唯一国营茶叶门市部，多数员工仍为老庄茶人。类似事例，俯拾皆是，不胜枚举。徽州个体茶企的生产资料由国家统一管理和运用，原有的大部分员工，无论老板伙计，均成为全民所有制或集体所有制企业职工，值此有着数百年辉煌历史的徽州茶商彻底终结。徽州茶业整体进入计划经济时代，后随着国家的重视，地位逐渐提高，面积日趋扩大、产量不断增长，徽州茶业重新崛起。

1978年后，国家实行改革开放，建立市场经济体制。风水轮转，老字号相继复兴，新企业蜂拥而出，私营茶商重新崛起，老徽州新黄山的茶业，重掀新页，步入新态。老徽州新黄山的茶业，从此掀开新的一页。

徽州茶人合影

徽州茶进军上海

百年纪事（1840～1949年）

1842年（清道光二十二年），《南京条约》签订，五口通商开始。从是年起至咸丰十一年（1861年），胡适祖父胡熙奎先后在上海城内、宝山高桥、大东门开设茂春号、嘉茂号等6家茶庄，以及拥有瑞馨泰茶店和汉口酒店股权。

1847年（清道光二十七年），绩溪余川人汪立政在上海老北门外大街创办汪裕泰。

约1850年（清道光末年），绩溪龙川人胡沇源到江苏泰兴创办胡源泰茶庄，后经多年努力，又相继开办胡裕泰、胡震泰、胡永泰等茶庄。

1851年（清咸丰元年），据《杂记》载：有邑人胡元龙、陈烈清相继在祁门南乡西乡创设茶厂，厂名胡日顺、陈怡丰，招工授以制茶方法，祁红开始萌芽，后因太平天国战事起而停滞。

1852年（清咸丰二年），英国植物学家福琼出版《从松萝山到武夷山》一书。该书记载福琼乔装打扮，从中国休宁、婺源等地，盗取茶种和茶技，后在印度种植成功的史实。

1853年（清咸丰三年），朝廷开征厘金，皖江南、江北设盐、茶、牙厘各局。

1857年（清咸丰七年），婺源龙腾村人俞顺在江西饶州（今波阳）创办协和昌茶庄。

1859年（清咸丰九年），为筹集军饷，朝廷加大厘金征收力度，徽州属皖南茶厘局管辖。

1851～1861年（清咸丰年间），徽州各地炒青开始大量外销，因集中于屯溪销售，而逐渐改名屯绿。徽州洋庄茶缘此渐兴。同时期，朝廷继厘金后，再向茶农、茶号加收茶捐。

1862年（清同治元年），两江总督曾国藩奏准茶引新章，每引由100斤改为120斤，每引征缴正项银、公费银、捐银、厘金银，共计2两4钱8分。徽州茶区设征收茶局自此始。

1875年（清光绪元年），祁人胡元龙在祁南贵溪，黟人余干臣在祁西历口，分别试制祁门红茶成功。

1880年（清光绪六年），绩溪上庄胡氏家族分家析产，万和茶庄归胡适父亲胡铁花。

1885年（清光绪十年）4月，九江茶市开盘，祁红售价每担33两银上下，并寄汉口外销。24日《申报》载：据汉口消息，16日茶市开盘以来，现已售行情，则祁门最好，宁州次之。

1889年（清光绪十五年），经孙华梁、李维勋、洪廷俊、李邦焘、邵鸿恩、李应蛟、江人铎、罗运莹、叶铃、俞国桢等人倡议，屯溪下街创办新安公济局，施送医药，经费以茶商捐输为主，每箱茶捐钱6文。

1893年（清光绪十九年），歙县定潭张文卿在北京花市大街首开张玉元茶庄，八年后在观音寺路以“一元复始，万象更新”之意，开设张一元茶庄。

1894年（清光绪二十年），祁门历口亿同昌茶号老板汪广英等倡修历口大桥。

1896年（清光绪二十二年），两江总督刘坤一鉴于屯溪为徽州茶叶贸易中心，令建立同业组织。当地茶商洪其相、李荔枝等发起成立屯溪茶叶公所，工作经费于出口茶中每引抽取3分作为开支。同时，刘坤一令以机器制造外销茶，茶商裹足不前。是年，屯溪长干磅福和昌茶号老板余伯陶制成抽芯珍眉，最高售价每担360银两。是年，歙县岔口绍村茶商张亦光从浙江塘栖引进白菊花。

1897年（清光绪二十三年）春，程雨亭主政皖南茶厘局，于征捐稽税外，着力整顿徽州茶务和吏治，以及禁制阴光茶等，颇有政绩。

1878年（清光绪二十四年），祁门县成立茶业公所，所址设县城。是年，广东南海县衙出面为祁门安茶孙义顺号打假，专门出示公文通告。

1900年（清光绪二十六年），太平县人王魁成创制王老二魁尖，后称太平猴魁。

1901年（清光绪二十七年），歙人吴荣寿在阳湖外边溪开始挂牌吴怡和茶号，后经多年发展，成为洋庄茶大鳄，被坊间称为徽州茶叶大王。是年，祁祁城东街洪氏族人在上海东唐家弄（今天潼路）怡如里10号开设洪源永茶栈，兄弟共同经营，后闻名遐迩。

1902年（清光绪二十八年），歙人张静江以一等参赞身份赴法，随后自己在巴黎开设通运公司，经营茶叶、丝绸等。

1905年（清光绪三十一年），南洋大臣两江总督周馥，派浙江慈溪人郑世璜、翻译沈鉴少、书记陆溁、茶司吴文岩、茶工苏致孝、陈逢丙为中国首批茶叶考察团，赴印度、锡兰（今斯里兰卡）考察茶业产制情况。半年后，考察人员呈报《印锡种茶制烟暨烟土税则事宜》，提出在祁门倒湖建机器制茶厂建议，未果。是年，朝廷废科举，办新学。祁门茶商康达、胡元龙、李训诰、谢庆余等积极响应，在南乡平里创办梅南高等小学堂，开启祁门近代教育先声。

约1900年（清光绪末年），汪裕泰二代传人汪志学在上海福州路开设第三家茶庄。

1909年（清宣统元年），徽州知府刘汝骥为迎接南洋劝业会，在屯溪举办徽州府物产会，评出休宁永记茶号凤眉获一等金牌、同昌永茶号娥眉和李祥记茶号贡珠二等银牌，歙县吴清泉的茶菊、休宁同昌永茶号毛峰、祁门王兰馨、王成义、公顺昌、胡元龙、汪广洲的红茶三等铜牌。

1910年（清宣统二年），歙商吴荣寿等人在屯溪阳湖创办徽州乙种农业学堂，以蚕桑为主科，翌年增设中等农科、预科两班。一年后预科学生毕业，专办初等农科及附属小学，后改为徽州乙种商业学校，是为徽州职业教育之始。

约1910年（清宣统年间），歙南昌溪吴氏家族分家析产，兄弟仍以吴裕泰为总号，公推老四吴锡卿为总管，进行合伙经营，后规模日大，爆响吴裕泰品牌，成为名闻遐迩业茶商家。同时期，金山时雨创制成功，该茶产于绩溪上庄金山村，属特级炒青。

1912年（民国元年），由俞燮等人发起，改组屯溪茶业公所为徽州茶务总会，制定《徽州茶务章程》，内容为保护茶商正当利益，维持茶务，协调六邑同业组织茶务总会，力图发展等。是年，茶引改回每引100斤，徽州多县送茶到南京南洋欢业会和农商部展览会参展，祁门红茶、婺源珠兰花茶和绿茶等获奖。

1913年（民国二年），歙籍张一元在京都大栅栏增设张一元文记茶庄，绩溪汪裕泰在沪南京路开设第四家茶庄。

1914年（民国三年）4月下旬，著名教育家黄炎培来屯溪，到阳湖走访吴美利茶行、参观乙种农业学堂，同时对徽州茶业情况进行调研。临别赠茶联：率水由山，其民好礼；春蚕秋稼，有女知茶。是年，中国赴巴拿马万国博览会参赛产品筹备处在上海成立，主要由实业界代表组成，其中婺源茶商俞燮为茶界代表。同年，《清史稿》编纂工作启动，屯溪被定位为茶务都会。

1915年（民国四年）春，英商代表柏雷德偕同茶师海里思，进徽州茶区考察。农商部派佥事陆溁陪同。柏雷德主奔祁门南乡西乡，细问祁红茶事。考察结束，向北洋政府提出到祁办厂，遭拒。是年秋，北洋政府在祁门平里建立农商部安徽模范种茶场，陆溁任场长。下设历口、秋浦、修水、浮梁4区；同年，祁门红茶、太平猴魁、婺源珠兰精绿茶分别在获美国旧金山巴拿马万国博览会获奖；绩溪汪裕泰的祁门乌龙等12种红绿茶获上海国货展览会最优奖。

1916年（民国五年），3月15日《农商公报》载：安徽改制红茶，权兴于祁（门）建（德），而祁建有红茶，始肇始于胡元龙。

1917年（民国六年），因第一次世界大战，徽州洋庄茶外销受阻，茶农组织自救，如祁门组建茶户公司，自产自运自销，盈亏按量分摊。11月农商部安徽模范种茶场更名为农商部茶业实验场，管理范围扩大到至德和江西浮梁、修水等县，后在皖赣两省共分场80余处。是年，以紫阳书院六邑公款创办的新安公立甲种商业学校创立，校址设屯溪徽州乙种商业学校内。

1918年（民国七年），安徽省实业厅委任俞燮在屯溪高枧创办安徽第一茶务讲习所，该所拥有日本产制茶机1台及茶园17亩，后于民国十年（1921年）停办。

1919年（民国八年），因苏联十月革命成功，汉口俄商宣告停业，祁红外销开始迁往上海。

1921年（民国十年）春，国际茶坛时局动荡，受三年来茶栈茶商波折影响，其中祁门茶业会馆致函上海会馆，商议祁红暂行停办一年。年底销路稍通，又无茶可售。10月绩溪汪裕泰的碧螺春茶获江苏省第二次地方物品展览会一等奖。

1923年（民国十二年），祁门历时八年的请裁重复设立的厘金卡成功，民众刻碑志庆。

1924年（民国十三年），屯溪茶漆同业公会成立。

1925年（民国十四年），农商部祁门茶业实验场开办制茶讲习会，此为徽州茶叶专业技术培训开始。是年，屯溪同昌成茶号制祁门红袍、黄山明前、寿眉3种茶叶，被安徽省第一森林局选送参加美国费城万国展览会。是年，婺源人郑鉴源创立以融资为主要目的源丰润茶栈，在上饶、屯溪、温州、奉化、新昌等地收购点，规模日大后，在上海金陵东路开办鸿怡泰茶庄，爆响鉴记品牌。

1926年（民国十五年）9月，因北伐军入境，农商部祁门茶业改良场经费中断停办。两年后的4月，由安徽省政府接办，更名为安徽省立第二模范茶场，8月又更名为安徽省立第一模范茶场。是年5月18日，屯溪茶箱业工人罢工。

1927年（民国十六年），汪裕泰在上海金陵西路开设第五茶庄，且内设茶栈。次年，在上海浙江中路、建国西路开设第六、第七家茶庄，以及正源祥茶庄，同时将业务扩展到苏州、奉贤等地，且在杭州西子湖畔建汪氏别墅（今西子宾馆），在竹斋街开设茶栈和茶庄，汪氏茶业达鼎盛。

1929年（民国十八年），新安公立甲种商业学校改为徽州茶钱两商公立小学。同年春，贵池匪徒朱老五率部100余人，先后进犯祁门历口和县城，以及屯溪、休宁龙湾、溪口、婺源县城等地，烧抢掠茶商财产，造成损失近千万元，后被国民党军击毙。

1931年（民国二十年），因国际茶市变化，祁红贸易一改多年困境，外销上升，茶号激增。次年全县达194家，祁红在沪售价每担达360两银，折合银圆504元，成为自祁红问世以来最高点。是年，安徽省立第一模范茶场又更名为安徽省立茶业试验场。同年，安徽省裁撤厘金，改征营业税、特产税，并实行首县制，以歙县为徽州府首县。次年，为反对不合理税制，歙县、休宁茶工数百人到歙县政府请愿。同年，徽州茶务总会改为休宁县茶叶同业公会，内设常务、执行、监察等委员会，分别由汪秋圃、叶凤山、孙友樵等人任主要职务。同年，其茶号以黟人锡罐牢度不够为由，自行仿制锡兰洋铁皮茶箱做包装，锡栈为此以全体罢工相要挟，逼迫该号将所置办的洋铁皮茶箱全部退回上海。

1932年（民国二十一年）11月，吴觉农只身来到徽州祁门，执掌安徽省立茶业改良场，两年后，该场改由全国经济委员会实业部和安徽省政府合组管理，更名为祁门茶业改良场，同时江西修水茶业改良场并入。同年，祁门茶业公所改为茶业同业公会；为反对不合理捐税，歙休两县数百茶工到歙县政府请愿；休宁松萝山被凶人胡焘所占，江苏吴筱竹拍案而起，出资招百余名青年，组建松萝垦殖青年工学团，赶走胡焘，保住松萝茶区；歙县富商曹霆声承揽全县茶税征收任务，因层层欺压，致中小茶商不满，其中街口一带集300余人，砸毁深渡联合征税所，县府派兵弹压，激起茶商茶农更大反抗，千余人冲进县城请愿，并冲击公安局，酿成抗税风潮，惊动省府。派兵弹压，逮捕洪斌彩等人，风潮才息。

1933年（民国二十二年）11月，为打破中间垄断，实行贸易革新，争得祁红自产自销权利，吴觉农以祁门茶业改良场名义，在平里创办茶叶运销合作社，此为中国茶叶产销合作之始。后推广于全国，不久因政局不稳而半途夭折。是年，祁门茶业改良场购进揉捻机、干燥机和蒸茶机数台，徽州机械制茶自此始。同年，庄晚芳来徽州祁门，拟定《茶树品种改良暂行简易办法及实施规程》，此为中国最早有关茶树育种方案，其业茶生涯从此始；全国经济委员会农业处委派专员刘淦芝等到祁门，组织专员办事处，着手祁红茶区改革。

1934年（民国二十三年），祁门茶业改良场从祁南平里迁县城燕窝里（今县委大院），历口制茶模范工场改为分场，胡浩川任场长。同年，江西省农业院成立婺源茶业改良场，附设于修水茶场。7月修水改良场并入祁门茶业改良场；10月改良场试制秋茶成功。是年，因杭屯公路通车，汽车运输祁红从此始。

1935年（民国二十四年），全国经济委员会农业处在皖、浙、赣、湘、闽、滇、鄂、川等地征集茶树地方良种，培植于祁门茶业改良场平里茶园，同时开办合作制茶训练班，祁门每保各送1名、贵池、石台各保送2名，到祁城方家祠堂报到。次年始，此班被作为常规活动长期坚持。是年，吴觉农、胡浩川在祁编著《中国茶业复兴计划》一书，由上海商务印书馆出版；祁门茶业改良场引进德国克虏伯大型揉捻机、解块筛分机、干茶筛分机、干燥机、日产干燥机、台湾产双动揉捻机和手动烘干机，加大机械制茶力度。

1936年（民国二十五年），冯绍裘来徽州祁门，主持祁红采摘夏茶试验项目，并以机械制茶成功，在沪市夺茶价顶盘，轰动一时。是年春，在全国茶叶技术讨论会上，安徽代表主张祁红统制统销，取消中间剥削，获大会通过。4月在安庆成立皖赣红茶运销委员会，专营安徽、江西两省外销红茶。其中明确规定，祁红必须经芜屯公路至宣城，转江南铁路运沪。是年，因毛茶收购价格低，祁门塔坊、高塘、历口等地，发生茶农捣茶号事件。同年，经四代人努力的绩溪龙川胡氏家族茶业达顶峰，共有茶庄和分店12家，其中正式茶庄7家、分店5家。同时期，京都吴裕泰公司交与老六吴澄波掌管，更加井然有序，且一直沿袭到共和国建立后，1955年公私合营转为国企。现名北京吴裕泰茶业股份有限公司，为享誉全国的中华老字号。

1937年（民国二十六年），全国茶叶技术讨论会决定，对出口茶叶实行产地检验，上海成立检验监理处，各主要产茶区设检验办事处。5月31日，中国茶叶公司首先开盘，购本年徽州等地外销茶，于6月1日晚装船运欧洲。一改过去向由洋商主盘，为华商首先开盘，创近代中国茶叶自主贸易先例。6月，皖赣红茶运销委员会发布规定：凡在祁门、浮梁等4地登记茶号，须提利润10%～30%给茶农。7月，抗战爆发，绩溪汪裕泰的上海第一、第二、第三、第四茶庄及外地分店关闭，后资金转至台北和日本、英国、美国、摩洛哥等地。同时，徽州茶业普遍受挫，其中祁门安茶停产。后茶叶出口市场转香港，由屯溪经祁门到鄱阳，再南昌、株洲、广州至香港；南昌、广州沦陷后，又改经浙江兰溪、诸暨、娄宫、百官、宁波至香港。同年7月18日，屯溪400多名女工举行罢工，要求增加工资，后增资二成。

1938年（民国二十七年）上海沦陷，外销受阻，致徽州3万箱茶叶积滞。为筹集外汇支援抗战，国民政府财政部贸易委员会对茶叶实行统购统销政策，规定茶叶由中国茶叶公司销售。是年8月，皖赣红茶运销委员会在屯溪成立办事处，办理屯绿箱茶贷款及箱茶统购统销，由评价委员会评定箱茶收购指导价，委员共7人：胡浩川、周祥忠、姚毅全、叶凤三、汪秋圃、孙星桥、孙友樵。同年，安徽省在屯溪成立茶叶管理处，领导和协调徽州茶叶销售事宜。

1939年（民国二十八年），中国茶叶公司在祁门历口设立实验茶厂；受抗战影响，祁门茶业改良场迁回祁南平里办公。安徽省茶叶管理处下设茶叶合作指导团，指导茶农组织茶叶合作社，并委托祁门茶业改良场举办茶叶高级技术人员培训班，学制1年。至次年，休宁组社43个，入社3677人，后因战事停业，1946年复兴，次年再停。同年，屯溪区高枧铁马庙创建屯溪茶业改良场，场长胡浩川，副场长潘忠义，内设技术、业务、专务3股室，常年经费2万元，临时各费7.5万元，该场在共和国后于1954年改为屯溪实验茶场。同年，安徽省茶叶管理处会同财政部贸易委员会安徽办事处、祁门茶业改良场创办《茶声》半月刊，刊址设屯溪交通路49号。是年，婺源人郑鉴源在上海江西路创建中国茶叶贸易有限公司，其业茶产业跃上高峰；徽州砖茶厂在歙县创立，厂址设坑口孙氏宗祠，厂长为歙人方翰周。次年3月产出8个品种，外销苏联，内销西北各省。后于民国三十一年（1942年）停产，原址改为安徽省茶精提炼厂。是年，徽州产茶38.46万担，为历史最高水平，其中祁红产量占全国红茶产量三分之一。

1940年（民国二十九年）春，行政院公布实施《管理全国内销茶叶办法大纲》，安徽省茶叶管理处在歙绩区之街口及三阳坑等要地，设点检查出境茶叶的运茶许可证及其他准运证件。是年，中国茶叶公司在祁东凫溪口设立实验茶厂，隶属于中国茶叶公司安徽办事处。

1941年（民国三十年）初，安徽省茶叶管理处独立创办月刊《安徽茶讯》，在屯溪编辑发行。

1942年（民国三十一年），祁屯区茶叶更新站成立，实施复兴茶园。是年，皖浙一带洪水泛滥，新安江流域大批茶箱被浸。经当局协调，水浸茶箱全部运往安徽屯溪茶素厂，提取咖啡因，即茶素，供作药用。

1943年（民国三十二年），安徽学院在休宁万安建皖南分院，特设茶叶专修科。

1945年（民国三十四年），屯溪茶业改良场并入祁门茶业改良场，总场从祁南平里迁回祁城办公。是年，国民政府社会部全国合作社物品销售处上海分处在祁门设立茶叶合作运销处，旨在向金融机构提供担保，协调祁红、屯绿运销和出口事宜。

1946年（民国三十五年），安徽省善后救济分署派茶叶专家到徽州搞茶树更新，实施以工代赈复兴茶园工程。

1947年（民国三十六年）8月祁门茶业改良场集邮爱好者发起成立时代邮会，会员百余人遍布全国，成为其时全国颇有影响的集邮组织。

1948年（民国三十七年），婺源武口改良场并入祁门茶业改良场。

1949年2月中共皖浙工委在歙县岔口吴新记茶行召开扩大会议，布置接应解放军南渡长江等工作。5月屯溪解放，为保护茶农利益，皖南贸易总公司所属土产公司接管国民党中央信托局在屯溪所设的茶厂，委托祁门茶业改良场屯溪分场及怡新祥等十几家茶商，大量收购积压绿茶，加工外售给苏联。10月为庆祝新中国建立，祁门茶业改良场找出抗战前由场长胡浩川执笔所写剧本，经重新修改为《天下红茶数祁门》，精心排练后隆重上演。下旬胡浩川出席新中国中央财政委员会在北京召开的全国茶叶产销会议。12月16日，毛泽东出访苏联，携祁红为礼品，为斯大林祝寿，掀开徽州茶为国礼的序幕，徽州茶业从此进入新时代。

后　记

徽州种茶历史悠久，追溯源流，最早在南朝。陆羽《茶经》载，魏晋时新安人任育长、南朝宋新安王子鸾，就有同茶叶有关的轶事，由此可见此时徽州已有茶。据史料记载，徽州植茶始于南朝，唐代已成为全国著名的产茶区。最早全面记载徽州茶商的史籍，是唐咸通三年（826年）歙州司马张途写的《祁门县新修阊门溪记》。

为了进一步发掘徽州茶商的历史，并为今后对徽州茶商的研究提供一定的史料，2017年年初，黄山市档案局将徽州茶商研究列入“徽州历史档案与文化丛书”项目，邀我牵头，我则约请郑建新共同接受此书的编撰任务，其中有关章节又邀请翟屯建、陈安生、马寅虎等人参与。

《近代徽州茶业兴衰录》以徽州著名茶商吴炽甫、江耀华档案为例，通过对茶商吴炽甫、江耀华的个案分析，全方位画卷式展现清末民国时期徽州茶业现状，以及徽州茶商的沉浮起落，生动诠释近代以来徽州茶商兴衰历程。本书通过对吴炽甫、江耀华档案解读，以及对吴氏、江氏家族的深入采访，挖掘出不少鲜为人知的徽州茶业轶事，同时附有大量图片，为了解徽州茶业发展史，提供了较为丰富的读本，同时对研究近代徽州社会也颇有帮助。

在本书的编撰过程中，编写组在市档案局的大力支持下，对档案资料进行了多次研究分析和修改。同时也得到了歙县档案局以及徽州茶商后人的大力支持，特别是茶商吴炽甫后人不厌其烦的帮助。尽管如此，因时间比较匆忙，加上手头所掌握的资料有限，本书难以完全展示徽州茶商的兴衰历程，实为遗憾。同时，虽然在编写过程中，对原始资料进行了挖掘，但仍不免有疏漏，敬请读者谅解斧正。

洪璟

2018年6月

主要参考文献

唐·张途:《祁门县新修阊门溪记》。

清《重修安徽通志》,光绪四年(1879年)版。

清《曾忠襄公奏议》卷25,《近代中国史料丛刊》第44辑。

清·许承尧:《歙事闲谭》第18册。

《皖浙新安江流域之茶》,《国际贸易导报》1933年。

《屯溪绿茶产地检验》,《国际贸易导报》1936年。

程世瑞:《祁门的红茶》,《农村合作》1937年第三期。

陈慈玉主编:《近代中国茶业发展与世界市场》,台北“中央研究院”1962年版。

姚贤镐:《中国近代对外贸易史资料1840~1895》第一册,中华书局1982年版。

叶显恩:《明清徽州农村社会与佃仆制》,安徽人民出版社1983年版。

刘淼:《徽州社会经济史研究译文集》,黄山书社1988年版。

《宁波港史》,人民交通出版社1989年版。

张海鹏、王廷元主编:《徽商研究》,安徽人民出版社1995年版。

周峰:《杭州历史丛编》之六《民国时期杭州》,浙江人民出版社

1997年版。

周绍泉:《徽州文书与徽学》,《历史研究》2000年第1期。

夏维中、王裕明:《南京大学历史系所藏徽州文书评介》,《中国社会经济史研究》2000年第4期。

胡武林:《徽州茶经》,当代中国出版社2003年版。

郑建新:《徽州古茶事》,辽宁人民出版社2004年版。

程启坤主编:《祁门红茶》,上海文化出版社2008年版。

屯溪区政协文史资料委员会:《屯溪文史》七、八合辑,内部资料,2009年。

《黄山市志》,黄山书社2010年版。

《歙县志》,黄山书社2010年版。

邹怡:《明清以来徽州茶业与地方社会》,复旦大学出版社2012年版。

安徽五福文化产业公司:《徽商大典》,上海书店出版社2013年版。

郑建新、倪群:《祁红史话》,安徽人民出版社2015年版。

郑建新:《寻找回来的安茶》,台海出版社2015年版。

马寅虎:国家社科基金项目《商业账簿与近代徽商经营实态研究·清末民初徽州京茶庄经营实态研究——以泰昌发、介号京茶庄账簿为中心》,项目编号:14BZS108。